北京文化书系
古都文化丛书

文脉——传承有序

中共北京市委宣传部
北京市社会科学院　组织编写

王建伟　等　著

北京出版集团
北京出版社

图书在版编目（CIP）数据

文脉：传承有序 / 中共北京市委宣传部，北京市社会科学院组织编写；王建伟等著. — 北京：北京出版社，2023.3
（北京文化书系. 古都文化丛书）
ISBN 978-7-200-15517-4

Ⅰ. ①文… Ⅱ. ①中… ②北… ③王… Ⅲ. ①文化史—北京 Ⅳ. ①K291

中国版本图书馆CIP数据核字（2020）第051548号

北京文化书系　古都文化丛书
文脉
——传承有序
WENMAI

中共北京市委宣传部
北京市社会科学院　　组织编写

王建伟　等　著

*

北京出版集团
北京出版社　　出版

（北京北三环中路6号）
邮政编码：100120

网　　址：www.bph.com.cn
北京出版集团总发行
新华书店经销
北京华联印刷有限公司印刷

*

787毫米×1092毫米　16开本　17.5印张　240千字
2023年3月第1版　2023年3月第1次印刷
ISBN 978-7-200-15517-4
定价：220.00元
如有印装质量问题，由本社负责调换
质量监督电话：010-58572393；发行部电话：010-58572371

"北京文化书系"编委会

主　　　任　莫高义　杜飞进

副　主　任　赵卫东

顾　　　问　（按姓氏笔画排序）
　　　　　　于　丹　刘铁梁　李忠杰　张妙弟　张颐武
　　　　　　陈平原　陈先达　赵　书　宫辉力　阎崇年
　　　　　　熊澄宇

委　　　员　（按姓氏笔画排序）
　　　　　　王杰群　王学勤　刘军胜　许　强　李　良
　　　　　　李春良　杨　烁　余俊生　宋　宇　张　际
　　　　　　张　维　张　淼　张劲林　张爱军　陈　冬
　　　　　　陈　宁　陈名杰　赵靖云　钟百利　唐立军
　　　　　　康　伟　韩　昱　程　勇　舒小峰　谢　辉
　　　　　　翟立新　翟德罡　穆　鹏

"古都文化丛书"编委会

主　　编：阎崇年

执行主编：王学勤　唐立军　谢　辉

编　　委：朱柏成　鲁　亚　田淑芳　赵　弘
　　　　　杨　奎　谭日辉　袁振龙　王　岗
　　　　　孙冬虎　吴文涛　刘仲华　王建伟
　　　　　郑永华　章永俊　李　诚　王洪波

学术秘书：高福美

"北京文化书系"
序言

文化是一个国家、一个民族的灵魂。中华民族生生不息绵延发展、饱受挫折又不断浴火重生，都离不开中华文化的有力支撑。北京有着三千多年建城史、八百多年建都史，历史悠久、底蕴深厚，是中华文明源远流长的伟大见证。数千年风雨的洗礼，北京城市依旧辉煌；数千年历史的沉淀，北京文化历久弥新。研究北京文化、挖掘北京文化、传承北京文化、弘扬北京文化，让全市人民对博大精深的中华文化有高度的文化自信，从中华文化宝库中萃取精华、汲取能量，保持对文化理想、文化价值的高度信心，保持对文化生命力、创造力的高度信心，是历史交给我们的光荣职责，是新时代赋予我们的崇高使命。

党的十八大以来，以习近平同志为核心的党中央十分关心北京文化建设。习近平总书记作出重要指示，明确把全国文化中心建设作为首都城市战略定位之一，强调要抓实抓好文化中心建设，精心保护好历史文化金名片，提升文化软实力和国际影响力，凸显北京历史文化的整体价值，强化"首都风范、古都风韵、时代风貌"的城市特色。习近平总书记的重要论述和重要指示精神，深刻阐明了文化在首都的重要地位和作用，为建设全国文化中心、弘扬中华文化指明了方向。

2017年9月，党中央、国务院正式批复了《北京城市总体规划（2016年—2035年）》。新版北京城市总体规划明确了全国文化中心建设的时间表、路线图。这就是：到2035年成为彰显文化自信与多元包容魅力的世界文化名城；到2050年成为弘扬中华文明和引领时代潮流的世界文脉标志。这既需要修缮保护好故宫、长城、颐和园等享誉中外的名胜古迹，也需要传承利用好四合院、胡同、京腔京韵等具有老北京地域特色的文化遗产，还需要深入挖掘文物、遗迹、设施、景点、语言等背后蕴含的文化价值。

组织编撰"北京文化书系"，是贯彻落实中央关于全国文化中心建设决策部署的重要体现，是对北京文化进行深层次整理和内涵式挖掘的必然要求，恰逢其时、意义重大。在形式上，"北京文化书系"表现为"一个书系、四套丛书"，分别从古都、红色、京味和创新四个不同的角度全方位诠释北京文化这个内核。丛书共计47部。其中，"古都文化丛书"由20部书组成，着重系统梳理北京悠久灿烂的古都文脉，阐释古都文化的深刻内涵，整理皇城坛庙、历史街区等众多物质文化遗产，传承丰富的非物质文化遗产，彰显北京历史文化名城的独特韵味。"红色文化丛书"由12部书组成，主要以标志性的地理、人物、建筑、事件等为载体，提炼红色文化内涵，梳理北京波澜壮阔的革命历史，讲述京华大地的革命故事，阐释本地红色文化的历史内涵和政治意义，发扬无产阶级革命精神。"京味文化丛书"由10部书组成，内容涉及语言、戏剧、礼俗、工艺、节庆、服饰、饮食等百姓生活各个方面，以百姓生活为载体，从百姓日常生活习俗和衣食住行中提炼老北京文化的独特内涵，整理老北京文化的历史记忆，着重系统梳理具有地域特色的风土习俗文化。"创新文化丛书"由5部书组成，内容涉及科技、文化、教育、城市规划建设等领域，着重记述新中国成立以来特别是改革开放以来北京日新月异的社会变化，描写北京新时期科技创新和文化创新成就，展现北京人民勇于创新、开拓进取的时代风貌。

为加强对"北京文化书系"编撰工作的统筹协调，成立了以"北京文化书系"编委会为领导、四个子丛书编委会具体负责的运行架构。"北京文化书系"编委会由中共北京市委常委、宣传部部长莫高义同志和市人大常委会党组副书记、副主任杜飞进同志担任主任，市委宣传部分管日常工作的副部长赵卫东同志担任副主任，由相关文化领域权威专家担任顾问，相关单位主要领导担任编委会委员。原中共中央党史研究室副主任李忠杰、北京市社会科学院研究员阎崇年、北京师范大学教授刘铁梁、北京市社会科学院原副院长赵弘分别担任"红色文化""古都文化""京味文化""创新文化"丛书编委会主编。

在组织编撰出版过程中，我们始终坚持最高要求、最严标准，突出精品意识，把"非精品不出版"的理念贯穿在作者邀请、书稿创作、编辑出版各个方面各个环节，确保编撰成涵盖全面、内容权威的书系，体现首善标准、首都水准和首都贡献。

我们希望，"北京文化书系"能够为读者展示北京文化的根和魂，温润读者心灵，展现城市魅力，也希望能吸引更多北京文化的研究者、参与者、支持者，为共同推动全国文化中心建设贡献力量。

"北京文化书系"编委会

2021年12月

"古都文化丛书"
序言

北京不仅是中国著名的历史文化古都，而且是世界闻名的历史文化古都。当今北京是中华人民共和国首都，是中国的政治中心、文化中心、国际交往中心、科技创新中心。北京历史文化具有原生性、悠久性、连续性、多元性、融合性、中心性、国际性和日新性等特点。党的十八大以来，习近平总书记十分关心首都的文化建设，指出北京丰富的历史文化遗产是一张金名片，传承保护好这份宝贵的历史文化遗产是首都的职责。

作为中华文明的重要文化中心，北京的历史文化地位和重要文化价值，是由中华民族数千年文化史演变而逐步形成的必然结果。约70万年前，已知最早先民"北京人"升腾起一缕远古北京文明之光。北京在旧石器时代早期、中期、晚期，新石器时代早期、中期、晚期，经考古发掘，都有其代表性的文化遗存。自有文字记载以来，距今3000多年以前，商末周初的蓟、燕，特别是西周初的燕侯，其城池遗址、铭文青铜器、巨型墓葬等，经考古发掘，资料丰富。在两汉，通州路（潞）城遗址，文字记载，考古遗迹，相互印证。从三国到隋唐，北京是北方的军事重镇与文化重心。在辽、金时期，北京成为北中国的政治中心、文化中心。元朝大都、明朝北京、清朝京师，北京是全中国的政治中心、文化中心。民国初期，首都在北京，后都城虽然迁到南京，但北京作为全国文化中心，既是历史事实，也是人们共识。北京历史之悠久、文化之丰厚、布局之有序、建筑之壮丽、文物之辉煌、影响之远播，已经得到证明，并获得国际认同。

从历史与现实的跨度看，北京文化发展面临着非常难得的机遇。上古"三皇五帝"、汉"文景之治"、唐"贞观之治"、明"永宣之治"、清"康乾之治"等，中国从来没有实现人人吃饱饭的愿望，现在全面建成小康社会，历史性告别绝对贫困，这是亘古未有的大事。中华民族迎来了从站起来、富起来到强起来的伟大飞跃，迎来了实现伟大复兴的光明前景。

"建首善自京师始"，面向未来的首都文化发展，北京应做出无愧于时代、无愧于全国文化中心地位的贡献。一方面整体推进文化发展，另一方面要出文化精品，出传世之作，出标识时代的成果。近年来，北京市委宣传部、市社科院组织首都历史文化领域的专家学者，以前人研究为基础，反映当代学术研究水平，特别是新中国成立70多年来的成果，撰著"北京文化书系·古都文化丛书"，深入贯彻落实习近平总书记关于文化建设的重要论述，坚决扛起建设全国文化中心的职责使命，扎实做好首都文化建设这篇大文章。

这套丛书的学术与文化价值在于：

其一，在金、元、明、清、民国（民初）时，北京古都历史文化，留下大量个人著述，清朱彝尊《日下旧闻》为其成果之尤。但是，目录学表明，从辽金经元明清到民国，盱古观今，没有留下一部关于古都文化的系列丛书。历代北京人，都希望有一套"古都文化丛书"，既反映当代研究成果，也是以文化惠及读者，更充实中华文化宝库。

其二，"古都文化丛书"由各个领域深具文化造诣的专家学者主笔。著者分别是：（1）《古都——首善之地》（王岗研究员），（2）《中轴线——古都脊梁》（王岗研究员），（3）《文脉——传承有序》（王建伟研究员），（4）《坛庙——敬天爱人》（龙霄飞研究馆员），（5）《建筑——和谐之美》（周乾研究馆员），（6）《会馆——桑梓之情》（袁家方教授），（7）《园林——自然天成》（贾珺教授、黄晓副教授），（8）《胡同——守望相助》（王越高级工程师），（9）《四合院——修身齐家》（李卫伟副研究员），（10）《古村落——乡愁所寄》（吴文涛副研究员），（11）《地名——时代印记》（孙冬虎研究员），（12）《宗教——和谐共生》（郑永华研究员），（13）《民族——多元一体》（王卫华教授），（14）《教育——兼济天下》（梁燕副研究员），（15）《商业——崇德守信》（倪玉平教授），（16）《手工业——工匠精神》（章永俊研究员），（17）《对外交流——中国气派》（何岩巍助理研究员），（18）《长城——文化纽带》（董耀会教授），（19）《大运河——都城命脉》（蔡蕃研究员），（20）《西山永定河——血脉根基》（吴文涛副研究员）等。署名著者分属于市社科院、清华大学、中央民族大学、首都经济贸易大学、北京教育科学研究院、北京古代建筑研究所、故宫博物院、首都博物馆、中国长城学会、北京地理学会等高校和学术单位。

其三，学术研究是个过程，总不完美，却在前进。"古都文化丛书"是北京文化史上第一套研究性的、学术性的、较大型的文化丛书。这本身是一项学术创新，也是一项文化成果。由于时间较紧，资料繁杂，难免疏误，期待再版时订正。

本丛书由市社科院原院长王学勤研究员担任执行主编，负责全面工作；市社科院历史研究所所长刘仲华研究员全面提调、统协联络；北京出版集团给予大力支持；至于我，忝列本丛书主编，才疏学浅，年迈体弱，内心不安，实感惭愧。本书是在市委宣传部、市社科院的组织协调下，大家集思广益、合力共著的文化之果。书中疏失不当之处，我都在在有责。敬请大家批评，也请更多谅解。

是为"古都文化丛书"序言。

阎崇年

目 录

前　言 … 1

第一章　北京城市文明的历史演进 … 1
    第一节　蓟城：城市起源 … 3
    第二节　幽州：军事重镇 … 7
    第三节　辽南京：过渡时代 … 11
    第四节　金中都：建都序曲 … 17
    第五节　元大都：一统天下 … 22
    第六节　明北京：承上启下 … 26
    第七节　清北京：鼎盛古都 … 32
    第八节　民国北京：城市转型 … 37

第二章　中轴线：古都基准 … 47
    第一节　壮美秩序 … 49
    第二节　从永定门到正阳门：中轴线南段的嬗变 … 52
    第三节　紫禁城：中轴线核心区域的历史演变 … 62
    第四节　从景山到钟鼓楼：中轴线北段的形成与变化 … 80
    第五节　中轴线的思想渊源与文化内涵 … 88

第三章　老城：街巷肌理　　95

　　第一节　朝阜大街　　97
　　第二节　从东四到灯市口　　122
　　第三节　池子与长街　　130

第四章　长城、运河与西山—永定河　　135

　　第一节　长城：从农牧交错到民族融合　　137
　　第二节　运河：自然与人文的交响　　147
　　第三节　西山—永定河：文明之源　　157

第五章　文脉视野中的水系与园林　　173

　　第一节　水脉即文脉　　175
　　第二节　西苑三海　　183
　　第三节　三山五园　　199
　　第四节　南苑　　214

第六章　北京古都文脉的非物质文化元素及其特征　　221

　　第一节　京腔京韵：北京话的形成与历史传承　　223
　　第二节　习俗：岁时节日饮食及活动　　228
　　第三节　工艺："燕京八绝"的特色与传承　　243
　　第四节　游艺：居民的娱乐与休闲文化　　248

参考书目　　253

后　记　　259

前　言

"文脉"作为一个概念，最初源自语言学，表明语言环境中的前后逻辑关系。后来逐渐延伸至建筑学以及城市规划领域，是对建筑领域技术至上理论的批判性反思，后又扩展到社会学、文化学、历史学、旅游学等学科。不同学科因主体视角不同，对"文脉"的含义有各自不同的解读，但从总体而言，各个学科对于"文脉"概念都强调事物个体与整体在"共时"（synchronic）和"历时"（diachronic）状态下的内在对话关系，强调各个要素之间的历时传承和共时融合。从这个意义上延伸，文脉是一座城市的文化精神及其生成、演变的内在逻辑，是城市地域环境、人文氛围、建筑景观的有机结合与互动，是城市演进过程中不同时段留存的历史印记，承载着居住其间的人们的价值取向、审美趣味与生活态度，是城市特质的重要组成部分，是城市彼此区分的重要标志。

"历史文脉"概念既包括显性要素（物质性要素），也包括隐性要素（精神性要素）。显性要素是城市文化的表层结构，它由可感知的、有形的建筑景观与城市布局等人工和自然环境构成，是整个社会文化信息的物质载体，也是一座城市文化风貌最生动、最直观的呈现，承担文化信息交流与沟通媒介的职能。隐性要素特指城市内在的、无形的文化传统，或称一座城市的文化精神，也是城市文化的深层结构，它主要表现为城市的文化氛围或文化生态。

北京有超过50万年的古人类进化史，2万年的人类生活史，超过3000年的建城史与850年的建都史，是古老东方文化的集中代表，是中国传统社会发展的顶峰。历代王朝在北京留下了众多的文化遗迹，这里有世界上最大的宫殿建筑群、陵园建筑群和皇家园林，各色寺庙、王宫府邸遍布内城，它们作为中国浩瀚历史的见证者与讲述者，集中反映和代表了中国古代都城营造艺术的最高成就。特别是经元、明、清数百年建设发展而形成的北京旧城，仍然保留着基本完整的古都格局。皇城根下传统的市民文化，形态多样、风格独特，是极典型的"活态文化"。同时，北京自元代起成为大一统王朝的政治中心，吸引各地知识分子云集，在文学、音乐、绘画、书法、古玩等领域不但有极高水准，而且具有鲜明的地域色彩，反映出独特的审美观念、精神气质与文化个性。

北京古都文脉主要落实在那些展现古都风韵与城市性格的建筑景观方面，包括宫殿、坛庙、园林、寺观、府邸、宅院、衙署、街道、胡同、牌坊等。它们是北京千百年来历史发展进程中的重要实物承载者，蕴藏着城市文明发展的运行轨迹，造就了北京独特的美学气质与文化精神，凝结着城市的"魂魄"。随着时代的发展、技术的进步以及世界范围内文化交流的频繁，城市走向趋同是一个无法逆转的总体趋势。因此，历史文脉的彰显与延续在今天显得越来越重要。

文脉既包含物质景观，也涵盖生活于其间的人们的生活方式、价值观念、文化习俗等，这些因素共同构成了区域内部的实体环境，对这种实体环境的认同构成了一种历史记忆，并在此基础上形成一种特定的文化心理。从这个意义上说，城市文脉的延续也是文化心理的延续，这是文脉传承中更深层次的内容。

"文脉"概念的一个基本特征是"动态性"。明清以来，北京的城市建筑、空间格局不断演变，新建筑、新景观的不断产生既是对原有城市文脉的一种叠加与丰富，也是城市发展活力的重要体现。北京始终处在一个不断更新的动态过程中，内部空间不断变化，相应的文脉构成要素也不断变化，某些要素必然会因逐渐丧失对时代的适应性而衰亡，而有些则会因其具有更加积极的现代意义而充满生命力。同时，一些新的要素也会随之产生，从而对原有的文脉体系形成补充。

因此，需要保持一种开放性眼光，一些要素的逐渐消亡是自然的历史过程，有其必然性，或者因其不能适应今日的生活方式，或与今日的主流价值观念发生冲突，对此需要正视，并不应该完全采取强制性方式给予扶持与保留，我们需要做的是挖掘那些新生事物的潜力。

作为一个具有近千年历史的古老都城，北京遗留有大量反映城市变迁的历史文化遗存。这些遗存，附着着城市的成长信息，承载着城市的历史记忆，诠释着城市的文明演进，标识着城市的文化品格。从历史文脉的整体性与系统性而言，北京在整个世界范围内无出其右。同时，作为世界上最大的发展中国家的首都，作为世界上新兴的最大经济体的中心城市，北京在向国际化大都市目标迈进的历史进程中，在保护与延续历史文脉方面所面临的挑战也最为严峻。

在经济全球化过程中，国际大都市的城市形态、基础设施、经济运行、行为方式日趋雷同，只有城市文化保持着各自独特的面貌。一个没有自身文化特色的城市最终将会走向丧失个性的"无国籍化"。北京的文化特性与城市品格是在长期的历史积淀中逐渐形成的，是东方古老文明最具代表性的样本，具有不可复制、不可代替的"唯一性"。北京作为一座千年古都，应该从历史的积淀中寻找出绵延已久的城市精神，找到属于城市自己的文化发展路径，传统与现代融合，民族特色与国际品格兼具，地域文化与世界前沿并举，既展现古都北京的文化魅力，又符合现代社会的发展要求。

第一章

北京城市文明的历史演进

城址变迁与功能转换是城市历史文脉最突出、最直接的线索之一。先秦时期，北京地区已为诸侯国都城；辽金时期，随着辽南京及金中都的设立，北京地区进一步成长为中国北方政权的都城之一；至元、明、清时期，北京最终确立为大一统王朝的国都所在。从早期聚落到燕都蓟城，由北方军事重镇到帝王之都再到人民首都，北京城市文明的发展演进曲折而漫长，展示出一幅波澜壮阔的历史画卷。

第一节　蓟城：城市起源

北京地处东北平原、华北平原和内蒙古高原的交接点上，是沟通三大地理单元的枢纽，地理位置十分重要。早在汉代司马迁就曾指出："夫燕亦勃、碣之间一都会也，南通齐赵，东北边胡。上谷至辽东……有鱼盐枣栗之饶。北邻乌桓、夫余，东绾秽貉、朝鲜、真番之利。"①《金史》称："燕都地处雄要，北倚山险，南压区夏，若坐堂隍，俯视庭宇。"②万历《顺天府志》描述："燕环沧海以为池，拥太行以为险。枕居庸居中以制外，襟河济而举重以驭轻。东西贡道，来万国以朝宗；西北诸关，壮九边之雉堞。万年强御，百世治安。"③

至少在殷商时，作为自然方国的燕与蓟就存在于华北大地，后蓟微燕盛，直到燕取蓟而代之，并以蓟为都。西周初年，周王分封召公于燕地，封黄帝之后于蓟，使得当今的北京地区进入诸侯王国发展序列。周文化与燕地文化相结合，形成了燕国多部族、多地域的文化形态，确立了北京城市文化的最初源流。

春秋战国时期，作为重要诸侯国之一，燕国周旋于列国争战之中，直至被秦始皇吞并，纳入大一统社会发展秩序之中。两汉时期，北京地区实行郡国并行体制，时而被分封为燕国或广阳国，时而直接归属于汉王朝统治。经过魏晋十六国北朝的政权混乱时期，隋唐大一统再次把它纳入国家一统发展进程中。同时，北方重镇基本形成，战略地位突出，为北京都城文化的形成与发展奠定了基础。

目前而言，中国有文字的历史始于殷商时期，此时北京地区正处于方国阶段。1977年，考古人员在北京平谷刘家河发现一座商代中期墓葬，出土了一些青铜礼器，具有中原典型商文化风格。在房山、昌平等地也发现了商代的墓葬和遗物，特别是房山琉璃河董家林商代

---

① 《史记》卷一百二十九《货殖列传》。
② 《金史》卷九六《梁襄传》引《谏北幸》。
③ 《顺天府志》卷一《地理志》。

古城址的发现，证实了殷商时期在今北京地区确有方国存在，且不止一个。从西周初年分封来看，殷商时期北京地区至少有燕与蓟这两个重要方国。

燕国在当时南北交通上的重要性虽远不如蓟国，但是它的腹地广阔，又接近文化先进的中原地区，因此它的势力先于蓟国日益发展起来。燕国原本是在拒马河流域自然成长起来的与商互通婚姻的部落方国。周王把代表关中势力的召公分封在燕地，正是要在这一带巩固并扩展周人势力。到了西周中期，燕国势力已跨过永定河，在京西的昌平地区落脚。大约至西周晚期，燕国开始沿着北进的大道向北方发展，不仅兼并了蓟国，而且把自己的都城从今北京西南43公里的房山区董家林一带迁到蓟城，开启了以蓟城作为燕国都城的新时代。在跨过永定河后，燕国继续向东北方向扩展自己的势力。辽宁西部凌源等地出土一批西周青铜器，说明这一带在西周初期就是燕人的重镇之一，它是燕山以北与琉璃河遥相呼应的一个据点。

春秋时期，山戎伐燕是燕国的一件大事。公元前664年冬，实力强大的山戎南下侵燕，燕国告急，随即向齐国求救。齐桓公意欲联合鲁国共同北上，向山戎进兵。但当齐国准备就绪，鲁国却出尔反尔。这样，齐国只好独自北上救燕。经过艰苦作战，次年春天取得了决定性胜利。延庆地区所发现的一系列山戎文化遗存，以实物的形态再现了这一军事形势。

北京的山戎文化遗存，主要集中发现于北部山区——延庆区境八达岭以北的军都山一带，山戎族墓地出土了近百件典型的山戎文化兵器，在中国古代兵器史的研究中占据一席之地。通过对延庆军都山沿线的山戎文化遗存的调查与发掘，我们了解到北京北部山区在春秋时期确曾是山戎部族盘踞和活动的地域之一。这支少数部族，地处燕之北野，与广布于太行山脉以北至燕山山地，活跃于滦河、潮白河、洋河和桑干河流域一带的其他诸多山戎部族，共同构成了对燕国的威胁。

战国时期，燕国成为七雄之一。公元前312年，赵武灵王召燕公子职于韩,并派人护送公子职回到燕国,立为燕王。这位燕王,就是燕国史上赫赫有名的燕昭王。燕昭王招贤纳士,奋发图强,励精图治,让燕国走上了强国之路。乐毅、邹衍、苏秦等贤士,对燕国崛起,贡献出了非常卓越的力量。经过燕昭王二十多年的苦心经营,燕国的国力蒸蒸日上,达到了燕国史上最兴盛的时代。乐毅伐齐,曾一度攻下齐七十余城。燕昭王离世之后,燕国也走向衰落,最终亡于秦。其间,虽曾有荆轲刺秦王的豪举,但无法挽回昔日的辉煌和荣耀。

战国时期,燕国的疆域曾一度扩展,其东部已抵达今辽宁西部,东部南端可以界定在今鸭绿江流域,东部北端则包括长城以北的内蒙古自治区以及吉林的西部地区;西部在今山西省东北部的浑源县一带,南部在今河北唐县、顺平县一带。因此,燕国的最大疆域相当于今天的北京市、天津市、河北省中北部、辽宁省、吉林省西部、山西省东北角、内蒙古南部的部分地区以及朝鲜半岛的北部。而燕国的核心则在今北京城。

燕国也是较早实行郡县制的诸侯国家。燕昭王时期,名将秦开袭破东胡,使之退却千余里,不仅拓展了燕国疆域,而且在北部修筑长城,并设置上谷、渔阳、右北平、辽西、辽东五郡,加强管理和防御。

战国时期,燕国的都城在蓟。蓟城的中心区域,位于北京广安门外。1995年,为纪念北京建城3040周年,在滨河公园建立了蓟城纪念柱,上面镌刻着历史地理学家侯仁之先生拟定的铭文:"北京城区,肇始斯地。其时惟周,其名曰蓟。"北魏郦道元《水经注》记载,蓟城西北隅有蓟丘。20世纪50年代在北京西便门外白云观西侧,还残留着蓟丘的遗迹。北宋沈括出使契丹时看到,此地生长的菊科草本植物"大蓟",张开的叶子像车盖一样巨大,中原地区难得一见。他在《梦溪笔谈》中推测,这可能就是以"蓟"作为地名的原因。蓟城扼守华北平原的北部门户,既是从中原地区沿着太行山东麓交通大道北上,穿过居庸关、山海关等燕山孔道与塞外来往的交通枢纽,也是中原政权经略北方的基地、防御游牧部族内侵的军事重镇。

燕国除了蓟城外,还有中都和下都。燕中都在今北京房山窦店以西,20世纪50年代发现的窦店古城,为汉代良乡县城,其前身即为燕中都城。燕下都遗址位于今河北省易县东南,于20世纪30年代初发掘,出土了大量丰富的文化遗存。

相对于有着广阔腹地的中原文化,燕蓟之地长期被视为苦寒之地,民风粗犷、彪悍,"燕赵多慷慨悲歌之士",燕国太子丹好养侠客,赵惠文王好养剑客,崇尚侠义精神,传统儒家文化与礼仪在此地影响不大。汉武帝曾如此感叹:"生子应置于齐鲁之地,以感化其礼义;放在燕赵之地,果生争权之心。"[①]

---

① 《史记·三王世家》。

第二节　幽州：军事重镇

公元前222年，秦兴兵攻燕辽东，虏燕王喜，这标志着战国七雄之一的燕国就此灭亡了，原燕蓟地区成为秦统一下的北方区域之一。秦对该地的统治与管理一方面继续设置燕北五边郡，另一方面在蓟城设置广阳郡，这也是在原燕国郡县制度上的一种发展。

秦始皇在燕蓟地区修驰道，改善中原与北边的交通环境。驰道和秦国旧有的道路都以都城咸阳为中心，形成了向外辐射的交通网，其中就包括燕蓟地区的广阳道、卢龙道等。陈胜、吴广起兵反秦，原六国旧地贵族、官僚纷纷响应。而燕国贵族、豪杰则立原上谷卒史韩广为燕王。后项羽又封燕将臧荼为燕王。刘邦灭项羽后，仍封臧荼为燕王。

两汉四百余年，对于北京地区的历史发展，是不能被忽略的。相对其他地区，北京虽然有大量汉墓被发现发掘，但缺少大型汉文化遗址。迄今为止，北京地区级别最高、规模最大的汉代考古发现，就是大葆台汉墓、老山汉墓，以及新近发掘的通州西汉路城遗址。它们是我们了解两千年前北京历史面貌的重要信息来源。

综观两汉对北方燕蓟地区的统治，有两个转折点：一是异姓王向同姓王的转化，表示刘氏皇朝的大一统政治秩序和社会秩序的基本建立；二是以燕王刘旦的政治命运为转折点，燕国（郡）向广阳国（郡）过渡，从而结束了"变动"的政治态度，燕蓟地区得以稳定发展。至此，北方重镇基本确立，汉朝经略东北的基地形成，使得以蓟城为中心的燕蓟地区，成为北方的政治、军事与文化中心，进而为北京成为地域性政治中心与全国性都城奠定了文化、政治根基。

东汉末年，幽州地区社会经济凋敝，大量农民流离失所。曹魏时期，曹操统一河北，封宗室子弟于幽州，使幽州成为曹魏政权下的行政区域。对于幽州北边，曹魏设护乌丸、鲜卑校尉进行治理，加快了幽州地区民族融合的步伐，也对北方安定发挥了重要作用。蓟城不仅为中原地区的北方屏障，也是曹魏经营辽东地区的守防之地。在比较稳定的社会环境下，幽州地区的农田水利得到开发，如齐王芳嘉平二年（250年），魏征北将军刘靖修戾陵堰，史称"水灌溉蓟城南北，三更种稻，边民利之"。曹魏统治幽州仅四十余年，这一地区社会经济得到了一定程度的恢复和发展。

十六国时期，先后有前燕、后赵、后燕等政权统治幽州，幽州地区的社会生产与生活总体仍是向前的。如后赵石氏在幽冀地区，劝课农桑，减轻赋税；慕容氏定都于蓟，在蓟城建太庙，修宫室。魏晋时期，幽州地区即有内附的乌丸、鲜卑部落杂居，在十六国动乱中，更加剧了各民族的混居局面，为各民族的广泛接触和共同生活创造了机会，从而为隋唐时期进一步实现民族大融合奠定了基础。

北魏是鲜卑拓跋氏建立的政权，统一了北方，形成南北朝对峙局面。幽州仍治蓟城，领燕郡、范阳、渔阳三郡十八县。北魏统治者屡屡巡幸幽州，采取了一系列措施，休养民力，恢复生产。特别是燕郡太守范阳卢道将和幽州刺史裴延儁兴修农田水利，成功解决了幽州范阳、渔阳、燕郡部分地区的农田灌溉问题，促进了当地农业生产的发展。

隋开皇元年（581年）二月，隋朝建立，长达三百余年的南北分立复归一统，这对幽州而言，亦是难得的恢复与发展机遇。鉴于特殊的地理位置与政治形势，隋朝构建了以幽州为中心的防务体系，幽州在隋朝的政治地位与军事作用不断提升。在服务于军事的防务体系建设中，有些措施对幽州地区的发展起到了推动作用，甚至为北京成为全国性都城打下了一定的基础。隋大业四年（608年），隋炀帝为用兵辽东，开凿了自南而北通达蓟城南郊的运河——永济渠，即京杭大运河的前身，以此强化了它的水路交通优势。永济渠的开通，不仅将以北京为中心的北方与富饶的关东和江淮地区联系在一起，而且成为维系中华民族统一的重要纽带。

隋末全国形成了三股反隋集团势力，即李渊以长安为中心占据关中，王世充以东都洛阳为中心占据关东，窦建德以河间乐寿为中心占据河北，相互抗衡。而此时幽州总管罗艺对李渊的援助和支持，打破了三足鼎立的局面，推动了唐王朝的建立。随着李渊对罗艺的晋爵加官，幽州的地位与作用更为突出，已超过了一般意义上的军事重地。

唐太宗和高宗时期，唐朝统治者通过征讨东突厥和高丽的战争，对幽州地区实施了统治与管理。武则天时期，幽州出现大量突厥、契丹等族羁縻州县，形成各民族杂居的新局面，这也是唐代幽州的一大特点。同时，任非汉族人士为幽州主官，管辖辽东的安东都护府亦设在幽州，蓟城已然成为唐王朝控制东北疆土的重要中枢基地。

唐太宗远征高丽的大军在蓟城誓师，班师后计划在城内东南隅修建寺院缅怀阵亡将士。寺院在武则天时期建成后命名为"悯忠寺"，即今法源寺的前身。北宋乐史《太平寰宇记》征引至少不晚于唐代的《郡国志》说："蓟城南北九里，东西七里，开十门。"从宏观看来，自春秋战国，历东汉、北魏以至隋唐，蓟城城址并无迁移。依据20世纪50年代以来出土的唐代墓志、房山石经山的唐代石经题记等材料，当时幽州治所蓟城的"四至"可以推测为：东垣在今烂缦胡同稍偏西，西垣在会城门稍东，南垣约在陶然亭以西的姚家井以北、白纸坊东西街一带，北垣应在头发胡同一线。

在武后归天、唐复国号之后，幽州地区的职官设置日多，权势日重。其首置者，即为主掌一方军政大权的节度使，节度使所管辖的地域范围非常广阔。这虽然对集中军事力量加强对北边的防卫有积极意义，但同时也使中央更难控制幽州形势，从而带来严重后果。

日益强大的节镇军队，如果处于一个忠实于朝廷的将军统率之下，乃是防卫边地各族侵扰的有效威慑力量，令深居皇宫的帝王高枕无忧。但是，这支军队如果落入心怀异志的武夫手中，则会变成一种可怕的反叛势力，将对唐王朝的安危构成极大威胁。非常不幸的是，作为最高统治者的唐玄宗，却将东北方面的军政大权交到了野心勃勃的安禄山手中，而此举引起的后果，就是发生了唐朝历史上著名的安史之乱。

虽然历时八年的安史之乱被平定了，但由此产生的影响是无法忽略的。安史之乱使唐王朝的历史命运由盛转衰,宦官专权的现象越来越明显,朝官之中的党派之争越来越激烈。在地方,出现了藩镇林立的诸侯割据局面。在军事上,力量分散,边防力量削弱。民族关系也出现了变化,无论是中央政府镇压叛乱,还是叛乱者攻击朝廷,都有部分少数民族的军事力量参与其中。对于幽州地区而言,中央与幽州之间的密切联系,已经不复存在。此后的历任幽州节度使,多达二十余人,但却没有一个人可以在唐中央朝廷中达到安禄山的地位,也没有任何一个人的影响超过安禄山。这种现象的出现,一方面显示出中央与幽州的联系在日益疏远,另一方面也表明幽州的割据、分裂倾向在不断滋长。

第三节　辽南京：过渡时代

唐哀帝天祐四年（907年），宣武节度使朱全忠篡唐自立，改国号为梁，建元开平。历时近三百年的唐朝至此灭亡。中原地区进入五代十国的分裂时期。幽州也一步步成为契丹崛起、强大进而入主中原的跳板和基地，进而向全国政治中心的地位迈出了一大步。

唐末五代时期，中原混战。后唐时河东节度使石敬瑭反唐自立，向契丹求援。同时，驻守幽州的卢龙节度使赵德钧也想篡位夺帝，同样求助于契丹。石敬瑭为了得到契丹支持，提出如果契丹出兵帮助他登上皇位，即向契丹称臣，并以父礼敬奉契丹国主；事成之后，将"卢龙一道及雁门关以北诸州"割让给契丹，外加每年贡献绢帛三十万匹。辽太宗耶律德光接受石敬瑭的承诺，实现了他的愿望。

在辽军的帮助下，石敬瑭顺利攻下洛阳，灭掉后唐，立国后晋。他随即兑现承诺，对辽主自称"儿皇帝"，并将幽、蓟等十六州图籍献给契丹。其中，幽、蓟、檀、顺、儒、妫六州与今北京市管辖的地域范围有关。对中原王朝而言，燕云十六州的得失关系到社稷安危。其中的幽、蓟、瀛、莫、涿、檀、顺七州在太行山北支的东南，称为"山前"，其余九州在山的西北，称为"山后"。历史上长城自居庸关以东的黄花城附近向西南分出一支，绵亘于太行山脊，到朔州以西复与长城相合，即所谓的内长城。中原失"山后"，犹有内长城的雁门关塞可守，失"山前"则河北藩篱尽撤，契丹的骑兵就可沿着幽蓟以南的坦荡平原直冲河朔。石敬瑭割让十六州，将北边险要之地拱手让与契丹，给了契丹统治者南扰的有利条件，从此中原王朝在与契丹的战争中处于无险可守的被动地位。又由于该地区是一个先进的农业区，其农业、手工业和其他文化活动都比契丹本部地区发达。辽会同元年（938年），辽太宗"升幽州为南京"，府曰析津府，提升为陪都，作为"五京"之一，由此拉开了历史上的北京从北方军事中心向大一统王朝政治中心转变的序幕。

辽南京城是在唐幽州城基础上形成的，基本格局没有变化。现代学者通过深入研究，从更大范围完善了这一认识。如杨宽在其《中国古代都城制度史研究》中指出："这该是沿用唐代幽州治所的格局。这种子城设于外郭城西南隅的格局，也还是沿用战国时代燕国建都于蓟的传统的制度。"

辽南京皇城即原幽州城内子城，城门也多承袭唐五代旧名，坊市布局基本承袭唐五代幽州城的旧制，无所改易。受到汉族"天子面南而立"观念的影响，所有宫殿都以南门为正门。但是，皇城四门只有东面的宣和门可以出入，其余三门设而不开，以此体现契丹族崇拜太阳、以东为尚的文化观念。宣和门之上修建五凤楼，标志着它实际上具有皇城正门的地位。在宋辽缔结"澶渊之盟"以后的和平岁月里，辽南京逐渐发展成为一座居民众多、宗教兴盛、商业手工业发达、多民族杂居的城市，史载："南京本幽州地……自晋割弃，建为南京，又为燕京析津府，户口三十万。大内壮丽，城北有市，陆海百货，聚于其中；僧居佛寺，冠于北方。锦绣组绮，精绝天下。膏腴蔬蓏、果实、稻粱之类，靡不毕出，而桑、柘、麻、麦、羊、豕、雉、兔，不问可知。水甘土厚，人多技艺，秀者学读书，次则习骑射、耐劳苦。石晋未割弃已前，其中番汉杂斗，胜负不相当；既筑城后，远望数十里间，宛然如带，回环缭绕，形势雄杰，真用武之国也。"[①]虽然自唐中期以后，由于商业经济的发展，幽州城的封闭格局已有所改变，个别商铺已越出市门，甚至深入坊里，但在辽朝统治的一百八十余年间，这座城市仍基本保持着坊里旧制形式。

更为重要的一点是，辽南京城的性质相比以往有了很大不同，从唐代城内"家家自有军人"的军事重镇，演变成作为辽南京的区域政治中心。辽南京城内众多的军、政、财赋衙署和专为皇室服务的各种职司的衙署，以及诸亲王、公主的府第，构成了城市建筑中与汉唐以

---

① 叶隆礼:《契丹国志》卷二二《四京始末》。

来不同的中央统治枢纽的特点。可以认为，北京在辽代已初步具备了作为京师的政治、文化中心的功能。幽州城从军事重镇向政治、文化中心城市的演变过程，始于辽代，及金中都时期始具雏形，至元大都时期最后完成。

还可以从当时辽朝京城体系来分析这一内容："辽时的南京，在与其为唐代的幽州时相比，尽管仍然是幽云十六州的有限地区的中心，城市规模形制也都没有发生大的变化，但是由于在宏观上被纳入了国家的京城体系之中，城市的性质由地方治所上升为一国之陪都，辽帝捺钵屡次来此，朝廷与王室都在城市中留下了痕迹，一则是城市之中衙署设置级别提高，如留守司、转运司，二则是由于王室的崇佛，国家寺庙占据了城市景观之重要位置；从区域中的地位来说，原来的幽州城是国家的东北边镇，大抵是倚南防北的态势，被划入辽国的疆土之后，情形完全反转，成为辽的南部边镇，倚北防南，这种随着所属相对区位的不同而表现出来的截然不同的情势。"①

辽南京地处华北平原东北部，是中原农耕区与北方游牧区的过渡地带。辽朝建立之后，燕京地区受到契丹文化的进一步浸染，又始终保有着中原儒家文化的韵味，在本地传统农业文化基础之上，伴随着新的文化元素的传入，呈现出农耕文化与游牧文化二元并存的局面。

辽南京在辽朝的五京之中，经济和文化发展最为繁荣。作为国都的辽上京（今内蒙古赤峰境内），虽然是政治中心，却是以游牧文化作为主体的地方，而辽南京则是以农耕文化作为主体。辽朝一国两制中的北面官大多活动在辽上京，而南面官大多活动在辽南京。作为辽朝最高学府的太学，不是设在辽上京，而是设在辽南京，这里的文化中心地位，由此可见一斑。

---

① 诸葛净：《辽金元时期北京城市研究》，东南大学博士学位论文，2003年，第149页。

从辽南京到金中都，北京地区的民族融合度与文化包容性得到了明显的提升。契丹人对幽燕地区实行"汉人治汉，契丹人治契丹"的"两面官"制。辽南京作为一个陪都，并没有实行大规模的移民，城里和四郊主要是汉族居民，城市格局仍保持唐幽州城的坊里旧制，风俗习惯。同时，随着行政建制的逐步完善，辽代的南京城逐渐发展成为科举中心、教育中心，由此进一步促进了本地区文化的发展。辽朝大力推行唐朝科举制度，至辽圣宗时期，有时每年举行一次，有时两年举行一次，后来定制为每三年举行一次。南京为科举应试所在地，出现了多名通过科举考试而出仕为官的人。辽道宗清宁五年（1059年），契丹统治者专门下诏，颁行《五经注疏》，又设置有博士和助教，负责学校的教学工作，其教官主要从各个都城中的著名儒士中选取，至于其他各府、州、县的官学，也均有相应的设置，由此构成了层次分明、建置完善、系统全面的教学体系。

辽朝统治者对儒学十分重视。不过，儒学在辽朝得到真正发展是在夺取燕云十六州之后，其中尤以中后期为甚。至辽大安二年（1086年），辽道宗曾专请赵孝严、王师儒进京为其讲解五经大义，此后又在大安四年（1088年）延请名士耶律俨为其讲解《尚书·洪范》等篇章。此后，随着辽朝封建化程度的日益加深，统治阶层需要根据自身面临的新问题调整统治策略和方法，从成熟的儒学中汲取营养，儒学在辽朝得以迅速发展。

同样，作为政治统治的有力支持力量，宗教作用的发挥得到了辽政权的高度重视，以此笼络汉地居民，加强统治的稳固性。辽兴之后为稳定统治局面，在南京积极倡导佛学，修建并扩建了大量寺庙，此举进一步推动了本地宗教的快速发展。早在辽太祖时期，徙置汉民，推行汉化政策，佛教随之流入。辽圣宗对佛教和道教都有钻研。在辽朝皇帝的倡导之下，燕京地区"僧居佛寺，冠于北方"，不只城区之内，就连郊区都出现了佛寺庵堂遍布的景象。除佛教之外，其他宗教亦有发展。道教在辽代的燕京地区同样得到快速发展。

同时，作为契丹部族的原始宗教萨满教，随着辽南京的设立，亦随之进入北京地区。此外，流行于中亚地区的伊斯兰教在辽代传入燕京地区，位于今北京市西城区的牛街清真寺即建于辽统和（983—1012年）年间。随着燕京地区宗教文化的发展，对教义的研习及佛经雕刻等得到重视，雕刻技术逐渐成熟。大量佛经石刻亦在此出现，其中较为著名的《辽藏》，即刊刻于此。

随着燕京地区科举和教育的发展，燕京地区的书肆业开始兴起并渐趋发达。燕京许多刻印作坊都设有书肆，前店后厂，既是图书印刷地点，又是发行店铺。辽代的不少皇族和各级官员对中原文化颇有仰慕之意。辽太祖耶律阿保机长子耶律倍性好读书，仰慕华风。他们通过各种渠道广泛搜集宋朝书籍，对宋朝的文人墨客更是敬佩有加，这促使宋人图书得以在除边境之外的更大范围内交流传播。辽朝南京及周边地区已经深受中原文人的著述影响，这在一定程度上也反映出南京已然成为辽宋文化交流的重要枢纽，它一方面吸收宋朝文化，一方面将其传至本国其他地区，推动了辽宋文化交流。还需要注意的是，文化传播从来都不是单向进行的，在宋朝人的书籍不断向燕京输入的同时，燕京的图书也在向宋朝流入。如僧人行均所著的《龙龛手镜》出版后，很快就流传到宋朝，并进行翻印。辽朝的佛教经藏和其他书籍还从燕京传到高丽，又辗转流传到日本。

辽代北京的印刷业获得了前所未有的蓬勃发展机遇，悯忠寺、昊天寺、仰山寺，这些规模较大的寺院附近出现了为数众多的刻印作坊，每个作坊都拥有大量刻工，组成了一支专业化的刻制队伍。据学者估算，整个燕京的雕版工人达到了几千人规模。除数量众多之外，技艺精湛是另一显著特点。从辽朝留存下来的经卷可以看出，当时本地的雕版技术具有相当高超的艺术水准，无论是佛像还是楼阁亭台或城墙城门上刻花鸟人物，都被刻画得栩栩如生。燕京地区的图书装帧已经相当考究，出现了卷子装、蝴蝶装等多种样式，反映出图书出版在得到量的提升之后，开始出现了质的大幅提高。印刷业的繁荣，进一步刺激了燕京地区造纸业的发展。在刻经数量日趋庞大的直接需求拉动下，造纸业迎来了前所未有的发展机遇。当时的经藏用纸主要是皮纸和麻纸，为了防止生虫，采用了皮纸入潢的先进技术。皮纸经过这一工艺，被称作潢纸，由于它被大量用于印制大藏经，所以被称为藏经纸。

总之，自辽南京建立以来，北京地区的文化进入了快速发展时期，此时的北京在文学、艺术、建筑、绘画等诸多方面都有了显著成就。随着契丹族与汉族交往的日益深入，民族间的文化交流逐渐扩大到日常生活中，具体反映在音乐、舞蹈、美术、节日习俗等各个方面。

第四节　金中都：建都序曲

北京的建都史，通常以金中都为开端。金中都是12世纪女真族政权——金朝的首都。女真族兴起于东北松花江流域，于1115年推翻辽朝统治，建立金朝。而后继续向南扩张，进入中原地区，于1126年灭北宋，迫使宋室南迁，北京成为控御整个北方地区的大本营。1141年宋金签订"绍兴和议"，以淮河一线为界形成南北对峙的局面。1153年，海陵王完颜亮将金朝都城从上京（今黑龙江哈尔滨阿城）南迁至燕京（今北京），取名"中都"，寓意其居五京之中、天地之中。他把宫廷、宗庙、衙署、皇陵等政权核心迁移至此，并进行了一系列改革，促进了本地区经济文化的发展与民族融合。从此，北京成为中国北方的政治文化中心，拉开了建都于此的历史序幕。

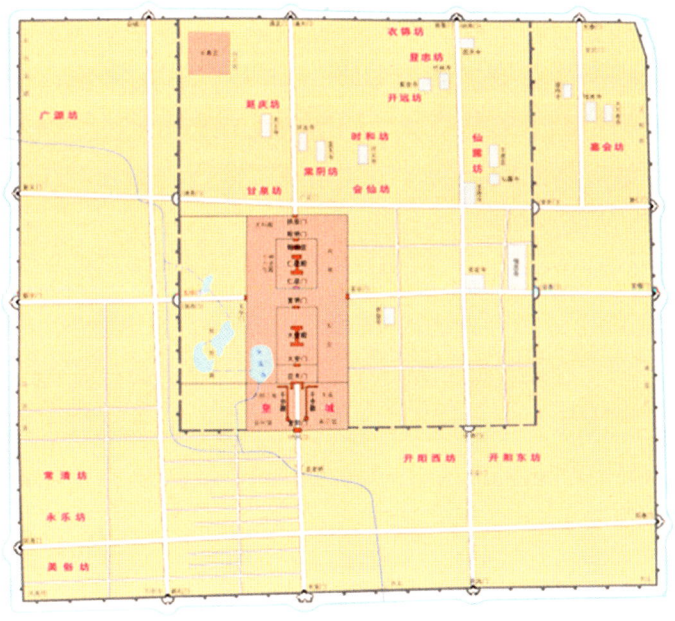

金中都城图（来源：《北京历史地图集》，文津出版社）

从"澶渊之盟"到"海上之盟"再到金朝攻占燕京直至北宋灭亡,幽燕地区都是各方争夺的焦点;无论是战与和、进与退,都在这里留下了历史的足迹,而正是在这样拉锯胶着的历史进程中,不同民族及文化间的融合因素在这里慢慢积累、沉淀,深刻浸透到幽燕地区的文化基因中,使其渐渐具有了包容大气、融会贯通的特质。

金统治者有着强烈的"居天子之正""合天下于一"的意识。金熙宗如此,海陵王更是如此。他曾多次提道:"自古帝王混一天下,然后可以为正统。"他的目标就是要统一天下,居正统之位。早在金熙宗时就曾把大批女真军人迁至燕京地区以及今河北、山东一带。金天德二年(1150年)三月,海陵王完颜亮,征调天下军民夫匠营建燕京。在此之前,他已派遣画工到北宋故都开封,描绘那里的宫室制度、建筑布局,交给左丞相张浩等人,按照图样建设中都城。

海陵王确定的营建方针:根据燕京原有宫殿与庙宇的分布情况,规划布局金朝中央的官府衙署;加宽道路,拓展四面城墙;尽量把皇宫放在国都的居中位置。根据20世纪50年代初的考察,金中都西北角在军事博物馆以南的黄亭子,西南角在右安门外的凤凰嘴,东南角在永定门车站以南的四路通,东北角在宣武门内的翠花街,这是蓟城旧址上崛起的最后一座大城。

金中都的城市建设,一方面继承了传统的国都规划理念,吸收了汉朝都城建造的精华——三重四围,布局方正;前朝后市,中轴对称;坊巷划分,状如棋盘。另一方面,他们依水势建宫苑,逐水草筑园林,把不规则的水面纳入方正的皇城宫墙中,又反映了游牧民族的风格特点,显示出很强的文化包容性和融合度。这在中国都城规划及建设史上具有承上启下的作用。

天德五年三月二十六日(1153年4月21日),海陵王颁布《迁都诏》,改元贞元,将国都由上京会宁府迁到北京并改称中都。与此同时,他又派人将金上京的宫殿、宗庙、王府等建筑全部平毁,表明要彻底斩断故土之念,坚定以中都为国都的立场。伴随着这个具有划时代意义的重大事件，北京从北方的一座军事重镇上升为北半个中国的政治中心，并为随后在元明清各朝及至当代成为全国首都，做了政治文化传统与民众心理认同的准备。另一方面，从中国历史看，金是北方游牧民族建立的政权，后来的元朝、清朝，也都是北方游牧民族建立的政权，民族融合的趋势愈加明显。同时，中国版图越过长城向北扩张，奠定了当代中国疆域的根基。

金中都的建造效仿北宋都城规制，宫殿居于全城中心，宫城之外围以皇城，皇城之外围以大城，并仿照中原王朝备齐各种国都"标配"，如与宫殿配套的皇家园林、举行各种重要礼仪活动的坛庙场所、从中央到地方的各级官僚衙署以及建于城郊的皇家陵寝等。这些都表明金朝政治重心的转移以及对正统地位和王朝气派的追求。随着政治中心的大举南移，文化交流与融合的平台也随之形成。中都城内有汉、契丹、女真等各族居民，汇聚了各种文化元素和整个北方地区的文化精英，这在北京文化发展的历程中前所未有。金中都设有国子监、翰林院等文化机构，吸收了汉王朝的祭祀、园林、陵寝等文化要素，标志着其作为中国北方政治文化中心地位的确立。金中都的文化特征是多种元素并存，你中有我，我中有你，相互融合，难以拆分，同时辐射到金朝境内的女真、契丹、汉族及其他民族。文化发展由此进入一个相对均衡、彼此交融的阶段。

明末清初的历史地理学家顾祖禹，在《读史方舆纪要》中把辽金元时期燕京从陪都到中都再到大都的民族进退之势做了一个相当精到的分析——辽南京是契丹人担心被中原政权再次收复而设，它显示的是辽对其南界的固守；金中都则是女真人出于既顾及北方根本又面向中原地区的战略而立，它表明了金朝将政治文化中心主动南移；元大都的崛起，则是蒙古人进而将其作为从西北到东南控制全国的政治枢纽的产物。上述渐进式的变化，说明在汉文化向北推进渗透的同时，北方文化也在一步步深入中原，这是一个彼此交互、双向融入的过程。在辽代及以前，北方民族的文化与中原汉族文化的差距较大、泾渭分明，大体以汉文化向北流动为主；金代以后，差距依然存在但明显缩小，表现为南北杂处、彼此包容，这就为后来元朝的统一奠定了基础。

金中都的建立标志着中国经济重心的转移。区域不平衡性是中国经济发展的一个明显特征。秦汉时期，以关中—洛阳为代表的北方地区是中国经济的重心。西晋以后，随着大批中原人口的南迁，南方经济得到了开发。隋唐之际，南方经济发展的巨大潜力进一步得到释放，到盛唐时已经显现出取代北方成为全国经济重心的趋势。安史之乱及唐末大动乱进一步加剧了南北经济的这种此消彼长。到宋朝，随着长江中下游地区稻作技术的大幅提高，南方水田农业的产量超过华北旱地农业，从而奠定了中国经济重心南移的基础。南宋朝廷迁都临安更是促进了江南经济的全面发展。可以说，中原王朝的都城从西安到洛阳、开封再到杭州的变迁轨迹，正与中国经济自西而东、自北向南的发展趋势一致。

辽、金时期虽然战争频仍，但也有以一纸协议和万千岁币换来的相对和平。1004年签订的"澶渊之盟"使辽宋双方获得了一百多年安宁，燕京地区虽然处于辽的南部边界，但随着辽南京政治地位的上升，经济上也得到了恢复和发展。到了金朝，绍兴和议把宋金对峙的边界线推到了淮河一线，金朝的统治机构和人口不断南迁，这给了燕京地区宝贵的发展契机。金朝鼓励人民迁居中都地区，中都成为北半个中国的最大城市。庞大的皇室贵族、文武官僚及其附属人群聚集燕京，带动了本地区的消费增长，周边的农业开垦及城市手工业、商业迅速兴旺起来。金代中期，中都及其周边地区出现了"国家承平日久，户口增息""人稠地窄，寸土悉耕"的景象。漕运也得到了发展，1151年升潞县为通州，取"漕运通济之义"。尽管漕运规模有限，但客观上促进了南北经济往来，带动了本地区经济的全面发展。加之与塞外各族的天然联系，这里成为一个连接中原腹地和东北、西北地区的经济中心，社会发展和经济发展也日益接近中原地区。其后，随着元朝的统一及京杭大运河的全线开通，中国的经济重心得以继续向北回归和向东北拓展，整个东部地区日渐成为中国经济的支撑。

辽代有"五京"，金也有"五京"。毋庸置疑，以五京之间的政治联系为纽带，临潢、会宁、辽阳、大定（赤峰）、大同这些城镇都在这一时期快速发展起来，它们与中都在军事上彼此呼应、互为犄角，在经济上相互接济、互为补充，在城市建设和文化习俗上相互影响、彼此模仿。除临潢、会宁远在东北外，其他几个都可以视为中都的外围城市，它们与燕京之间的交通、贸易及文化往来不断加强和深化。

与此同时，随着水路交通和南北贸易的兴盛，位于交通要道上的保定、天津、承德、赤峰、张家口及一些作为榷场的贸易集镇如涿、霸、雄、沧等州也一并发展起来。最典型的莫过于天津和通州，就是因金中都的漕运而兴起。又比如保定（时称保州），随着宋金边界的南移，一改北宋时期前沿阵地的属性，居民增加，文人、工匠、商贾聚集，文化及工商业兴盛起来，成为华北陆路上重要的粮食中转站，被称为"燕南一大都会"。上述城镇都是在金朝政权以中都为中心向南推进的形势下奠定发展基础的，它们围绕中都这个交通枢纽，服务其需要，同时也影响和促进着燕京的发展，形成一个由四围拱卫中心城市的新的城镇体系。随着这个城镇体系的不断成长和完善，中心城市的地位上升就是必然的结果。

从幽州城、辽南京到金中都，城市的性质有了很大不同，由一个军事重镇，演变成拥有宫廷、苑囿、官署、宗庙、学府、寺庙、医院等各种司职机构，以及众多王公贵族府第和官宦世家、"百官家属皆处其内"的消费城市。金中都的地方管理体制也不是单纯的军事机构统属，而由行政（路府州县）、司法（按察使、警巡院）、经济（都转运司及其附属机构）、城防（警备，如武卫军都指挥使司、都巡检使司、兵马司等）四大系统组成，金朝尚书省还在中都设立了若干直属机构，如榷货场、交钞库、市令司等，鲜明地体现出政治中心的功能与作用。金中都虽然只存在了短短六十余年，但它在北京城市发展史上具有里程碑的意义，无论是民族融合、经济与社会发展还是城市的规划建设等方面都为后来元明清定都北京打下了坚实基础，开启了以北京为首都的新的历史时期。

第五节　元大都：一统天下

从西周蓟城、汉唐幽州到辽南京、金中都，前后相继的城垣虽有拓展，城市选址却基本不变。世祖中统元年（1260年），忽必烈进入北京，驻在中都东北郊大宁宫园林区的琼华岛（今北海公园白塔山）。鉴于城中宫殿早在金贞祐三年（1215年）已被蒙古军队焚毁，西湖（莲花池）水系作为都城水源也难以为继，忽必烈做出了放弃旧城、以大宁宫为中心修筑新城的重大决策。元大都的建设开辟了北京作为大一统王朝国都的新纪元，也是北京城市规划史上具有深远影响的重大转折。

忽必烈登基之初，以元上都为都城。但是上都位置偏北，对控制中原不利，当时在元朝内部关于是否迁都存在很大争议。大臣霸突鲁上奏，"幽燕之地，龙蟠虎踞，形势雄伟，南控江淮，北连朔漠，且天子必居中，以受四方朝觐，大王果欲经营天下，驻跸之所，非燕不可"。[①]著名汉族谋士郝经也建议："燕都东控辽碣，西连三晋，北负关岭，瞰临河朔，南面以莅天下"。更何况"燕京自古霸国，虎视中原，为万世之基"。[②]

至元四年（1267年），忽必烈最终决定迁都中都，至元九年（1272年）将中都改名为大都（突厥语称汗八里，帝都之意），将上都作为陪都。至元四年（1267年），开始了新宫殿和都城的兴建工作。中书省官员刘秉忠为营建都城的总负责人，阿拉伯人也黑迭儿负责设计新宫殿。郭守敬担任都水监，修治元大都至通州的运河，并以京郊西北各泉作为通惠河上游水源。至元二十二年（1285年），大都的大内宫殿、宫城城墙、太液池西岸的太子府（隆福宫）、中书省、枢密院、御史台等官署，以及都城城墙、金水河、钟鼓楼、大护国仁王

---

① 《元史》卷一一九《木华黎传》。
② 《郝文忠文集》卷三二《东师议》。

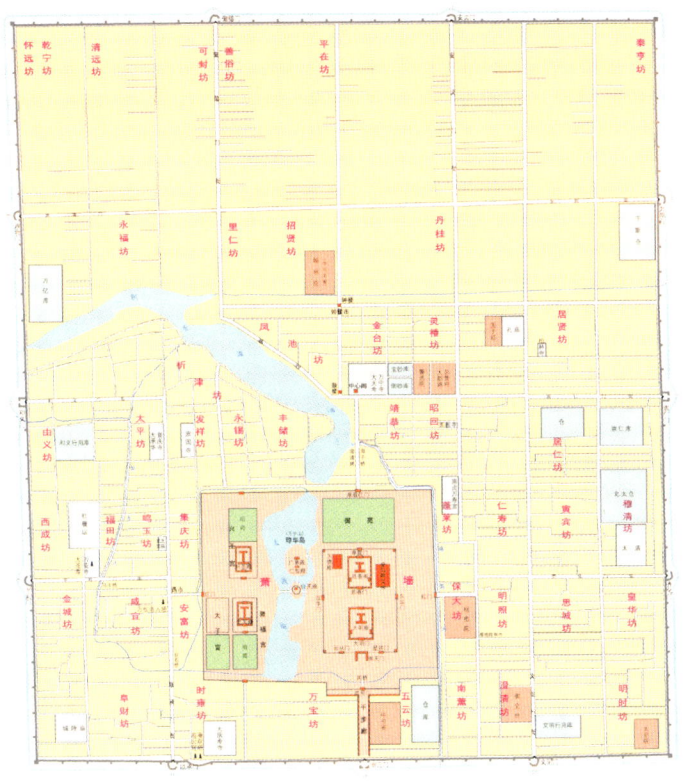

元大都城图（来源：《北京历史地图集》，文津出版社）

寺、大圣寿万安寺等重要建筑陆续竣工。同年，发布了旧城（金中都故城）居民迁入新都的诏书。从至元二十二年（1285年）到三十一年（1294年），有四十万至五十万居民自金中都故城迁入大都城。此时期还陆续完成了宫内各处便殿、社稷坛、通惠河河道、漕粮仓库等建筑工程。元大都的营建工作至此基本完毕。此后元朝各帝陆续又有添建，如孔庙、国子监、郊祭坛庙和佛寺等，但对元大都的总体布局没有变动。

新建的大都城，"城方六十里，十一门"，呈长方形，东、西、南三面各开三门，北面两门。南面三门，正中称丽正门，东侧称文明门，西侧称顺承门。东面三门，正中称崇仁门，南侧称齐化门，北侧称光熙门。西面三门，正中称和义门，南侧称平则门，北侧称肃清

23

门。北面两门，东侧称安贞门，西侧称健德门。整个大都城为三重城模式，都城套皇城，皇城套宫城。全城的居民住宅被划分为49个坊里，每户居民占有的城市空间为八亩地，由此而形成了大街、小巷横平竖直的棋盘式城市格局。

元大都建成后，"四方之士，远者万里，近者数百里，航川舆陆，自东西南北而至者，莫有为之限隔"[①]。《马可·波罗行纪》对来自欧洲、亚洲众多的商队和四方使者络绎不绝的盛况也有精彩描述："每个城郊在距城墙约一英里的地方都建有旅馆或招待骆驼商队的大旅店，可提供各地往来商人的居住之所，并且不同的人都住在不同的指定的住所，而这些住所又是相互隔开的。例如一种住所指定给伦巴人，另一种指定给德意志人，第三种指定给法兰西人……每当有外国专使来到大都，如果他们负有与大汗利益相关的任务，则他们照例是由皇家招待的。"当时各地的珠玉宝器，均可在大都城中寻获，甚至外国商货在此亦能斩获，"外国巨价异物及百物之输入此城者，世界诸城无能与比"[②]。

郭守敬是大都城水系的规划设计者，他的重要贡献在于根据城市周边的河湖水系特点，从昌平白浮泉开始，把西山的泉水引来接济漕运。漕运畅通既保障了大都以粮食为主的物资供应，也促进了城市政治、经济、文化的高度繁荣。

成吉思汗自从建立大蒙古国之后，南伐西征，虽然军事上已经十分强大，却一直没有建立自己的都城。窝阔台即位后，在汉化契丹人耶律楚材的影响下，建立了第一座都城——和林城（今蒙古人民共和国境内）。元世祖忽必烈即位前后，受到农耕文化的影响越来越大，先后建立了元上都（今内蒙古正蓝旗）和元大都，形成了两都模式。而在元大都的建造过程中，又充分展示了农耕文化和游牧文化的高度融合。

---

① 《危太朴集》卷九《送归宪使赴河西诗序》。
② 马可·波罗著，冯承钧译：《马可·波罗行纪》，河北人民出版社，1999年，第298页。

作为长期生活在游牧文化环境中的元朝帝王,在遵行农耕文化主题的情况下,又特别显示出对游牧文化的眷恋之情。因此,在他们的主要生活区域内,展示出与农耕文化截然不同的游牧文化风格。

大都城里有一个非常重要的文化现象,就是由频繁的民族融合而带来的深度文化融合。中原地区的农耕文化、北方草原的游牧文化、流行于西域的伊斯兰文化,以及盛行于欧洲和西亚的基督教文化,都在这里相互撞击与融合。当时的大都城产生了世界上最精密的历法《授时历》,以及官方撰写的《大元大一统志》,而著名杂剧作家关汉卿则以《窦娥冤》等杰出作品而被后人誉为"东方的莎士比亚"。

作为少数民族领袖,元世祖深深懂得在广袤的中原及江南地区推广少数民族文化的重要性,而这种推广的主要载体就是语言文字。蒙古国在崛起之时,没有自己的文字,曾经用回鹘文记载蒙古语言,这种文字被后世称为旧蒙古文,至今仍在沿用。元世祖即位后,又命藏地高僧八思巴用梵文的规则创造了新的蒙古文,被称为新蒙文或八思巴蒙古文。后来,元朝政府在大都城设立蒙古国子学,并在全国各地设立蒙古字学校,让更多的人来学习使用新蒙古文。元朝政府又规定,官方使用三种文字来书写公文,即汉文、新蒙古文,以及波斯文。

第六节　明北京：承上启下

在北京建都史上，明代处于承上启下的关键时期。凭借"靖难之役"的成功，明成祖朱棣将都城北迁，彻底改变了北京的历史走向。此后他又举全国之力营建北京城，使元代一统南北的都城文化得以延续，一举奠定了明、清两代帝都的繁盛风貌。

洪武元年（1368年），明太祖朱元璋在应天府（今南京）"即皇帝位"。登基前后，明太祖提出"驱除胡虏，恢复中华，立纲陈纪，救济斯民"的口号，因"北平土旷，利于骑战，不可无备"，命大将徐达率军北伐。明军一路北上，逼近大都。七月二十八日，大军到达通州，元顺帝携后妃、太子、公主自健德门出城北逃，前往上都避难。八月初二，明军攻陷大都齐化门，八月十四日，元大都改名北平府。为保证北平的安全，明朝先后驻扎了大量兵力在此，朱元璋更派遣自己最为信任的大将徐达承担了镇守北平的重任，"每岁春出，冬暮召还"。自此，北京自辽、金以来逐渐形成的政治、文化中心，在明初又恢复为经略北方的军事重镇。

改变北京发展轨迹的，是燕王朱棣在明太祖逝后发动的"靖难之役"。为了确保政权稳固，也迫于北部边防的现实需要，明太祖册封秦王、晋王、燕王等为"塞王"，其驻藩的西安、太原、北平等地，也很快发展成雄踞一方的军事重镇。北平处于连接东西防线的核心位置，地位尤为重要。朱棣就藩以后，多次领兵"巡边"，在官兵中积累了巨大威望。

明太祖去世后，继位的明惠帝朱允炆（朱元璋之孙）深感"强藩"对中央的威胁，于是采纳齐泰、黄子澄等人建议，着手"削藩"。燕王朱棣于建文元年（1399年）以"靖难"为名起兵。建文四年（1402年），朱棣率军南下，攻入南京，登基为帝，改年号"永乐"，史称明成祖。由此给北京的城市发展带来了全新的历史机遇。

明成祖登基后，即开始崇升其"龙潜之地"。永乐元年（1403年）

正月，礼部尚书李至刚称北平"实皇上承运龙兴之地"，奏请"立为京都"，得到明成祖允准，并改北平为北京。这一涉及明代都城北迁的重大时代课题，不仅与明成祖个人以"靖难"夺得帝位的独特经历有关，更是由明初政治、军事的现实需要所决定的。早在洪武年间，定都南京的局限就有所呈现。因为处于三吴核心的南京虽有汇聚全国财赋的经济优势，但对于长江以北的领土却"鞭长莫及"。明太祖试图以封藩之制进行弥补，不料却带来"骨肉相残"的严重后果。而建文帝的失败，很大程度上也是定都南京导致政治中心与军事中心相分离的结果。因此明成祖夺得帝位后，当即决定以政治中心迁就军事中心的办法，寻求政治中心与军事中心的重新统一。

永乐元年（1403年）二月初三，朱棣首先改北平府为顺天府，与南京应天府遥相对应，并陆续撤销北平布政司、按察司及北平都指挥使司，开始设立基本等同于南京六部的行政机构，在教育方面同样也按照南京应天府的建置设置相应学制。在经济与城市建设方面，他先是下令将江浙等富饶之地大量移民北京，充实北京人口，增加经济实力。如永乐二年（1404年），选江南各地无田粮并有田粮不及五石殷实大户充北京富户，附顺天府籍。同时他还积极开通漕运，调集人力物力，为运输物资、营建北京做好准备。

从洪武元年（1368年）徐达攻占元大都开始直到明末，北京城内的营建工程一直没有停止。最早进行的，是人员调集、物资筹备、交通疏浚等准备工作。永乐初年，明成祖下令从浙江、山西等地挑选大户迁往北京，以恢复和发展北京的经济。永乐四年（1406年），明成祖又分派工部尚书宋礼等重臣，前赴四川、湖广各省采伐木料。修建都城所需的大量砖瓦，他先委派泰宁侯陈珪就近督造，后来又根据实际情况，由工部差侍郎一人，驻山东临清专责管理。至于用于宫殿的"金砖"，则责成苏州、松江各府烧造，再随漕船北运。与此同时，明成祖又令工部征发工匠，于各卫所挑选军士，各省州府挑选民丁，做好应役准备。据统计，后来征调的工匠人数达到23万，应召前赴北京服役的兵士和民夫，更多达上百万人。

在物料筹办过程中，营建工程也逐渐展开。永乐七年（1409年）五月，明成祖在昌平天寿山为病逝的徐皇后营建皇陵，再次向大臣们显示其迁都北京的坚定决心，也成为日后北京大规模营建的工程预演。永乐十四年（1416年）冬，工部奏请"择日兴工"。永乐十五年（1417年）四月，作为临时"御政"场所的"西宫"告成。六月，北京宫殿开工兴建，"凡庙社、郊祀、坛场、宫殿、门阙，规制悉如南京，而高敞壮丽过之"。① 至永乐十八年（1420年）冬，北京宫殿宣布"告成"，由此初步奠定此后北京六百余年历史文化发展的大格局。

竣工后的北京宫殿，巍峨壮丽，名号繁多。外朝以奉天、华盖、谨身三大殿为主，又有文楼、武楼，以及文华殿、武英殿等。俗称"金銮殿"的奉天殿，是紫禁城内规制最高、体量最大的宫殿建筑。内廷以乾清、坤宁两大宫为主，又有昭仁殿、奉先殿及东西"十二宫"等建筑，供帝后日常起居之需。明初杨荣在《皇都大一统赋》中赞誉说："金铺璀璨，绮疏玲珑。珠玉炫烂，锦绣丰茸。葳蕤起凤，天矫盘龙。千门瑞霭，万户春融。"这是对新建成的宫殿所做的生动描绘。统一规划、布局严整的宫殿，鲜明展现了中国古代都城建筑的精髓，也为世界建筑史留下了宝贵的文化遗产。

永乐十九年（1421年）正月初一，明成祖在奉天殿举行隆重的迁都大典。迁都之后的北京城，其外有高大森严的城墙环绕，其内街道笔直宽广，又以一条中轴线贯穿南北。中轴线两侧，则对称分布雄伟庄严的宫殿、坛庙，以凸显都城"皇权至上"的基本原则。在整体上，北京呈现出"宫阙壮九重之固，市朝从万国之瞻。庙社尊严，池苑盛丽，诚万万年太平之基"的壮丽气象。

明代也是北京坛庙演化与成型的关键时期。明初太祖以应天（今南京）为都，其国家级坛庙皆分布于金陵城内外。攻下大都的徐达，则受命捣毁胜国之都，代之而兴的是燕王的藩镇坛庙。成祖迁都北京后，一方面在北京大建皇宫，同时仿照南京规制，修筑各种建筑。

---

① 于敏中：《日下旧闻考》卷四《世纪》。

《明实录》有记："凡庙社、郊祀、坛场、宫殿、门阙，规制悉如南京，而高敞壮丽过之。"奉祀天地、日月、山川、祖先、社稷的坛庙，逐渐在北京建成。成祖一方面继承太祖在南京立下的"祖制"，同时也吸收了元大都坛庙文化的内涵。建于永乐十八年（1420年）的太庙和社稷坛，仍遵从"左祖右社"的传统规制，不过其具体位置，则从元代的齐化门、平则门内，迁移至紫禁城前侧左右分布。这既便于皇帝亲自参加祭祀，也大大增加了禁宫前面的景深，进一步突出"皇权至上"的威严。其南郊坛，在新建的北京丽正门之南，为明初重要祭坛。其时皇天后土合祀，称"天地坛"。天地坛之西为山川坛，祀太岁、风云雷雨、岳镇海渎、钟山、天寿山，以及京畿山川、四季月将、都城隍等神祇。山川坛内又有先农坛，为明帝祭祀先农诸神的场所。

正统之后，北京的坛庙建筑进一步得到完善，逐渐形成完整的国家祭祀体系，并一直沿用到嘉靖之初。此后世宗以"大礼仪"之争，复古礼，又大兴土木，试图重塑京师的坛庙建置，北京坛庙文化随之出现重大变化。嘉靖九年（1530年）正月，世宗接受给事中夏言的建议，决定恢复天地分祀之制。遂在城北新建方泽坛，南郊圜丘、东郊朝日、西郊夕月三坛亦同时开工。随后将南郊圜丘更名为天坛，将北郊方泽坛改称地坛，闻名后世的天、地、日、月四郊坛由此形成。

在宫殿营建前后，北京还进行了城墙的修整，由此奠定了明清两代都城的基本格局。明代北京城的空间布局，是在元末大都城的基础上改造而成的。最早的城墙改建，为洪武年间废弃大都北边土墙，南缩五里而成北京城。明成祖决定迁都后，先对北京城墙贴砖加固，提高城垣的防御能力，同时，通过修饰城门、门楼等礼制建筑，以与都城城垣新的政治地位相称。其事始于永乐七年（1409年）六月，成祖令营修安定门，其他各城门亦次第开工。永乐十七年（1419年），为了延拓皇宫南面的空间进深，成祖下令将城墙南垣向南拓展一里，由此形成层层相包的宫城（紫禁城）、皇城、京城三重城墙，呈现出"庙社尊严，池苑盛丽"的壮丽气象。其中最内层的紫禁城周六里，开八门。宫城之外的皇城周十八里，开六门。皇城之外的京城周四十五里，开九门。这是明代北京城垣的第二次格局性变动。时值北京宫殿营建尾声，工匠、军丁、民夫齐集，城墙南移很快即告竣工，北京的礼制、文化以及日常生活空间，随之确定。

永乐之后，明政府对于城墙和城门等又有一些修缮。正统元年（1436年），英宗下令修建北京城内九座城门的正楼和月城楼、门外牌楼、城四隅的角楼，同时加固了城墙，加深了城壕。永乐年间成型、正统年间完备的北京城垣"回"字形结构，在明代前期沿用130多年，到嘉靖年间又有所改变，这就是外城（又称南城、重城）的修筑。正统十四年（1449年），蒙古瓦剌部也先率兵南下，俘获明英宗，围攻北京，是为"土木之变"。在于谦的坚守下，也先被击退，但北京面临的军事威胁迄未解除。为了更好地保卫京城，明政府开始动议修筑外城。但由于种种原因，拓展京师的提案一直未能实施。嘉靖二十九年（1550年），蒙古鞑靼部俺答再次从蓟州攻入古北口，劫扰京郊。九月，俺答部退至塞外，北京筑城之议再起。当年冬，世宗以城外居民自出财力，令试筑正阳、崇文、宣武三处关厢外城，随以"工役重大"，谕令停止。

嘉靖三十二年（1553年）三月，兵科给事中朱伯辰又建言修筑外城之策，得到世宗允准。世宗提出四面筑城，以符"王制"，意在再现古代"内城外郭"的理想模式。其规划亦以紫禁城为中心，在原城墙的东、西、南、北四面加筑，形成层层递进的四重"回"字形结构。但施工中发现人力、物力、财力难敷应用，不得不决定先筑南垣。工程自闰三月开始，至十月结束。世宗亲自命名新修各城门，分别称为左安、右安、永定、广渠、广宁，以寄寓京城"安定永宁"之意。为方便居民出入，后又在新建外城与原城墙的连接处，建造了东便门、西便门。

此后北京城的整体格局，变为南大北小的"凸"字形。由此形成的北京内、外城之分，重新塑造了都城的空间结构与城市文化，对北京此后四百多年的军事布防、商贸分布、人员往来，都产生了极其深远的影响。

　　从我国都城建设史来看，明北京城是我国都城建设上的一个高峰，它突破了元大都城平面分布的功能布局模式，在吸收利用金中都与元大都的形制布局的基础上，集中国古代都城设计理念之大成，形成了层级环套和中轴对称的建筑布局模式，突出了紫禁城的核心地位，充分显示出明代大一统封建帝国的气势，达到了体现皇权至上和封建礼制，以及传统布局艺术的最高境界，完成了中国古代宫城建设的终极模式。

第七节　清北京：鼎盛古都

顺治元年（1644年）清军入关，明朝灭亡，清承明制，继续以北京为首都，历经顺治、康熙、雍正、乾隆等10帝，于1912年辛亥革命爆发后，清帝宣布退位。历经268年的清北京，作为中国封建社会历史上最后一个封建王朝的都城，不仅在国家统一、疆域稳定等方面发挥了积极作用，而且推动了多民族、多地域、多宗教文化的交流，对商业贸易的繁荣和传统学术文化的兴盛乃至对外交流的发展，都起到了积极的推动作用。可以说，清北京发展到了中国传统社会古都的鼎盛时期，并为我国都城从传统向近现代国家首都的转变奠定了基础。

清朝兴起于东北，随着清军入关和统一全国进程的加快，故都沈阳已经不能满足其需要。清王朝定都北京，由一个地方割据势力上升为统一国家的主宰，由一个边疆民族政权转变为统一的多民族国家政权，由东北一隅走向全国。在此之前，清朝虽在关外经营近三十年，然而在关内却始终没有立足之地。就全国形势而言，东北乃为一隅之地，仍是割据政权。在此之后，清朝第一次把势力推向关内，并由此掌握了国家政治军事斗争的主动权。

满族文化的融入和影响是清代北京文化形成的重要因素。在清朝统治者"首崇满洲"和"国语骑射"的政策下，满族文化强势移入北京，在语言、饮食、服饰、节令等诸多方面对北京地域文化产生了深刻影响。与此同时，随着多民族文化的交流，汉族等其他民族文化传统也对满族文化产生了深刻影响，并在相互冲突、交融的过程中，形成了当时历史条件下的新北京文化。

清朝是中国封建社会的最后一个大一统王朝，随着皇权专制政体发展到最完备阶段，古代礼制文化达到了顶峰；清代又是统一多民族国家的鼎盛时期，经济发展也达到了中国古代社会的新高峰，这些都为北京城的最后定型提供了政治和物质的保障。在延续明朝格局的基础上，历经顺、康、雍、乾四朝的发展与完善，北京都城格局的最后定型，达到全盛面貌，并且成为古代礼制文化和中华文明的象征。

历经元、明、清而形成的北京城规模壮观，建筑布局典型，拥有庞大的宫殿建筑群，以坛庙为主的礼制建筑群、皇家寺庙群和皇家园林，其基本格局是由内城、皇城、紫禁城构成层层相套的"回"字形建筑系统，堪称人类建筑史上的奇迹。现存故宫建筑的大部分建筑基本上都是康乾时期的遗存，而统摄京城帝都格局的灵魂是贯穿都城南北的中轴线。

帝王都城、宫殿巍峨宏大，不仅凝聚着君权至上的政治价值观念，而且体现并强化着权威认同的政治心理。功能各异的宫城、皇城、内城、外城层层外扩，环环紧扣。宫城位居全城中心，前朝后市，左祖右社，中轴线两侧坛庙、苑囿、衙署、寺观、市井、民居等基本呈棋盘状对称排列，布局严谨，主从分明。清代京城建筑具有极强的政治等级特征，即便是色彩的运用也是如此，红、黄、绿三种颜色，只有皇家以及官府才可以使用。平民建筑只能使用灰色。

清代京城建筑还充分体现了中国传统"天人合一"与阴阳五行的思想观念。中国古代天文学中有星图。天文学家将一组行星定一个名称，便于辨认和研究，以太阳运行的区域为黄道，在黄道上有二十八组，合称二十八宿，南北东西各七宿。中间是北极，北极附近划分三个区域，中间是紫微垣，为天帝居处。与"天"对应的帝王宫殿，便被称为"紫禁城"。

清代北京，无论是皇家宫殿建筑，还是百姓四合院建筑，都体现出鲜明的传统伦理观念。大多数庭院建筑都是前后串联起来，通过前院到达后院，以显示长幼有序、内外有别的伦理观念。宫殿乃至庭院中生活的人物，根据其身份的不同，对应生活在不同的庭院里。在紫禁城这座超大四合院里，就区别有"外朝"和"内廷"的严格伦理界线。

经济从来都是文化发展的物质基础，而商业贸易又是文化交流的助推器和融合剂。清代自康熙中期起农业生产逐渐恢复，到乾隆年间走向发展，随之工商业也发展起来，北京是当时中国发达的商业贸易城市，也是最大的商业消费中心。这里不仅有全国最大的商业市场，而且聚集着众多来自全国各地的商人，向来被称作"商贾辐辏之区"。为了满足消费需要，除了大量生活资料以外，这里还有各种奢侈品和娱乐品。例如粮食消费。为了保证首都的粮食供应，清政府大量从南方转运漕粮，同时对南来商贩自运粮米采取开放政策。进入北京的粮食，不仅有江浙湖广的粳、籼、糯米，而且有山东、河南的大豆、小麦。北京的瞻云坊外是传统的米市，米谷积千仓，规模可观。伴随着粮食转运，各地生活消费品也汇聚北京。南方日杂货通过大运河源源不断地运往北京，如江南的土布、丝绸、瓷器、纸张等。另外，各少数民族地区的商品，如关东的貂皮、人参，西藏的藏红花、藏香，新疆的毡毯，蒙古的皮裘以及云贵等地的贵重药材，都出现在北京的市场上。京城则以瓷器、陶器、铁器、绸缎、布匹、烟、茶、粮等重要商品，与少数民族进行贸易。北京的大商铺还供应蒙古、西藏等地需要的喇嘛念经用品和某些特别的手工艺品。清政府在城内御河两岸设立"里馆"，专门接待蒙古来京的客商，以加强与蒙古地区的商业联系。

　　清代北京商业区主要分布在地安门街、东西安门外、东西四牌楼、东西单牌楼以及菜市、花市等北京内外城的主要区域，而以外城前三门（崇文门、正阳门、宣武门）最为集中。明嘉靖年间修建外城前后，北京正阳门周围及两旁大街便逐渐形成一定规模的商业区，聚集了众多的铺户。进入清代，随着内城汉人的整体向外城迁移，正阳门的这种情形不但没有削弱，反而进一步增强，以至形成全国规模最大的商品流通市场，而铺户之集聚居全国首位。《都门纪略》云："京师最尚繁华，市廛铺户，妆饰富甲天下，如大栅栏、珠宝市、西河沿、琉璃厂之银楼缎号，以及茶叶铺、靴铺，皆雕梁画栋，金碧辉煌，令人目迷五色。至肉市、酒楼饭馆，张灯列烛，猜拳行令，夜夜元宵，非他处所可及也。"[①]其中不乏被誉为"老字号"、历经明清达

---

① 徐永年增修：《都门纪略》，沈云龙编：《近代中国史料丛刊》第一编，第716册，台湾文海出版社，1966年，第251页。

百余年的铺户，如六必居、王麻子、王致和、烤肉宛、同仁堂、都一处、和顺居、天福号、内联陞、便宜坊、全聚德、正明斋、瑞蚨祥、荣宝斋等。

清代北京的官营手工业隶属于内务府和工部等官署。内务府在京设有内织染局、广储司七作（包括银作、铜作、染作、衣作、绣作、花作、皮作）、营造司三作（包括铁作、漆作、炮作），工部在京设有五大厂、五小厂和外三厂。其规模不及明代，但民间手工业在康熙后有明显发展，如铸铜、刀剪、制药、酿酒、香蜡、糖果、地毯、宫灯、雕漆、景泰蓝等技术更为精湛。商贸和消费经济的繁荣发展，不仅带动了物质文化的发展，更推动了地域文化的交流。

清代北京地域文化的繁荣与发展得益于多民族、多宗教和多地域文化的交流与融合。例如，多民族文化的交流。清入关定都北京后，清政府大量内迁八旗人口，于顺治五年（1648年）下令圈占北京内城，汉官、商人、平民等，除投充八旗者及衙属内居住之官吏、寺庙中居住之僧道，尽迁外城，而分置满、蒙、汉八旗于内城。在清代前中期，北京内城一直为八旗人口的集中聚居区，而八旗的民族成分是十分复杂的，其中除了满族、蒙古族、汉族之外，还有达斡尔族、锡伯族，甚至朝鲜族、俄罗斯族等。外城不同于内城，清初政府全部圈占内城之后，外城即成为清代北京汉人、汉官和商人的集中聚居区。此外，随着很多喇嘛寺庙的建立，不少藏族僧人也遍布北京城。因此，清前期北京城是一个多民族聚居的城市，而多民族的聚居自然也带来了多民族文化的交流。

清朝历代将尊崇藏传佛教作为治国安邦的国策，在北京兴建了大量喇嘛庙。其著名者如城北双黄寺（东黄寺、西黄寺）、双黑寺（前黑寺、后黑寺），在北京各个阶层都产生了很大影响。入关后，在京的喇嘛庙，最早见于史料记载的是净住寺和察罕喇嘛庙（后黑寺）。净住寺，顺治二年（1645年），由明朝寺庙改建而成。清朝初年，察罕喇嘛投效来京，清朝统治者恩赐德胜门外校场地方，让其自行修建庙宇。为迎接五世达赖喇嘛进京，顺治八年（1651年），在安定门外镶黄旗校场北，修建后黄寺，为五世达赖喇嘛驻锡之所。翌年，在后黄寺旁又为五世达赖喇嘛修建了东黄寺。此外，还有永安寺和普胜寺。其中级别最高、规模最大的，则数乾隆初年由世宗潜邸改造而成的雍和宫。雍和宫内供奉有世宗御像，又有高宗《喇嘛说》御制碑，内称"兴黄教，即所以安众蒙古，所系非小"，可见其在国家祭祀体系中的重要意义。与之相联系的，还有承德避暑山庄的"外八庙"。这些建于北京、承德等地的宏伟喇嘛庙，既充分融合了汉、藏、蒙各民族的建筑艺术精华，也进一步展现了多民族统一国家的文化魅力。

清代北京藏传佛教寺庙的修建，直接带来很多独具特色的民俗文化，渐渐形成了上自朝廷皇室达官贵人，下至平民百姓都积极参与的一些民俗活动，如"白塔燃灯""雍和宫舍粥""绕塔""喇嘛打鬼"等，这些蕴含着藏传佛教文化的宗教活动，逐渐融合、演变为北京民俗的一部分。

西式建筑也开始在北京出现。早在明末利玛窦到达北京四年后即在宣武门购得房产，建起北京城内第一座教堂，是为南堂。顺治七年（1650年），汤若望神父又将教堂重建，使其成为北京城内第一座大教堂。康熙三十二年（1693年），法国耶稣会士在中南海西岸蚕坛建起教堂，是为老北堂。康熙六十年（1721年）费隐在王府井建教堂，是为东堂。雍正元年（1723年）德里格在西直门内购置土地建设了西直门天主堂，即为西堂。

西洋建筑风格在清北京的影响主要体现在宫廷苑囿之中。其中的代表作就是圆明园中的西洋楼，它是由谐奇趣、黄花阵、养雀笼、方外观、海晏堂、远瀛观、大水法、观水法、线法山、线法画等十余座西式建筑和庭院组成，整个建筑采用当时欧洲最流行的巴洛克和洛可可建筑风格，由西方传教士意大利人郎世宁和当时供职宫廷画院如意馆的耶稣会传教士法国人蒋友仁设计监修，中国匠师建造。乾隆十二年（1747年）开始筹划，乾隆十六年（1751年）秋季建成第一座西洋水法（喷泉）工程谐奇趣，乾隆四十八年（1783年）最终建成高台大殿远瀛观。

第八节　民国北京：城市转型

明清以来，北京的"国都"色彩持续凸显，政治因素统领一切。作为国家政治中枢，整个城市以紫禁城为中心，为皇权政治服务是其最为重要的职能，城市功能单一。民国建立之后，北京从一个延续数百年的国都，转型为一座近代意义上的城市，皇权领域收缩，公共领域拓展，地方行政体系更新，市域范围扩展，市政建设提速，社会结构经历新的分化与组合，城市形态发生根本性变化，城市功能由"单一性"趋向"多元化"，世俗化社会机制进一步发挥作用。

1912年2月12日，清宣统皇帝发布退位诏书，统治中国两千多年的传统帝制消亡，中华民国的时代开启了。经过南北各方的权力博弈，北京仍然保留了"国都"身份，作为中华民国首都的特殊地位得到确认，直到1928年被南京取代。。

明清时期，由于城市形态比较特殊，北京并不存在一个独立的综合性管理机构。民国建立之初，这种管理体制延续了下来，城市的税收、市政、治安、卫生、教育等事务分属于不同的机构，尤其是警察机构承担了大量的城市管理职能。随着城市化进程的加速，由警察机构统揽城市公共事务的体制已经不能适应近现代都市建设的要求。1914年4月，袁世凯颁布总统令，批准设立京都市政公所，并任命时任内务总长的朱启钤为京都市政公所督办，北京自此建立起了专门的市政管理机构，它和内务部基本承担了北京市政事宜。此后一直到1928年，北京城市管理由京都市政公所与京师警察厅两个机构共同负责。二者彼此独立，互有分工，市政公所负责城市规划，基础设施建设、修缮，经费筹措，卫生行政等；京师警察厅集中负责社会治安、捐税征收、户政、消防、商业管理等。但也并非界限分明，在一些具体事务上也需互相协作。

1928年6月，南京国民政府所属国民革命军进驻北京，北京改为北平，北平特别市市政府随即成立，取消了京都市政公所、京师警察厅以及专门管理教育的京师学务局，相关职能被划并到北平特别市市政府下设的各局。北平特别市市政府的设立使市级行政职能开始完备，北平正式成为一个法律意义上独立的城市实体。

市政建设是民国北京走向城市化的重要因素。与沿海城市相比，近代北京在城市建设方面相对滞后。八国联军入侵时期，皇室逃离，国都被入侵者控制，但与此同时，北京也迈出了建立近代市政体制的实验性一步。联军退出之后，清政府开始推行"新政"，对北京的市政建设起到了促进作用。借助于使馆区的建设，城市风貌开始发生部分改变。电力照明、电报电话、新式交通工具、自来水等带有现代城市元素的公共事业逐渐起步，市民的生活环境进一步改善，北京的城市化色彩进一步凸显，城市化进程加速。

北京的电力照明首先从宫廷开始使用，西苑三海、颐和园是北京最早亮起电灯的地方。19世纪末，东交民巷使馆区开始使用电灯照明。1904年，由几位华商发起，经农工商部奏准，成立"筹办京师华商电灯股份有限公司"，这是北京首家服务于一般市民的发电企业。此后，北京内外城一些主要街道和部分商户开始安装电灯，供电服务逐渐从宫廷、使馆、军政机关、商户转向民用。1919年，又于京西石景山兴建发电厂。同时，电力还逐渐应用到城市道路照明领域，路灯开始出现在一些繁华街道。电力照明的广泛使用，使城市夜晚呈现出不同于白日的另一种景象，斑斓的灯光不仅渲染了都市的繁华，更为人们增添了诸多生活内容，夜生活的概念随之产生，人们的生活方式也相应改变。

1908年，实业家周学熙创立"京师自来水股份有限公司"，以温榆河为水源，在东直门外及孙河建水厂两座，机器设备从德国进口，两年后正式向北京城内供水。自来水系统的出现，改变了北京城传统的供水方式。不过，当时自来水水价较高，市民对这一新生事物在认识上存在疑虑，同时又遭遇以贩运售水为生的山东水夫群体的联合抵制，自来水在近代北京的普及率有限。

民国初年的北京城保留了紫禁城、皇城、内城、外城的四重封闭的空间格局,皇城位居内城中间,对城市交通形成严重阻碍,如果穿越东西城,只能从地安门以北和大清门以南绕道而行。京都市政公所建立之后,首先以皇城为改造对象,通过在城墙开设豁口,部分打通了北京城内外的交通联络,缩短了穿行南北东西的空间距离。此后,随着豁口的不断增多,形成了越来越多的新的所谓小型"城门",皇城的整体性开始遭到肢解,个别段落的城墙开始被小规模拆除。至20世纪20年代末期,皇城东、西、北面城墙以及东安门、西安门先后被拆除,仅存南段正面东西墙。皇城城墙的拆除与城门的增辟对北京内城交通的改善作用是明显的。皇城内部街道与外部街道连为一体,形成了内外城众多新的交通干道,原有的封闭格局被打破,北京城数百年来因为皇城存在导致的通行障碍问题在很大程度上得以解决。对皇城的改造,改变了都城层层设防、步步为营的禁城格局,使北京向现代化都市迈进了一大步。

在近代公共交通兴起之前,北京城处于"步行"时代,城市空间与人口规模有限。与生产力水平相适应的是,大多数普通居民出行没有代步工具,只有少数达官显宦乘坐轿子或骡马车,与这些交通工具相对应的城市基础设施,如市内道路、桥梁等也处于低级水平。清末时期,空间扩展,人口增加,经济总量增大,商品经济发展增速,城市规模明显扩大,原有的交通模式已经不能适应城市发展的要求,从人力车到电车和公共汽车,机械化的交通工具开始出现在北京,从而引发城市生活各个方面的变化,北京城市发展也进入了一个新的时代。

民国初年,人力车是北京市民出行的重要代步工具,也是底层民众重要的谋生工具。从事人力车的人口逐渐壮大规模,形成了一个数量庞大的职业群体与社会阶层,一定程度上改变了北京城的人口结构与社会结构,并在城市生活中显示出了自身的力量。

现代汽车是在工业革命中出现的一种新型机械交通工具,也是人类交通运输史上的一次革命。汽车在清末就已传入北京,宫廷是最早的用户,其他的乘坐群体包括外国使馆、洋行的人员以及一些高级官员。值得一提的是，1907年4月30日，世界早期汽车赛中重要赛事——北京至巴黎的汽车拉力赛在北京举行。参赛汽车从德胜门出发，有当时新兴的四轮汽车，也有早期的三轮汽车，全程横跨欧亚大陆，"此为向来未有之举，各国视为奇观"。

新式交通工具开始引进之后，北京开始建立公共交通体系。1921年，北京电车股份有限公司开始筹办，1924年底，第一条有轨电车从前门经西单至西直门线路正式开通运营，全长9千米，共有10辆电车运行。1925年，北京有轨电车新增5条线路。1929年，北平发生了人力车夫合伙捣毁电车的社会事件。不过，有轨电车事业虽经打击，还是逐渐被市民接受。

京都市政公所建立之后，开始筹划修筑环城铁路，1916年1月1日正式通车。环城铁路所环之城为北京内城，起点为西直门，经过朝阳门、东直门、安定门、德胜门等。环城铁路与京张铁路、京奉铁路接轨，西直门站为京张铁路起始站。环城铁路的修建给北京城内的人员出行及货物运输都带来了便利。

20世纪20年代，北京民航业起步，1920年2月北京航空署成立，在南苑修建了机场，并成立了南苑航空学校。1922年开辟北京至上海的航线，以后又陆续开辟北京至南京、北京至洛阳等地的航线。

新式公共交通的兴起对北京城市生活的影响非常广泛，先是影响了城市空间结构的演进，然后就是使城市生活节奏加快，市民的时间观念发生变化，作息时间开始从模糊变得精确，钟表的需求开始上升。尤其随着商品经济的发展，人们对时间与效率的要求开始严格。更重要的是，它在很大程度上改变了人们的生活方式与交往方式，活动半径明显扩展，日常生活的内容大大增加，生活质量明显提升。可以说，以人力车、电车和公共汽车为代表的公共交通的兴起与发展，是民国北京城市化进程中的重要组成部分。与此同时，新式交通工具的应用也对城市管理提出了新的要求。由于路面狭窄、设施较差，人行道与车行道不加区分，在有轨电车、汽车、骡马车、人力车、行人混杂期间，对于建立规范的交通秩序的要求日益迫切。

国家政体变革，最高权力更替，北京传统的空间结构随着帝制的衰亡而丧失了旧有的合法性。城市形态、城市功能发生根本性变化，引发社会结构变化，形成与之匹配的新的空间形态。皇权至上的空间结构逐渐瓦解，政治性逐渐淡化，世俗性逐渐凸显。新的地方行政机构建立，城市管理体制变革，为空间结构的变化奠定了行政基础。民国建立之后"共和"等新观念的传播、现代市政技术的引进，加之商业资本力量的驱动，多种因素共同引发了近代北京的空间变革。

清朝建都北京后，满族皇帝进驻紫禁城，内城成为满洲贵族、官员以及满蒙汉三军八旗的专属居留地，原有的汉族及其他民族居民被强迫迁往外城或其他地方，以层层城墙为界，实行"旗民分治"，界限分明。同时，为了永葆旗人斗志，内城取缔商业街区，禁开娱乐场所。这种方式最终使得北京内城形成以紫禁城为中心、以中央衙署为前导的八旗劲旅环卫皇城的封闭的政治、军事结合体，这无异于一座戒备森严的军事大本营，城市的其他功能属性弱化。这种居住特点实际上是通过地域空间的划分实现了对社会结构的等级划分，形成了僵硬、固化的城市格局。

在清代中后期，王朝势力走向衰落，统治末梢逐渐式微，原有秩序渐渐松动，被突破的禁令越来越多，地域空间的划分逐渐模糊，内外城的区隔，甚至皇城与京城的界限也被打破，民众进入内城的情形越来越普遍，城市内部的流动性明显增强。京都市政公所建立之后，开始对城市实施改造，拆除城墙，规划市区道路，开展基础设施建设，北京城固有的封闭格局被打破，逐渐形成了各民族、各阶层混居，百业杂处的城市新形态。

民国建立之后，随着传统政治体制的解体，北京社会经济结构发生重大变化，同时形成了一批新的社会群体和职业阶层。大量政府机关、高等学府、商贸公司，大批政客、知识分子、经济新贵集聚于此。由于有东交民巷使馆区，北京城内居住着规模庞大的外交官群体。他们大都集中在内城，形成了比较强的消费群体，为一些新兴商业街区的形成奠定了稳固的消费基础。

王府井大街是民国北京最具代表性的商业街区之一，位于天安门东、东华门外，南北走向，南达东长安街，北达东四西大街。清代中期之后，关于内城禁开商业场所的规定逐渐松弛，东安门、灯市口一带商贩渐多。由于地处出入皇城的重要通道，内务府采购物资也多经由此处，至清后期，王府井地区已经形成了一定规模的街市，既有流动性摊商，也有一些固定商铺、饭庄。不过，此时的王府井大街还是一条土马路。1914年，京都市政公所首先选择了以王府井大街所在的内城左一区为示范区域，开始道路改造工程。具体内容包括拓宽道路、房屋基准线测量、整修明沟、铺装工事、修筑沥青道路等。

20世纪20年代之后，在王府井地区设立有轨电车车站，极大改善了当地的交通条件，店铺和摊商、新式百货店和银行以及外国饭店、影院、洋行也大量增加，东安市场规模进一步扩大，北京饭店、协和医院等先后建成，成为王府井的标志性建筑。1928年，王府井大街修建柏油马路，硬件设施明显提升，一批高档洋行纷纷进驻，如经营橡胶制品的英商邓禄普洋行、经营电器的德商西门子洋行、经营福特汽车的美商美丰洋行、经营印度绸缎的英商力古洋行、经营煤油的美商德士古洋行、经营钟表钻石金银器皿的法商利威洋行等。此外，中原百货公司、国货售品所、三友公司、亨得利钟表店、大明眼镜店等也设立在此。王府井地区已经成为北平最为知名的商业中心之一，区域内寸土寸金。

王府井大街与东交民巷使馆区近在咫尺，外交使节众多，同时，周边又是高官显贵聚居区，这些人群的消费品位与消费习惯对王府井大街的商业业态有重要影响。这一区域内洋行众多，经营钟表、钻石、西服等西洋色彩浓厚的商品，即使国内商户，定位也以高端为主。七层楼高的北京饭店是这一区域的标志性建筑，周边还出现了豪华电影院、戏院，协和医院也选址在此。

清末，西单地区已经聚集起一批流动性小商贩，经营范围包括日用品、小吃店以及一些戏园。民国初年，北京政府的许多机构都设立在西单附近，周边还有一些教育机构，由此带动周边地区店铺、摊商的兴起。随后，西单商场建立，一批洋行也纷纷进驻，各种商店不断增加，包括三友实业社、真光照相馆、新新大戏院等。据1934年统计，西单地区共有铺商一百五十七家、摊商二百八十余家，成为内城一处著名的商业中心。

　　清末，北京城南宣武门外的香厂地区就已经开始修建道路，开辟新区。京都市政公所选择香厂地区作为城市改造的示范区域，取名为"香厂新市区"。通过规划区域内道路，铺装地面，铺设电线、电话线、自来水管、地下排水管线，兴建一批新式建筑，并翻修了通向宣武门大街、前门大街的马路，沟通了城市交通联络线。同时，制定地块标租、项目建设招标以及市政市容管理等法规，引进各类商户。经过几年的建设，逐渐形成集商业、娱乐、餐饮等于一体的具有近代色彩和生活方式的新型城市街区，对城南区域市民生活内容的丰富以及生活方式的转变影响非常明显。

　　在文化面貌方面，随着帝制的崩塌，北京受到的冲击非常直接。原有政治势力逐渐分崩离析，固有的文化体系也随之产生裂变。精英文化被稀释，昔日以皇权文化为主体的完备的、系统的、成熟的北京文化，逐渐被民间化、市井化。贵族文化与平民文化直接接触，宫廷艺术走向民间，"旧时王谢堂前燕，飞入寻常百姓家"。近代新文化崛起，不同的文化类型都有特定的拥趸与市场，它们在各自的发展轨迹中并行竞进，塑造出非常丰富的文化景观与时代氛围。

　　北京自元代起被正式确立为全国政治中心地位，历经明、清两代，中央政府所在地的地缘优势为城市文化发展带来多种优质资源，众多国家级的文化机构纷纷建立，通过科举制度选拔出来的大量文化精英集中于此，构建了国家开展重大文化工程的人才基础，多种因素的集合使北京在一个相当长的时期内都是无可置疑的国家文化中心。

　　民国建立之后，北京仍然保留了首都的身份，政治地位仍然是文化地位的重要保障，传统的惯性力量也使北京维持着强大的文化气场。一批最先接受了西方民主思潮的现代知识分子会集北京，发动并领导了影响深远的新文化运动，标志着中国文化的全面转型。1937

年抗日战争的全面爆发,对北京文化事业造成了巨大的冲击,但北京的文化脉络并未因此中断。以中华人民共和国的成立为标志,北京文化进入新的历史阶段。

民国时期,北京社会风气日渐开放,近代西方新的文化观念更大程度上被帝都居民所接受。大批新式知识分子从南方拥入北京,一批现代大学在此建立,许多有影响力的新闻传播机构纷纷进驻,以学生为代表的新兴群体开始形成并发出自己的声音,市民的政治意识、伦理道德观念等都发生了相应的转变,这些因素的叠加,使古老封闭的"帝都"催生出一系列崭新的文化气象。

长期以来,政治中心与文化中心的双重地位决定了北京是一个非常典型的消费城市。明清以来,"国都"身份对北京文化面貌的塑造产生了重要影响。这里聚集了大批不事生产的人口,人口的职业结构决定了城市的消费性质,旗人的悠闲、官员的富有、士大夫的趣味、商贾的集中,也为北京娱乐业发展提供了社会基础。小说家倪锡英在1936年描述北平"可说完全是代表着东方色彩的平和生活。那里,生活的环境,是十分的伟大而又舒缓。不若上海以及其他大都市的生活那么样的急促,压迫着人们一步不能放松地只能向前,再也喘不过气来。又不若内地各埠那么的鄙塞简陋,使人感受着各种的不满足"。① 曾任北京大学校长的蒋梦麟也认为北京是艺术和悠闲之都。后来,老舍在《四世同堂》中对这种情形做了非常精到的描述:"在满清的末几十年,旗人的生活好像除了吃汉人所供给的米,与花汉人供献的银子而外,整天整年的都消磨在生活艺术中。上自王侯,下至旗兵,他们都会唱二簧,单弦,大鼓,与时调。他们会养鱼,养鸟,养狗,种花,斗蟋蟀。他们之中,甚至也有的写一笔顶好的字,或画点山水,或作些诗词——至不济还会诌几套相当幽默的悦耳的鼓儿词。他们的消遣变成了生活的艺术。他们没有力气保卫疆土和稳定政权,可是他们会使花鸟鱼虫都与文化发生了最密切的关系。他们听到了革

---

① 倪锡英:《北平》,(上海)中华书局,1936年,第151页。

命的枪声便全把头藏在被窝里,可是他们的生活艺术是值得写出多少部有价值与趣味的书来的。"①

娱乐方式是我们观察北京文化面貌的一个重要窗口。清代以来,随着中国传统文化发展逐渐走向顶峰,京城社会文化消费市场异常发达,市民的娱乐文化丰富多彩,娱乐的物质载体——各种类型的娱乐场所遍布内、外二城。民国初年的北京,仍然聚集众多新旧权贵、富商巨绅、军阀政客,商界随着军政人物繁忙的交际活动起舞,社会经济活跃兴盛,各类消费行为热络,呈现出"动"的、繁荣的北京景象。虽然20世纪20年代进入军阀混战的阶段,战事时而波及北京市面及民生,却未影响权贵富户与政要人物的笙歌享乐。

北京是中国共产党创建初期在北方活动的中心,也是马克思主义在中国的最早传播基地之一。作为新文化运动的重要发生地,北京为马克思主义提供了有利的传播条件,众多高校以及知识群体的聚集为马克思主义提供了广阔的传播空间。

早在20世纪初期,中国国内已经有人引介马克思主义,但此时主要是将其视为一种学术思潮或理论派别来研究,并未将其当作指导革命的思想武器。俄国"十月革命"爆发之后,北京地区的媒体较早报道了列宁领导布尔什维克推翻沙俄政府的消息,北京大学教授、图书馆主任李大钊则成为中国最早歌颂"十月革命"和宣传马克思主义的代表。他通过系统学习、研究马克思主义,先后发表了《法俄革命之比较观》《布尔什维主义的胜利》等文章,明确指出俄国"十月革命"是"20世纪初之革命",是"立于社会主义上之革命",与18世纪法国资产阶级革命有本质区别。1918年11月,在北京民众欢庆一战胜利的讲演会上,李大钊发表演说《庶民的胜利》。

与此同时,李大钊以北京大学为中心基地,团结一批青年学生,组织社团,创办刊物。1920年3月,李大钊在北京大学主持成立了"马克思学说研究会",其宗旨是以研究关于马克思派的著述为目的,

---

① 老舍:《四世同堂》(上),百花文艺出版社,1979年,第270页。

会员以北大学生为主，这是中国第一个集学习、研究、宣传马克思主义于一体的社团组织，其中的很多成员后来都成为中国共产党创建初期的骨干党员。"马克思学说研究会"与当时北京大学的活跃学生组织如平民教育讲演团、少年中国学会等在成员方面都存在很多交叉。例如，平民教育讲演团后来逐渐发展成为北京共产主义组织的一个外围组织，对北京共产主义运动的展开形成了有力的补充，北京大学也由此成为中国北方传播马克思主义的中心。

民国初期的北京，新旧文化并存，中西文化并立，传统与现代既有直接交锋，也有彼此吸收与借鉴，类型繁多，这主要是由这座城市居民的阶层结构决定的。作为曾经的"帝都"，这里既有清朝的贵胄遗老，也有大批政要与时代精英，从来不曾缺乏达官显宦，同时驻扎着数量可观的各国外交官群体。由于是高校林立之地，众多国内顶尖学人在此聚集，还有大批新式知识分子以及青年学生，已经形成了颇具声势的群体。除此之外，土生土长的北京土著占据着底层社会的大多数。各种文化样式都有自己专属的舞台，都有自身特定的目标观众，没有哪一种文化样式可以独自占据主体地位。

清末民初为北京城市化进程的发轫时期，在清末"新政"的推动下，京师之地的市政建设初步开启。进入民国后，尤其是京都市政公所建立之后，北京的城市化进程进一步加速，但由于外部局势的动荡、经济内在驱动力不足以及政府财力匮乏、自身产业基础薄弱等，大量市政设施主要集中在内城和外城前门一带的富贵、繁华地段，对其他地段尤其是诸多贫民区则无力顾及，市政建设的成果没有惠及大多数底层民众。整体而言，民国时期北京的市政建设对整个城市生活环境的整体改善仍然是局部的，城市化成效有限。

第二章

中轴线：古都基准

中轴线作为古都北京的纵向骨架与文化地标，既是这座城市悠久历史的实物见证，也是中国文化数千年传承的物质承载体，是展现中国古代文明演进轨迹的一部"百科全书"。

第一节　壮美秩序

中轴线是北京城的生命线，它在城市发展史与建筑艺术史上，为我们留下了非常珍贵的历史文化遗产。我国著名建筑学家梁思成先生给予其高度赞誉："贯通全部部署的是一根直线。一根长达八公里，全世界最长，也最伟大的南北中轴线穿过了全城。北京独有的壮美秩序就由这条中轴的建立而产生。前后起伏、左右对称的体形或空间的分配都是以这条中轴为依据的。气魄之雄伟就在这个南北引申、一贯到底的规模。"

北京城的中轴线是一曲用建筑演绎的华丽乐章，这样的比喻恰当而富有意义。当然，这样的优美乐章也是有其前奏的。北京中轴线的完美呈现，离不开中国古代都城中轴线的发展与积累，包括理论与实践的双向探索。

中国古代文献，并没有明确提及"轴线"一词，更别说"中轴线"了。直到清末民初，著名建筑学家乐嘉藻在其代表作《中国建筑史》中提出，"中干之严立与左右之对称"。这是在描述中国古代建筑布局的特点而涉及后世所谓的"中轴线"。而真正明确提出"中轴线"这一概念并阐释其文化内涵的，则是著名建筑学家梁思成。早在20世纪40年代，他在所著的《中国建筑史》绪论中指出，中国古代建筑的平面布局以多座建筑组合而成，其最突出的，就是主要中线的设计，一切建筑元素都是根据这条中线而布局。1951年，他明确指出，北京的城市格式就是中轴线："南北向布置，主要建筑排列其上，左右以次要建筑，对称均齐地配置。"从这两位建筑学家的表述中，我们可以看到"中轴线"构成的基本要素：中线之成立、南北向布置、对称均齐的配置。

"中轴线"概念与方位思想的统一是有历史来源的，并非凭空而造。"居中"与"面南"观是中国古代思想观念的核心内容之一，也是儒家思想体系中的重要组成部分。《论语·为政》言："为政以德，譬如北辰，居其所而众星共之。"《吕氏春秋·慎势》论及古代社会城市（或聚邑）布局方式时，这样写道："古之王者，择天下之中而立国，择国之中而立宫，择宫之中而立庙。"这是中国古代"居中"观与宫廷建筑的深层融合，为"中轴线"的形成和发展做了思想和理论上的开创。《周礼·考工记》所谓"匠人营国，方九里，旁三门。国中九经九纬，经涂九轨。左祖右社，面朝后市，市朝一夫"，则在都城营造方面把这一思想与理论发挥到了一种非常理想化的程度。后世都城的"中轴线"设计，或多或少受其影响。真正把它赋予实践意义的则是北京中轴线的规划与建设。当然，这有一个较长的历史发展过程。

北京城的中轴线，在忽必烈至元四年（1267年）开始营造大都时确定，至明嘉靖三十二年（1553年）拓展京师外城后定型，成为中国古代都城中轴线的最完美布局。它的特征之一就是宫城轴线与都城轴线合为一体，整个城市系统均以轴线对称而网格化。北京独有的壮美秩序就由这条中轴线的建立而产生，主要表现在四个方面。

天人合一的神圣之美

在北京城中轴线上，天人合一的思想可谓处处有体现。如明初紫禁城三大殿分别为"奉天""华盖""谨身"。"奉天"就是奉天之命行使权力；"华盖"意即护卫皇权；"谨身"是指训诫自身以保帝业永固。明嘉靖年间，又将其更名为"皇极""中极""建极"，其依据是《尚书》"皇建其有极"之说。清代再一次将其更名为"太和""中和""保和"，取《周易》"保合太和乃利贞"之说。"太和"二字，更象征着天朝秩序的最高境界——和谐。古人对天和天象的崇敬原本是一种自然崇拜现象，后来逐渐被赋予了浓烈的政治色彩，北京城正是这一规划理念达到登峰造极的产物。

礼乐合一的秩序之美

在中国文化中，礼的出现一直伴随着乐。简单来说，乐追求的是和谐，礼追求的是秩序。北京城中轴线体现了封建等级的森严和王权为中心的政治伦理。这种关于中轴对称均齐的历史嗜好与建筑形象，不仅具有礼之特性，而且具备乐的意蕴。如果由南至北完整走过北京城中轴线，我们就会感受到，北京城中轴线就像一曲恢宏的乐章。从永定门这一序曲开始，到景山这一最强音，最后缓缓进入鼓楼和钟楼这部乐章的尾声，这一组空间组合，真正体现出一种抑扬顿挫、富于变化的韵律美。

以和为贵的包容之美

文化在各个民族都有其不同的价值取向，中国传统文化讲求的是"以和为贵"的和谐之美。紫禁城中不少建筑的取名，都使用了"和"字，如上面提到的"太和""中和""保和"，此外还有太和门、熙和门、协和门等，这也体现了统治者渴望"以和为贵"的理想和情怀。在这条长达7.8公里的中轴线上，共有建筑单元16个，既有城门、道路，又有宫殿、坛庙，还有苑囿、市集，可谓建筑种类繁多，形式多样。这些建筑单元依其功能不同，有高有低，错落有致，进而形成了既有规律的重复，又有组织的变化，体现了统一中求变化、变化中求统一的均衡包容之美。

水城相融的自然之美

历代北京城的选址、设计都离不开水。从蓟城开始至元大都城建造，无不遵循这样的城市建筑法则。最早出现的王国都城蓟城，是依托莲花池水系而建立并发展起来的。从金中都城到元大都城城址的变迁，预示着城市与水关系的一个大调整，即从莲花池水系转移到了高梁河水系。北京城中轴线因水而生，也因水而形成了北京独具特色的皇家文化和市井文化。皇家占据着中轴线上"水"的最精华部分。以"三海"为代表的皇家园林成为中国造园艺术中的精品。除了皇家太液池外，北京城中轴线上也分布着属于民间的水面风景区，即积水潭—什刹海一带。水与城市融合而产生出来的自然之美，是北京城中轴线文化品格的重要组成部分。

第二节　从永定门到正阳门：中轴线南段的嬗变

北京中轴线南段的主要建筑有燕墩、永定门、天桥、正阳门等，这些建筑自元代以来，大多居于北京城外或者外城，与处在核心区域的皇城、紫禁城相比，位置相较为低。但从文化脉络而言，无论是自身的演变进程，还是作为北京城市发展的见证者，它们均与皇城、紫禁城等具有相同的文化价值。

一、永定门与燕墩的留存

永定门位于中轴线的最南端，是北京外城的中央城门，在外城7座城门中规模最大，形制最高。

明代，为防范北方蒙古部族南下侵扰，朝廷决定修筑外城，将内城包围起来，后因财力有限，只修建了外城的南面部分。嘉靖三十二年（1553年）十月，"新筑京师外城成，上命正阳外门名永定，崇文外门名左安，宣武外门名右安，大通桥门名广渠，彰义街门名广宁"，[①] 其中所说的"正阳外门名永定"当为永定门定名之始。

明廷起初只修建了永定门门楼，颇为简陋。嘉靖四十三年（1564年），补建瓮城。清朝初年，永定门仍保持着明代城门楼、瓮城的样式。瓮城正南面城墙辟有门洞，与城楼门洞相对应。乾隆十五年（1750年），增建永定门箭楼，并重修瓮城。乾隆三十一年（1766年），重修城楼，加高城台和城楼顶层，将门楼改建为重檐歇山三滴水、顶铺灰筒瓦绿剪边、饰琉璃脊兽之楼阁式建筑，使永定门成为外城诸门中规模最大、规格最高的门。至此，永定门城楼跨越明、清两代，完全建成。

作为北京城南大门，永定门经过乾隆时期的整修，其形制已与内城建筑相近。永定门城楼面阔5间，通宽24米，进深3间，楼连台通

[①]《明世宗实录》卷四三〇。

高26米。瓮城为方形，东西宽42米，南北长36米。箭楼面阔三间，南、东、西三面各辟箭窗二层。箭楼下城台正中对城楼门洞辟一券洞门。

永定门在拱卫北京城的历史中发挥过重要作用，是北京城南端第一道防线。明崇祯二年（1629年），皇太极率清军攻打北京，永定门前是双方战斗的重要战场。光绪时期，永定门外的马家堡设火车站，往来旅客可由永定门出入京城。但在光绪二十六年（1900年），八国联军进入北京，将永定门西侧部分城墙拆除，并把原在马家堡的京津铁路终点站移至天坛，称天坛火车站。次年，他们又在永定门东侧开豁口，修建通往前门的铁路。永定门自此开始遭到破坏。

民国时期，永定门虽然失去了原有的功能，但作为中轴线南段顶点依然存在。瑞典美术史家奥斯伍尔德·喜仁龙在1924年出版的《北京的城墙与城门》中曾描述其亲见的永定门："它的躯体高大，修整完好的城楼，给人以雄奇壮伟的印象……门楼的尺寸比例较为特殊：进深很小，但却很宽，很高。……结构很典型，但比早期城楼简练一些。"[①]

1950年，中央政府拆除永定门瓮城，1957年拆除城楼和箭楼，永定门从此消失。进入21世纪以后，人们越来越意识到古城墙、城门等古迹对于北京城市的意义，复建永定门的呼声越来越高。2003年，人们在先农坛北京古代建筑博物馆门口的一株古柏树下发现了一块保存完好的长2米、高0.78米的永定门石匾。经过考证，认定这块石匾是明嘉靖三十二年（1553年）始建永定门时的石匾。2004年9月，永定门城楼复建完成，城门上方所嵌石匾所书"永定门"三字，即为仿照原石匾字样制作。作为北京中轴线最南端的永定门再次矗立在世人面前，又一次担负起见证北京城市变迁的历史重任。

与永定门城楼遥相呼应的还有一处重要的历史遗存，即"燕墩"，

---

① ［瑞］奥斯伍尔德·喜仁龙著，许永全译：《北京的城墙与城门》，北京燕山出版社，1985年，第189页。

现今经过修缮，也已复现于中轴线南端的永定门箭楼外。"燕墩"，又称"烟墩""石幢"。元明两代北京有"五镇"之说，以为可以震慑妖魔，确保京城安全。清代将"五镇"形成具体实物，南方中轴之镇即为燕墩。南方在"五行"中属火，故堆烽火台以应之，因此又名"烟墩"。有史料记载："燕墩在永定门外半里许，官道西，恭立御碑台，恭勒御制《帝都篇》《皇都篇》。其制，甃砖为方台，高二丈许。北面西偏门一，以石为之。由门历阶而上数十级，至台顶，缭以周垣。碑立正中，形方而长，下刻诸神像，顶刻龙纹，西北恭镌御制《帝都篇》，面南恭镌御制《皇都篇》，均清、汉书。"①清人有《燕墩》诗云："沙路迢迢古迹存，石幢卓立号燕墩。大都旧事谁能说，正对当年丽正门。"②

现今的燕墩为底座高8米的墩台，墩台中央有高约7米的方形大石碑，碑上用满、汉两种文字刻着乾隆帝御笔——乾隆十八年（1753年）的《帝都篇》和《皇都篇》。碑座四周雕着24尊神像，顶部雕有龙纹。

燕墩与永定门一起静静矗立在中轴线最南端，共同见证了北京建都概况与历史发展，有着很高的历史价值与艺术价值。

二、天桥的拆建与天桥地区的发展

1271年，忽必烈定都大都后，开始营建大都城。其时，皇帝往城南祭拜，如今的天桥地区就在皇帝祭拜的途中，但并不在大都城范围之内。此时的城南一带河道纵横，为了便利南北通行，在此地筑桥一座。

明朝时，此桥在很长的时间内仍然保持其郊野的身份。永乐年间，朝廷在桥之东南修建了天地坛，在西南修建了山川坛（先农坛）。此后，皇帝从南海子、天地坛、先农坛至京城，此桥成为必经之途，

---

① 于敏中等编纂：《日下旧闻考》卷90，北京古籍出版社，1983年，第231页。
② 李静山辑：《增补都门杂咏》，[清]杨米人等著，路工编选：《清代北京竹枝词》，北京古籍出版社，1982年，第96页。

天桥之名由此得来。

嘉靖三十二年（1553年），外城修筑完成后，天桥被纳入城内区域，但因为缺乏明确的规划设计，天桥地区仍十分混乱。入清后，天桥被划归外城。乾隆五十六年（1791年），天桥已是石拱桥结构。至晚清，天桥"桥西南井二，街东井五。东南侧天坛在焉，西侧先农坛在焉"。[1]

明清时天桥的桥身较高，至清光绪三十二年（1906年）整修正阳门至永定门间的马路时，将这条路上原来铺的石条一律拆去，改建成碎石子马路，天桥改建成比较低矮的平桥。1929年，因有轨电车行驶不便，将天桥的桥身修平，仅保留两侧石栏杆。1934年拓宽正阳门至永定门的马路，将天桥两旁的石栏杆全部拆除。自此，天桥桥址不复存在，天桥仅作为一个地名留存下来。

天桥自晚清开始逐渐成为繁荣的平民市场。至清朝末年，"天桥南北，地最宏敞，贾人趁墟之货，每日云集"[2]。但这里的市场日渐带有平民演艺场所的性质，被视为不入流之地。其"街西鸟笼铺隔壁，开有落子馆，群呼之为切糕屋子……其人既出，其屋必闲，清昼日长，遂以空宅赁与男女杂班，入此演唱，而趋之者，多为下流"。民国建立之初，天桥一带越发成为带有浓厚下层民众色彩的文化区域。"民国元年一月，香厂临时集会闭幕，香厂之商贩及诸卖艺者流，乃辗转据此为长久之场地，而与先时之天桥，益有雅俗之别矣。其后修筑水心亭，小桥流水，渐臻逸趣。自电车公司采天桥为东西两路总站，交通即便，游人日繁。趋时者，复出资争购地皮，兴建房屋，空地之上，相继支搭棚帐，或划地为场，租与商贩艺人，设摊设场。于是天桥之界限，已扩至三四倍，西北抵新世界，东北接金鱼池，西南至礼拜寺，东南则达天坛坛门矣。"[3]同样在1912年，有人在厂甸一带建大棚，演奏成套大戏，后迁至天桥，开启了天桥戏院的历史。此

---

[1] 朱一新：《京师坊巷志稿》，北京古籍出版社，1982年，第195页。
[2] 震钧：《天咫偶闻》，北京古籍出版社，1982年，第135页。
[3] 张江裁：《北平天桥志》，国立北平研究院总办事出版课印行，1936年，第7—8页。

后，天桥因市场的兴起而繁荣发展，而这一市场，面向平民大众，集文化娱乐和商业服务于一体，文商结合，互为促进，逐渐形成了独特的天桥平民文化。

北洋政府在天桥地区进行了一系列的环境改善工作，其中香厂新市区的建设是非常重要的城市发展项目。香厂位于天桥地区香厂路一带，即今南抵先农坛、北至虎坊桥大街、西达虎坊路、东至留学路之间的地段。清末这里是地势低洼的大水坑，污水淤积，卫生恶劣，居民和建筑物也很少。1914年，市政公所为了缓解前门大街和天桥地区的交通堵塞问题，疏散部分人口，并繁荣南城经济，决定将香厂地区规划扩建为"新市区"，以为民国都市规划建设的示范。[①]1916年7月至1918年12月，在香厂兴修及展修道路长度合计约1.55公里。1917年和1919年，市政公所两次在香厂地区进行了大规模的沟渠修筑，使新市区的基础设施建设基本完备。[②]主要道路香厂路一带铺设柏油路面，修筑了人行道，栽种了德国洋槐作为行道树，安装了路灯、公用电话和警察岗亭等设施，十字路口开辟了圆形广场。香厂新市区的土地开发采取招商承租方式进行。当时商民招租相当踊跃，自1916年9月到1919年8月，香厂地区共标租地基70余亩，得租金7.7万余元。[③]

香厂新市区的建筑多是依据当时的社会风潮兴建的洋式楼房，包括商店、旅社、饭店、娱乐场所等新兴建筑。建于1917年的新世界商场，为四层船形大楼，内部设有露天电影、中外百货、杂耍曲艺及文明新戏等，在四楼还设有西餐馆、咖啡馆，屋顶设有花园，这在当时是不多见的。商场内的哈哈镜和电梯对时人而言非常新奇，新世界商场也逐渐成为北京南城最为热闹的去处。

---

① 史明正：《走向近代化的北京城——城市建设与社会变革》，北京大学出版社，1995年，第92页。
② 张复合：《北京近代建筑史》，清华大学出版社，2004年，第233—235页。
③ 张复合：《北京近代建筑史》，清华大学出版社，2004年，第235、238—239页。

新世界商场

  随着商业和娱乐业的发展，加之天桥电车站的修建，天桥地区出现了很多新兴商铺和戏台。当时此地："戏棚甚多，在东则率多布摊及旧货摊、估衣棚，北连草市，东至金鱼池。善于谋生之经济家，每年多取材于此。至其西面，则较东为繁盛，戏棚、落子馆（坤书馆）为多，售卖货物者殊少。""其北建有天桥市场，内多酒饭店、茶馆之属，其他营业总难持久，颇呈寥落状况。惟此处收买当票及占算星命者异常之多，亦殊为市场中之特色。""天桥以西，先农坛以东，近日成为最繁盛之区域，且自电车路兴修以后，天桥之电车站，更为东西两路之汇总，交通便利，游人益繁。""即现在该处所有戏棚，已有五六处之多，落子馆亦称是茶肆酒馆尤所在多有。""由此以西，沿途均为市肆，茶馆为最多，饭铺次之，杂耍场与售卖货摊亦排列而下，洵为繁多之市廛。"①在前门大栅栏和天桥这两大商业娱乐区的影响下，香厂地区凭借良好的地理位置，游人日渐增多，具备开辟为新兴商业娱乐区的地理条件。

  民国政府迁往南京后，天桥地区的新式市场、饭店等日渐衰落，

---

① 陈宗蕃：《燕都丛考》，北京古籍出版社，1991年，第641页。

规模日趋缩小,盛极一时的繁荣景象也随之衰退。随着日本占领北平,一些日本文人陆续来到这里。他们数次探访天桥一带,体会风俗与生活。面对天桥百相,日本文人将北京下层社会生活实相与本国进行了对比,认为天桥区域是"脏""穷""乱""俗"集中的地方。[①]他们用异域人的眼光为我们提供了20世纪三四十年代北京城市发展的不同面相。

三、正阳门的修建与改造

正阳门是北京内城的正门,俗称"前门",通高40.36米,宽41米,进深21米。正阳门前边的箭楼,通高38米。明清时期,在正阳门和箭楼之间有一个巨大的弧形瓮城,南北长108米,东西宽88.65米,是拱卫皇城、紫禁城的重要军事工事。

元朝修建大都时,建正阳门,时称丽正门。明永乐十七年(1419年)拓北京南城时,丽正门只有城墙、城洞,没有城楼、箭楼。明代建都北京后,为建皇宫,将南城墙往南推出一里之遥,重建南城墙,后将原来南城门丽正门改称正阳门,意即维护封建统治地位。正统元年(1436年)"修建京师九门楼",正阳门得到扩建。乾隆四十五年(1780年),清政府对正阳门进行了一次大修。

明清两朝,除天子出祭巡狩外,正门终年不启,车马行人皆从左右侧门出入。只有皇帝去天坛祭天,或去先农坛演耕时,正阳门启开正门,龙车从此经过。显然,正阳门的地位十分重要。因此正阳门不仅形制特别高大,而且设置也与内城另外八座城门不同。

清光绪二十六年(1900年),八国联军入侵北京,正阳门城楼和箭楼毁于大火,只剩下城楼底座及门洞。逃往陕西的慈禧、光绪一行于光绪二十七年底(1902年初)返回京城时,劫后的正阳门还未曾修复。为迎慈禧、光绪帝"回銮",群臣不得不采取应急措施,令京都

---

① 王升远:《"文明"的耻部——侵华时期日本文化人的北京天桥体验》,《外国文学评论》,2014年第2期。

厂商先搭席棚，再披上五色绸绫，以备皇太后、皇帝驾到观瞻。

清末，正阳门以南曾颇为繁华。瓮城东西城根的"帽巷"和"荷包巷"店铺鳞次栉比，显现一幅"五色迷离眼欲盲，万方货物列纵横。举头天不分晴晦，路窄人皆接踵行"①的景象。同时，京汉铁路终端的西车站和京奉铁路终端的东车站都修在正阳门两侧，这里遂成为北京客货运输的集散枢纽。加上前门大街一带的大栅栏、鲜鱼口、煤市街、珠宝市和"八大胡同"，其他商家、饭馆，以及首饰楼、珠宝金店和妓院娼寮，正阳门前终日车水马龙，熙熙攘攘。在卫生设施不健全的情况下，密布的商店、狭窄的街道和拥挤的行人，导致正阳门前交通堵塞，空气污浊，污秽满地。

进入民国以后，为了更好地改善内外城交通，交通总长朱启钤经过筹划，于1914年6月23日向大总统袁世凯提交了《修改京师前三门城垣工程呈》，认为"京师为首善之区，中外人士观瞻所萃，凡百设施，必须整齐宏肃，俾为全国模范。正阳、崇文、宣武三门地方，阛闠繁密毂击肩摩，益以正阳城外京奉、京汉两干路贯达于斯，愈形逼窄，循是不变，于市政交通动多窒碍，殊不足以扩规模而崇体制"②。1915年6月16日，改造工程的第一项——正阳门改造工程正式动工。改造工程由德国人罗斯凯格尔任总建筑师，按照其改造计划，首先是拆除箭楼北侧的瓮城，并在正阳门两侧添砌南北向新墙两扇，箭楼东西两面增筑悬空月台两座，正阳门两侧各开门洞两个，又分别安装带滑轨的钢门；对道路也进行了改造，新筑马路两条，皆宽20米，两侧人行道，用唐山产的钢砖铺砌。此外，新修正阳门暗沟800米，另修中华门通往护城河大暗沟两条。为增加安全，从新开城门至正阳桥安设水泥栏杆，棋盘街两侧安放水泥方礅，贯以铁链。同时，

---

① 杨静亭：《都门杂咏》，[清]杨米人等著，路工编选：《清代北京竹枝词》，北京古籍出版社，1982年，第81页。

② 朱启钤：《修改京师前三门城垣工程呈》，载北京市政府文史资料研究委员会、中共河北省秦皇岛市委统战部编《蠖公纪事——朱启钤先生生平纪实》，中国文史出版社，1991年，第17页。

为使新修城门等更加美观，特运购大石狮子三对，分别放置于正阳门前和箭楼东西石梯入口处，又将观音庙、关帝庙油饰彩画。除了保存这些传统内容外，在箭楼增添了钢筋水泥的挑台、护栏和窗檐，还在外表刷了白漆，使整个建筑从外观上增加了一些西洋的风格。

改造之后的正阳门（甘博摄影）

1915年12月29日，改造工程竣工，朱启钤等进行了验收。工程完工后，"前门顿改旧观，高楼耸立，气象发皇，五门洞开，行人称便"①。新城门的开通，使得南北中轴线中段的交通拥堵状况得到改善，天安门地区自此可顺畅与外城沟通。结合相继开始的长安街拓宽，正阳门成为东西交通的连接点，同时长安街东西轴线的作用也初露端倪。

1924年，为了内外城交通方便，冯玉祥派鹿钟麟率士兵在正阳门与宣武门之间拆除一段城墙，新开了一个城门。城门刚建好，张作霖就进驻北京，将新开的城门取名为"兴华门"。几个月后，又将

---

① 《北京办理市政之经过》，《申报》，1919年10月23日。

改造完成之后的正阳门箭楼（甘博摄影）

其改名为"和平门"。门内往北原无一条马路，在拆城墙开城门的同时，拆了一些民房，冲开东西向的松树胡同、中街、半壁街、新旧帘子胡同，新开了一条由南至北的马路，由于这条路离中南海的新华门不远，因此取名"新华街"，和平门内的叫北新华街，城外的叫南新华街。

　　正阳门改造是北京近代城市建设的一大举措，此后的城门周围建设了装饰性喷泉，广植树木，并逐渐使之成为京城市民娱乐和休闲的去处，从中可以明显看到欧洲城市建设对北京的影响。

第三节　紫禁城：中轴线核心区域的历史演变

紫禁城作为北京中轴线的核心区域，是明、清两代帝王皇宫，也是中国传统文化、中国皇权宗法礼教及中国古老哲学诗学形体化、格式化、标准化的代表，在中华民族乃至世界文明史上都占有重要地位。紫禁城所展现的成就不是一个时代的产物，而是千百年智慧的结晶。它以传统儒家的天命观和秩序观为灵魂，成为中国集权体制的最高象征和最后堡垒。辛亥革命后，紫禁城由曾经的最高权力机关逐渐转变为文化机构，与民国时期北京政治文化的变化交相辉映，共同谱写了京师文化的新篇章。

紫禁城中轴线

一、最高皇权的象征

汇集中国古代宫廷建筑精华之大成的北京紫禁城，被誉为"世界五大宫之首"，是"明清时代中国文明无价的历史见证"。总体而言，紫禁城的发展，以明代永乐到正统时期的创建、明中叶嘉靖到万历时期的巩固、清代康熙到乾隆时期的重建与繁荣等几个阶段最为重要，其中明代处于创建成型的关键时期，在紫禁城的发展史上具有特殊的重要意义。

紫禁城始建于明永乐年间，位居整个北京城的正中心，充分体现了中国古代"皇权至上"的传统文化理念。明成祖营建北京时，借鉴和延续了元大都的总体布局，各宫殿以太祖所建南京城为蓝本，"而高敞壮丽过之"。据《明史》记载，紫禁城于永乐十八年（1420年）底建成，周围六里，设置八门，正南承天门、端门、午门三重，其他三面分别为东华门、西华门、玄武门。

紫禁城名称的由来，大致有三说。一说与老子出函谷关时"紫气东来"的典故有关。杜甫《秋兴》诗称"西望瑶池降王母，东来紫气满函关"，古人将祥瑞之气称为紫云，仙人居住之地称为紫海，兼之帝王居所必防备森严，所以称为紫禁城。一说天帝居所谓之"紫宫"，故作为"天帝之子"的皇帝在人间的宫殿，亦以"紫宫"称之。第三种说法则认为源于古代星垣学说。古代天文学家将天象划分为三垣、四象、二十八宿，处于三垣中央的紫微垣成为天子的代称，其中紫微星即北极星，四周群星拱卫，象征着君临天下、万民臣服，故以"紫禁城"代称帝王所居宫城。

北京紫禁城建成后，警卫森严，外人难以涉足。综合《明宫史》《旧京遗事》《明史》等，可大致窥其形胜。紫禁城以谨身殿之北的两门为界，分外朝、内廷两部分。外朝以著名的三大殿为中心，高踞汉白玉台基之上，气势雄伟、庄严，是皇帝举行朝会、举办大典的场所。三大殿依次名为奉天殿（嘉靖年间重建后改名皇极殿，下同）、华盖殿（中极殿）、谨身殿（建极殿）。奉天殿是外朝的核心，"金砖玉瓦"，俗称"金銮殿"，是紫禁城内体量最大、建造最壮观、规格最高的建筑。面阔九间、进深五间的建筑格局，符合体现皇权至上的"九五之数"。奉天殿丹墀之东、西两侧，为文楼（文昭阁）、武楼（武成阁），象征文武辅佐。

奉天殿及其殿前广场规模宏大，为明廷"常朝"之所，凡皇帝登极、朝会大典、出征授印，以及公布进士名单等重大事项，都在此举行。奉天殿之南为奉天门（皇极门），四周有左顺门（会极门）、右顺门（归极门），又有东角门（弘政门）、西角门（宣治门），供帝、后及文武百官在不同场合出入。

奉天殿正南为午门，是整个紫禁城的正门，因位于京城轴线正中，面南向阳，位当子午，故名午门。午门俗称"五凤楼"，以三面城台从门楼两侧向南排开，形如雁翅，又称雁翅楼。午门是明帝颁发诏书的地方，在黄瓦朱墙、飞檐画栋的相互衬映之下，宛如三峦环抱，五峰突起，气势威严。

午门之南即端门，端门之南为承天门。这是整个明代皇城的正门，两旁分置长安左门、长安右门，以"左青龙，右白虎"分别称为龙门、虎门。明代殿试之后，文、武两榜就分别张贴于龙门、虎门外。每届放榜之日，千里来京的天下文武举子，聚集龙门、虎门，或因高中而欣喜，或因不中而神伤。承天门之南为大明门，中间为宽广的驰道，东西长廊即著名的千步廊，是明代中枢六部、五府集中办公的地方，布局按文东、武西分别排列。大明门为皇城外层的大门，南边为正阳门，北与地安门遥遥相对。其门联"日月光天德，山河壮帝居"，据说为明初大学士解缙题写，蔚为壮观。

紫禁城外朝的重要文化建筑，还有奉天门东西两侧的文华殿和武英殿。明代文华殿一度作为太子宫殿。按五行学说，东方属木，其色为绿，故太子使用的"东宫"屋顶覆绿色琉璃瓦。天顺、成化两朝太子践祚之前，曾于此摄事。后因太子年幼，嘉靖十五年（1536年）恢复为皇帝便殿，后又改为朝廷经筵之所。每岁春秋，帝王在文华殿举行"经筵礼"。明代还设有文华殿大学士，以辅导太子读书。文华殿成为明廷尊崇儒家为"治国之本"的文化象征。

与文华殿相对的武英殿，亦曾作为明帝的"朝堂"，在这里临朝听政。明初帝王斋居、召见大臣，先皆在武英殿举行，后方移至文华殿。又设置待诏之职，择全国善画者居于武英殿，从事编书、绘画等文化活动。明末崇祯年间，内忧外患日重，渐讲武事，武英殿在朝中的地位上升。李自成撤出北京前一日,则于武英殿举行即位仪式,此为明季武英殿的绝响。

奉天殿之后为华盖殿,再后为谨身殿。其殿后御路,浮雕蟠龙、海水江涯及其他图案,布局宏伟,雕刻精妙,是古代石雕艺术的杰作。谨身殿之后,有与乾清门相对的云台门,是用来区隔外朝内廷的(清代以后遗迹无存)。乾清宫和谨身殿之间,有皇帝召见阁僚大臣的"平台"。平台召对是明朝的一项重要制度,万历中期神宗不理朝政,遂废止不行。至明末思宗继位,力图振作,又恢复平台召对之制。其中最著名的一次,是崇祯元年(1628年)召见守边名将袁崇焕,君臣筹议"五年复辽"大计。可惜有始无终,遂至清军入关,明朝灭亡。

紫禁城内廷以乾清门为正门,正对的乾清宫是内廷第一大宫,为明帝居住和日常办公的地方,上悬"敬天法祖"四字大匾。廊后左右为昭仁殿、弘德殿。乾清宫之后的交泰殿,系嘉靖年间增建,为帝后居住之地,殿名取自《易经》,寓"天地交泰"之意。交泰殿之北即坤宁宫,始建于永乐年间,为明代前期的皇后寝宫。其中门北开,原称广运门,嘉靖年间改称坤宁门。坤宁宫再北,即紫禁城后花园。

乾清宫

又有供太后、妃嫔居住的东西十二宫，也是内廷的重要建筑，其宫殿名号则屡有变易。其中东六宫在坤宁宫之东，分三组排列，分别为延禧宫（初名长寿宫）、景仁宫（初名长宁宫），永和宫、承乾宫，景阳宫、钟粹宫。其中承乾宫为东宫娘娘居所，钟粹宫明后期成为皇太子居所，改称兴龙宫。坤宁宫之西为西六宫，三组宫殿分别为毓德宫（原名长乐宫，万历年间改永寿宫）、启祥宫（即未央宫，嘉靖年间改启祥宫），翊坤宫、长春宫（即永宁宫，天启年间改长春宫），储秀宫（原名寿昌宫）、咸福宫（原名寿安宫）。附近又有怡神殿、养心殿、奉先殿（俗称"内太庙"）、仁寿殿、慈庆宫（初称清宁宫，为太子居所），以及北边的乾东五所、乾西五所等。

御花园在内廷中路坤宁宫之北，是紫禁城的后花园，又称宫后苑、琼苑。御花园始建于明永乐年间，以供奉真武大帝的钦安殿为中心，形成主次相辅、左右对称的东、中、西三路。嘉靖年间世宗崇信道教，又对钦安殿大规模增建。作为明代的皇家道庙，钦安殿香火鼎盛，御花园也由此带上了浓厚的道教文化色彩。殿前"天一之门"源出《易经》"天一生水"，既与北方主水的五行之说相应，又有厌胜宫内火警、祈求平安之意。黄琉璃瓦覆顶的钦安殿，与四周的精美石雕、院落内的苍松翠柏相互衬映，在静穆庄严的环境中注入无限生趣。殿前竹园，有"钦安百尺"的美誉，明大臣夏言曾作诗称"钦安殿前修竹园，百尺琅玕护紫垣"。

御花园东路原有观花殿，万历十一年（1583年）改以太湖石倚墙叠山，额曰"堆秀"，山上建"御景亭"。秋高气爽之际，帝后就近登高，可近瞰琼苑，远眺景山，御园胜景尽收眼底。西侧制高点为清望阁，与堆秀山东西呼应，亭台辉映，风光绮丽。再北望景山，峻挺葱郁；远眺西山，峰峦遥遥可及。其四神祠所祀，或称为青龙、白虎、朱雀、玄武四方之神，或称为风、云、雷、雨四自然神，都与道教文化相关。又有对育轩（后改玉芳轩）、千秋亭、乐志斋、曲流馆等景致。经不断增建修饰，明代的御花园玲珑别致，间以花木扶疏，叠石环抱，尽显紫禁城御赏园林的精心。

永乐年间营建的北京宫殿，奠定了明清紫禁城的基础。建成后的宫殿巍峨壮丽，名号繁多，明人谓为"华盖屹立乎中央，奉天端拱乎南面"。由于火灾，永乐朝之后北京宫殿又进行过三次大的重修，但其基本格局未再改变。永乐十九年（1421年）四月初八，即距成祖迁都不足百日，奉天、华盖、谨身三殿就遭大火焚毁。成祖下诏求言，由此引发是否迁都的激烈争论，三大殿的复建因而久未兴工。仁宗继位后，一度在北京衙门官署中恢复行在称谓，流露出还都南京之意。但不久继位的明宣宗，维持了北京的政治地位。尽管如此，三大殿的重修直到英宗正统五年（1440年）才真正动工。由于物料早已齐备，此次营建仅用一年半，奉天、华盖、谨身三大殿及乾清、坤宁二宫均告竣工。这是明代北京宫殿史上的第二次营建。第三次营建在嘉靖年间。嘉靖三十六年（1557年）四月，大火自奉天殿延烧至华盖、谨身等殿。此后陆续开工重建，到嘉靖四十一年（1562年）三殿工成，世宗又对殿名进行更改，分称皇极殿、中极殿、建极殿。万历二十五年（1597年），紫禁城三大殿又遭大火，不得不进行第四次营建。工程于万历四十三年（1615年）开工，天启七年（1627年）完成。由于受财力所限，中间一度暂停，建筑规制也有所缩减。这是明代皇宫最后一次大修，也成为明代国势由盛转衰的历史见证。

二、集权体制的最后堡垒

清代紫禁城的建筑布局与明代一样，严格遵循《周礼·考工记》中所记载的前朝后寝的帝都营建原则建造，有外朝与内廷之别。外朝以三大殿为中心，是皇帝行使权力、举行盛典的地方。内廷以乾清宫、交泰殿和坤宁宫为中心，是皇帝与后妃居住的地方。

清代外朝三大殿基本沿袭明制。三大殿是代表封建皇权的主要建筑群，是举行重大典礼的地方。清代沿用明代皇宫的旧制，将外朝三大殿的名称进行了更改。清代将明皇极殿改称太和殿，将明中极殿改称中和殿，将明建极殿改称保和殿。

康熙八年（1669年）正月至十一月，太和殿因建造年久，颇有损漏，得到修理。康熙十八年（1679年）十二月初三，太和殿发生火灾，惨遭焚毁。康熙帝下罪己诏，认为殿亭告灾，乃上天示警。第二年太和殿两庑渐次修复，因当时平定三藩的战争正在进行，太和殿工程暂停。康熙二十一年（1682年），因兴建太和殿，在全国多处采办楠木。康熙二十五年（1686年）因四川山路崎岖，又饱受战火，人民生活困苦，清廷下旨停止四川的楠木采运。康熙三十四年（1695年）二月二十五日正式开始营建太和殿，康熙三十六年（1697年）七月十九日竣工。此后，清朝的许多重大朝会活动都在太和殿举行。顺治四年（1647年）正月初一，皇帝至太和殿，诸王、贝勒、贝子、公、文武群臣及蒙古诸王上表朝贺，皇帝赐宴。[1]顺治八年（1651年），太和殿举行世祖亲政大典，康熙皇帝、光绪皇帝也都在这里登基。另外，每年元旦、冬至、万寿三大节，以及国家较大庆典活动，皇帝在此接受百官祝贺。

太和殿后，东西两庑各三十间，正中南向者为中和殿。中和殿经过清初兴修后，康熙二十九年（1690年）复修，乾隆三十年（1765年）重修。较之太和殿，中和殿规制较小。中和殿纵广各三间，方檐圆顶，金扉琐窗，陛各三出。[2]但中和殿也有自己的建筑特色，"建造殊异，内顶雕刻彩绘极精美"。[3]中和殿也是朝廷重要活动的场所，凡遇三大节，皇帝先于此升座，内阁、内大臣、礼部、都察院、翰林院、詹事府堂官及侍卫、执事人员行礼毕，然后出御太和殿。遇方泽大祀及祀太庙、社稷之前一日，皇帝于殿内视祝版，亲祭历代帝王庙、先师孔子，朝日、夕月，亦如之。每岁耕耤，并于殿内阅视农器。[4]

中和殿后为保和殿，深广九楹，重檐垂脊。殿正中设宝座，前陛各三出，与太和殿丹陛相属。殿后陛三成三出，北向，殿左右各一

---

[1] 《清世祖实录》卷30。
[2] 周家楣等：《光绪顺天府志》，北京古籍出版社，1987年，第20页。
[3] 章乃炜：《清宫述闻》，北京古籍出版社，1988年，第172页。
[4] 鄂尔泰、张廷玉等：《国朝宫史》卷12《宫殿》，北京古籍出版社，1994年，第193页。

门，左曰后左，右曰后右，与中左、中右两门相对。门各三楹，南向，前后出陛。自太和殿至保和殿两庑丹楹相接，四隅各有崇楼，中路甬道相属。顺治初年修建后，康熙二十九年（1690年）再修，乾隆三十年（1765年）重修。后左、后右两门袭明旧制。每岁除夕，皇帝在此御殿宴请外藩。每科朝考新进士，翰林院引入殿内，左右列试。

与外朝相对应，清代也进行了很多内廷修缮工程。清代沿用明代乾清宫、交泰殿、坤宁宫，乾清宫清袭明制，顺治元年（1644年）兴修，十二年（1655年）重建。康熙八年（1669年）修，嘉庆二年（1797年）遭灾，同年修，三年（1798年）工成。乾清宫工程自顺治元年（1644年）七月始，至第二年五月竣工。

顺治十年（1653年）清廷再次修建乾清宫。但是这一年的闰六月二十五日北京地区连降大雨，导致庄稼被淹，房屋倒塌，户科给事中周曾发奏请暂时停止工程，得到允准。顺治十二年（1655年）正月二十一日工程正式启动，同时修建的还有景仁宫、承乾宫、永寿宫等。当年四月，乾清宫上梁安吻。第二年五月，宫成，告祭天地、宗庙、社稷。七月初六，皇帝御新宫。

康熙八年（1669年）正月，因乾清宫栋梁朽坏，撤旧重建，十一月竣工。康熙十九年（1680年）六月，因修理乾清宫，皇帝移驻瀛台。乾隆五十年（1785年）采运临清砖，对乾清门内东南、西南二面台帮，至日精门、月华门以南台帮，进行局部修缮。

乾清宫后为交泰殿，清初兴建后，顺治十二年（1655年）重建，第二年闰五月宫成。康熙八年（1669年）再修，安交泰殿金顶。嘉庆二年（1797年）乾清宫火灾延及交泰殿，第二年春季开始修建，秋季即已完工，楣间南向悬挂乾隆御笔临摹康熙御笔匾额"无为"二字。[①]交泰殿渗金圆顶，制如中和殿。殿中设宝座，左安铜壶刻漏，右安自鸣钟。

---

① 庆桂等：《国朝宫史续编》上册卷55《宫殿五》，北京古籍出版社，1994年，第440页。

交泰殿后，南向正中者为坤宁宫。清代对明代坤宁宫进行了根本性的改造。坤宁宫在明代为皇后的寝宫，清代则不同，为皇帝大婚之处，更是祭祀与举行萨满仪式的地方。坤宁宫始建于顺治十二年（1655年），形制仿照沈阳清宁宫，将明代中间开门的正殿改为两间东暖阁，五间祭神所，宫门偏开。坤宁宫共九楹，其中，东一楹至东二楹为东暖阁，为皇帝大婚之处。第三楹至第六楹，为祭神的地方。坤宁宫祀神是满族传统祭祀活动在清代宫中的重要体现。坤宁宫祭祀包括元旦行礼、每日朝夕祭、每月祭天、每岁春秋二季大祭、四季献神等，是清代宫廷独特的祭祀方式。

在乾清宫与坤宁宫的两侧，分别建有东、西六宫，是后妃居住和生活的主要地方，东六宫为景仁宫、承乾宫、钟粹宫、延禧宫、永和宫和景阳宫。其中，景仁、承乾、钟粹三宫为顺治十二年（1655年）重建，延禧、永和、景阳三宫为康熙二十五年（1686年）重建。西六宫为永寿宫、翊坤宫、储秀宫、启祥宫、长春宫和咸福宫。其中，永寿、翊坤、储秀三宫为顺治十二年重建，启祥、长春、咸福三宫为康熙二十五年（1686年）重建。

在外朝三大殿的东侧，沿用明代旧制，仍建有文华殿，为经筵进讲之所。在文华殿后，建有文渊阁。文渊阁为宫廷藏书处，明成祖迁都北京后所建。明代文渊阁在内阁之东，规制庳陋。所储书帙仅以侍诏、典籍等官司其事，职任既轻，多有散佚，其制渐废，仅存遗址。

清代文渊阁为乾隆时期所建，始建于乾隆三十九年（1774年）十月，竣工于四十一年（1776年），地址在文华殿后。中国古代建筑采用木质结构，因此极易发生火灾。浙江范氏天一阁藏书处采用砖甃构建，自明至乾隆时期未发生意外。乾隆帝闻听后，派遣大臣前往该处仔细查看房间构造方法以资借鉴。因此，清代文渊阁并未采用明代砖城式样，而是仿浙江鄞县（今宁波市鄞州区）范氏天一阁。"阁制三层，上下各六楹，层阶累折而上。上覆绿色瓦，前甃方池，跨石梁一，引玉河水注之。阁后垒石为山。垣门一，北向。门外直房数楹，为直阁诸臣所居。"①

清代文渊阁主要为贮藏《四库全书》及《古今图书集成》之地。乾隆四十七年（1782年）《四库全书》完成，二月初二皇帝御文渊阁，赐总裁、总阅、总纂、纂修、总校、分校、提调、暨文渊阁领阁事、提举阁事、直阁事、校理、检阅等官宴。②文渊阁未建成以前，清代沿用明制，于文华殿举行春秋两季经筵。乾隆四十一年（1776年）经筵进讲毕，皇帝亲临，赐茶于殿内，此后形成定制。③每岁经筵毕，赐讲官茶于此。

在三大殿的西侧，与文华殿相对者仍有武英殿，规制与文华殿一样。前跨梁三，周以石槛。殿广五楹，丹墀东西陛九级。东配殿称凝道殿，西配殿称焕章殿，后殿称敬思殿。武英殿东北为恒寿斋，西北为浴德堂。

清初摄政王多尔衮进京时，曾以武英殿为理事之所。顺治元年（1644年）五月初二，多尔衮率军抵达北京，故明文武官员出迎五里，摄政王进朝阳门。老幼焚香跪迎，内监以故明卤簿御辇陈皇城外，跪迎路左，奏请摄政王乘辇。摄政王自称要效仿周公辅佐幼主，极力推辞。后在众人一再劝说下登上了御辇进入武英殿升座，故明众官拜伏呼万岁。摄政王下令严明军纪，诸将士等不许骚扰百姓，做到秋毫无犯。康熙八年（1669年）正月，因修理太和殿、乾清宫，康熙帝曾移御武英殿，十一月，由武英殿移居乾清宫。

康熙十九年（1680年）设立武英殿修书处，专司监刊书籍。武英殿修书处初名造办处，设监造六人，派侍卫及司员经管，无定员。康熙二十四年（1685年）设笔帖式一人，康熙四十一年（1702年）增设笔帖式一人，康熙四十三年（1704年）监造六人俱行裁汰，后又复设监造六人。雍正二年（1724年）裁监造，设库掌三人。雍正四年

---

① 周家楣等：《光绪顺天府志》，北京古籍出版社，1987年，第21页。
② 《清高宗实录》卷150。
③ 于敏中等编纂：《日下旧闻考》卷12《国朝宫室》，北京古籍出版社，1983年，第166页。

（1726年）复设监造二人。雍正六年（1728年）增设库掌一人。雍正七年（1729年）铸给武英殿修书处图记，设委署主事一人，改称武英殿修书处。"乾隆以后，书馆盛开，武英殿专司刊校，未尝废置。刊行经、史、子、集，谓之殿本。以亲王、郡王一人领殿事，设总裁、提调、总纂、纂修、协修等官，其下则为校录之士、收掌之员，其他还有刮剔、装订，工匠尤多。道光二十年（1840年）后，以经费支绌，刊书甚少，仅存其名而已。"[1]武英殿前后二重，皆贮书籍。凡钦定命刊诸书，皆于殿左右直房校刻装潢。同时，这里也是文臣校勘《四库全书》的场所。

同治八年（1869年）六月二十日武英殿失火，延烧三十余间。事后，相关责任人员如管理武英殿事务的孚郡王奕譓、惠郡王明善等被交部议处，救火出力人员则得到奖赏。虽然其后武英殿在同年得到修复，但殿内珍藏的不少古籍自此永远消失。

三、从权力机关到文化机构

紫禁城进入清晚期已经开始衰败，慈禧太后、同治皇帝、光绪皇帝很少居住在这里，他们的时间大部分在西苑以及颐和园度过。庚子年间八国联军侵入北京，紫禁城惨遭洗劫，宫内一时荒草萋萋。辛亥革命后，宣统皇帝退位，按照清室优待规定，居住在紫禁城乾清门以北、神武门以南部分（也称"内廷""内朝""后朝"等，即通常所谓的后宫），而乾清门以南、天安门以北部分（也称"外廷""外朝""前朝"等），包括太和殿、中和殿、保和殿以及文华殿、武英殿等收归民国政府所有。

清末出洋考察大臣归来时就曾上奏提出建立图书馆、博物馆的主张，蔡元培等学者也一直呼吁应该建立一所为公众服务的博物院。1913年，时任北洋政府内务总长朱启钤呈请总统袁世凯，提出将盛京（沈阳）故宫、热河（承德）离宫两处所藏各种宝器运至紫禁城，

---

[1] 吴振棫：《养吉斋丛录》卷2，中华书局，2005年，第22页。

筹办古物陈列所，北洋政府批准了这一建议，由美国退还庚款内拨给20万元为开办费，于1914年2月在紫禁城前朝武英殿成立古物陈列所。3月，热河都统治格兼任古物陈列所所长，王曾俊为副所长。所内设三科：一科负责人事行政；二科负责文物保管和陈列；三科负责总务。其后，由北洋政府与清室共同运到京城的热河行宫及各园林的陈设物品及沈阳故宫的古物，先后于1914年3月和10月分批接运完毕，以民国政府向清室借用的方式交由古物陈列所保管陈列。1914年10月10日，古物陈列所正式向社会开放，开始接待观众参观。

1914年6月，古物陈列所在紫禁城已毁的咸安宫旧址上兴建一座二层楼房，用来储存所里负责保管的古物，1915年6月建成投入使用，并正式定名为宝蕴楼，又仿照武英殿样式将文华殿及后面的主敬殿改为陈列室对外开放。此外，还陆续修缮了一些殿阁城台，整修道路，树植花木，并将武英殿后面的空地辟为花园。

自1915年以后，紫禁城的三大殿，太和殿、中和殿、保和殿逐渐对外开放，参观群众自午门、东华门、西华门出入。曾经的大内禁区，成为寻常百姓的游览胜地。

1924年第二次直奉战争爆发，10月22日夜，直军第三军总司令冯玉祥在前线倒戈回京，发动北京政变，软禁总统曹锟。控制北京之后，冯玉祥组成了以黄郛为总理的摄政内阁政府。11月4日晚，摄政内阁通过《修正清室优待条件》，提出"大清宣统帝从即日起永远废除皇帝尊号，与中华民国国民在法律上享有同等一切权利""清室应按照原优待条件第三条，即日移出宫禁"等强制性措施。摄政内阁认为，民国成立已有十三年，以溥仪为首的清室却依旧占据故宫，"致民国首都之中，尚存有皇帝之遗制，实于国体民情，多所抵牾"[1]。这实际上违背了原订优待条件第三条，因此必须在此基础上进行修改，并履行相关规定。

11月5日上午9时，时任京畿警备司令的鹿钟麟受冯玉祥之命，

---

[1] 吴瀛：《故宫博物院前后五年经过记》卷1，北平故宫博物院，1932年，第10页。

携带摄政内阁总理黄郛代行大总统的指令，会同张璧、李煜瀛，带兵进入紫禁城，以武力强迫溥仪接受新的"优待条件"。溥仪抵抗无用，于当日下午与其妻妾婉容、文绣，以及随从大臣、太监、宫女等在冯军的"保护"下，经神武门出故宫，前往其父载沣位于什刹海的醇王府暂住。

溥仪被逐出宫后，皇宫内廷被摄政府接管。紧接着，如何处置溥仪离去之后的故宫成为亟须解决的重要问题。1924年11月7日，摄政内阁下令成立"办理清室善后委员会"，专门负责故宫公私财产的清点、分类等事宜，并提出："所有接收各公产，暂责成该委员会妥善保管。俟全部结束，即将宫禁一律开放，备充国立图书馆、博物馆等项之用，借彰文化，而垂永远。"①其后，教育总长易培基在公开谈及故宫古物的处理方式时说，这些清宫物品归入民国后，应由什么机关进行管理，"实为一大问题。内务部与教育部孰应管理，皆可不论，惟附属于一机关中，殊觉不安。余意拟成立一国（立）图书馆与国立博物馆以保管之，地址即设在清宫中，惟组织须极完善，办法须极严密，以防古物意外损失"。②这从某种程度上代表了摄政内阁政府的基本态度。

11月20日，"办理清室善后委员会"宣告成立，李煜瀛被聘为委员会委员长，委员会由政府和清室双方人士组成，政府方面聘任的委员有汪光铭（由易培基代）、蔡元培（由蒋梦麟代）、鹿钟麟、张璧、范源赚、俞同奎、陈垣、沈兼士、葛文浚九人。清室方面指定绍英、戴润、耆龄、宝熙、罗振玉五人。"办理清室善后委员会"的职责主要包括：会同军警长官与清室代表，办理查封接收故宫珍宝；审查区别公私物件，并编号公布；保管宫殿古物；筹建长期事业如图书馆、博物馆等。但清室代表无人到会，他们主张善后委员会不必建立，应设置清宫管理处，由清宫自行清理保管。同日，清室善后委员会举行

---

① 中国第二历史档案馆编：《中华民国史档案资料汇编（第三辑）文化》，江苏古籍出版社，1991年，第292—293页。
② 《教长易培基关于保存古物之谈话》，《大公报》，1924年11月18日。

第一次会议,在清室代表缺席的情况下,通过了《点查清宫物件规则草案》,就点查与监察人员的组合、点查登记编号造册等手续,做了详尽规定,又规定及时发布点查报告,公开一切,此后立即着手点查宫内物品。

1924年11月24日段祺瑞临时执政府成立之后,按"清室善后委员会组织条例"的规定,决定成立博物馆筹备会,聘请易培基为筹备会主任。此后,清室善后委员会组织人力对深藏宫禁的珍宝一一登记,化私产为公产。

为了顺利进行清宫物品点查工作,清室善后委员会特制定了18条《点查清宫物件规则》,对人员组成、点查程序、应注意事项等做了详细规定。在李煜瀛的主持下,从1924年12月24日开始点查,至1930年3月基本结束。为了让社会及时了解点查情况,清室善后委员会先后公开刊行《故宫物品点查报告》6编28册。这次点查工作,对故宫由皇宫向博物院的转变起了重要的推动作用。

清室善后委员会议定,博物院以溥仪原居住的清宫内廷为院址,名称为故宫博物院,并起草了《故宫博物院临时组织大纲》和《故宫博物院临时董事会章程》,博物院下设三馆、一处,即图书馆、古物馆、文献馆和总务处。

神武门(小川真一摄影)

清室善后委员会经郑重遴选，推定21名董事，他们都是地位显赫的军政界要人和声名远播的学者教授，如鹿钟麟、张学良、卢永祥、蔡元培、许世英、熊希龄、于右任、吴敬恒等。这种安排主要是为显示社会各界的支持，寻求博物院的保护力量，确保其长远发展。执行故宫博物院管理事务的理事会9人名单如下：李煜瀛、黄郛、鹿钟麟、易培基、陈垣、张继、马衡、沈兼士、袁同礼。各理事推定李煜瀛为理事长，暂不设院长，由李煜瀛以理事长身份主持院务。9月29日，李煜瀛手书的"故宫博物院"匾额，高悬在神武门城楼上方。

为庆祝博物院的成立，将原定为一元的参观门票减为五角，优待参观两天，开放区域包括御花园、后三宫、西六宫、养心殿、寿安宫、文渊阁、乐寿堂等处，增辟古物、图书、文献等陈列室任人参观。《社会日报》报道："唯因宫殿穿门别户，曲折重重，人多道窄，汹涌而来，拥挤至不能转侧。殿上几无隙地，万头攒动，游客不由自主矣！且各现满意之色，盖三千年帝国宫禁一旦解放，安得不惊喜过望，转生无穷之感耶？"①

1926年3月19日，段祺瑞临时执政府以共产党的罪名，通缉李煜瀛、易培基，二人潜离京师。卢永祥、庄蕴宽被推举为故宫院务维持员，但维持工作主要由庄蕴宽负责，但由于经费等问题，维持工作异常艰难。1926年4月段祺瑞临时执政府倒台之后，清室遗老与保皇党人暗中策划溥仪回宫，公开以清室内务府名义，致函北洋政府，要求恢复清室优待条件，此举对故宫博物院可谓雪上加霜。7月，直系内阁政府代总理杜锡珪召开会议，决定改组故宫博物院，成立故宫保管委员会。随后选举清室遗老、旧臣赵尔巽和孙宝琦为正副委员长，接管故宫博物院院务，但随着9月22日代总理杜锡珪辞职，内阁解体，委员会也随之消失。10月，汪大燮、庄蕴宽等发起组织故宫维持会，12月9日正式宣布维持会成立，推举江翰为会长，庄蕴宽、王宠惠为副会长，由会长指定王式通、沈兼士、袁同礼、李宗

---

① 林白水：《故宫博物院之不满意》，《社会日报》，1925年10月13日。

佣、马衡、俞同奎、陈垣等十五人为常务委员。然而维持会遇到的困难更多,经费短缺,筹措无方,工作不能开展。1927年9月,安国军政府以故宫博物院管理委员会取代故宫维持会,聘任王士珍为管理委员会委员长。10月21日,管理委员会接收委员接管了维持会的工作。1928年6月,安国军政府垮台,管理委员会也就此宣告结束。

北伐军占领北京之后,南京国民政府任命易培基为接收北平故宫博物院委员,易培基因病未北上,委派在北平的马衡、沈兼士、俞同奎、肖瑜、吴瀛五人为代表,于1928年6月21日从以王士珍为首的管理委员会手中接管了故宫博物院。6月27日,国民政府委员经亨颐提出"废除故宫博物院,分别拍卖或移置故宫一切物品案",故宫同人联名反驳,强调博物院是为了"保存数千年来吾国文化之精粹","无论故宫文物为我国数千年历史所遗,万不能与逆产等量齐观"。①反对最力者为故宫博物院理事张继,他以大学院古物保管委员会主席名义,呈文中央政治会议,所据之理:"故宫已收归国有,已成国产,更何逆产之足言,故宫建筑之宏大,藏品之雄富,世界有数之博物院也。""设立专院,使之责成,而垂久远。后来学者幸甚,世界文化幸甚!"②经过多方努力,经亨颐提案被否决,国民政府随即颁布《故宫博物院组织法》,故宫得以继续保留。

1929年3月,国民政府任命李煜瀛为故宫博物院理事会理事长,易培基为故宫博物院院长,任命27名理事,多为国民党中央与政府领导机构的重要人物。成立了秘书处、总务处。业务部门为古物馆、图书馆、文献馆,易培基兼任古物馆馆长,马衡为副馆长,庄蕴宽为图书馆馆长,袁同礼为副馆长,张继为文献馆馆长,沈兼士为副馆长。此后一直到七七事变爆发之前,一直是故宫稳定、快速发展的时期。紫禁城从皇帝的私产开始真正成为带有公共性的文化机构,甚至"世界公物",那里不再是皇帝和其家族的内部庭院,而是一个国家

---

① 《故宫博物院开放三天接收委员函请维持该院原案》,《申报》,1924年7月14日。
② 吴瀛:《故宫博物院前后五年经过记》卷2,北平故宫博物院,1932年,第35—37页。

文化精华的保存场所，一个任人参观的公共博物院。1929年10月10日，在故宫博物院成立4周年之际，作为理事会理事长，李煜瀛如此给故宫博物院定位："希望故宫将不仅为中国历史上所遗留下的一个死的故宫，必为世界上几千万年一个活的故宫。以前之故宫，系为皇室私有，现已变为全国公物，或亦为世界公物，其精神全在一公字。余素主张，使故宫博物院不为官吏化，而必使为社会化，不使为少数官吏的机关，必为社会民众的机关，前在清室善后委员会时代，曾请助理员顾问数在百计，帮同点查，以示公开，即现在此工作人员，薪水微薄，因彼等目的，非为权利，实在牺牲，共谋发展。总之故宫同人，在此四年中，对于一公字，已经做到具体化。"①

1930年中原大战结束后，南京方面基本上确立了对北平的全面控制。同年10月，易培基提出"完整故宫保管计划"议案，拟将古物陈列所与故宫博物院合并，将中华门以北各宫殿，直至景山、太庙、皇史宬、堂子、大高玄殿一并归入故宫博物院，后因时局不宁，合并一事一直未能实现。

1931年九一八事变爆发，北平受到威胁，故宫博物院决定精选文物避敌南迁南京、上海，南迁工作于1932年秋启动，直到1933年5月最后一批南迁文物运走。同时南迁的还有古物陈列所保管的文物。两处先后南迁的文物共5批，包括铜器、瓷器、书画、玉器、珐琅、雕漆、珠宝、钟表等十余类，总计13400多箱迁到上海。1933年，故宫博物院改隶国民政府行政院。

1945年9月抗日战争胜利，故宫博物院奉命复员，仍由马衡院长主持工作，根据上级安排，陆续接管了几批散失在外的文物（清宫旧有），接收了一些私人收藏家捐献的物品，并收购了一些流散文物。1948年随着政治军事形势的变化和面临的各项经费短缺的窘境，故宫博物院的工作又进入了维持状态。原由故宫博物院管理的太庙、景山两处，均被国民党军队强行占用停止开放。

---

① 李石曾：《李石曾先生文集》下册，中央文物供应社，1980年，第241—242页。

1948年3月，古物陈列所最终并入故宫博物院，结束了两馆并立的局面，古物陈列所南迁文物全部拨付中央博物院筹备处。1948年9月，国民政府命令故宫博物院空运文物精品到南京，马衡院长采取消极态度拖延执行，空运未能实现。同年年底至1949年初，南京解放前夕，国民政府从南迁文物中选取2972箱运往台湾地区，成立了台北故宫博物院，从此院藏文物被分隔两地。1949年1月31日，北平和平解放。2月19日，北平市军管会文化接管委员会派钱俊瑞、尹达、王冶秋办理接管故宫博物院事宜。3月6日在故宫太和殿召开全院职工参加的接管大会，由文物部部长尹达宣布正式接管故宫博物院，整个接交工作于1949年3月完成。

第四节　从景山到钟鼓楼：中轴线
　　　　　北段的形成与变化

自景山至钟鼓楼，是北京中轴线的北段。虽然分布在这条线上的建筑数百年来均隐藏于紫禁城的背后，但独特的地理位置和建筑特色，使其能够俯瞰北京，记录历史，从而成为北京中轴线规划的基准点与定位点。

一、景山的修建及其功能演变

清初宋起凤在《稗说》中谈道，万岁山"非生而山也，乃积土为之。其高与山等，上植诸木，岁久成林，逾抱。山亦作青苍色，与西山爽气无异。登山，则六宫中千门万户，与嫔妃内侍纤细毕见，虽大珰不敢登。上纵放麋鹿仙鹤，山下垣以石堵，建亭于山麓之中，额曰万寿。地平坦，可以驰射，先朝列庙无有幸者，独思宗（崇祯帝）岁常经临焉。上每御是地，辄遣禁军操演，以观其技"。但力图振作的朱由检，仍难挽国势日衰的命运。明末李自成率军攻入北京，走投无路的崇祯皇帝，只得走出玄武门，缢死在万岁山东麓的老槐树上，以个人的悲剧形式见证了明代皇家园林的落幕。

在金、元时期，北京即有万岁山，但与后来明清时期的万岁山（今景山）并非一处，"金元之万岁山在西，而明之万岁山在北也"。[①] 金代在中都北部修建离宫、开凿西华潭（今北海）时，即于此堆积小丘。元大都建成后，因其正处城内中心，遂辟为专供皇家赏乐的"后苑"，名为"青山"，建有延春阁等建筑。永乐年间营建北京城时，将拆毁元代宫殿和挖掘护城河的泥土堆积其上，形成一座更高的土山，永乐十八年（1420年）与紫禁城同时落成，成为整个北京城的最高点，既满足了宫城"倚山面水"的布局要求，也不无暗藏厌胜前

---

① 于敏中等编纂：《日下旧闻考》卷35，北京古籍出版社，1983年，第551页。

朝"风水"之意。此后,"本金元之旧",一直被称为万岁山,俗称煤山。有史料记载:"京师厚载门内逼紫禁城,俗所谓煤山者,本名万岁山,其高数十仞,众木森然。相传其下皆聚石炭,以备闭城不虞之用者。"①万岁山在明代又有"镇山"之称。

万岁山作为皇家御园,其北半部寿皇殿区域是元大都中轴线上的大道的一部分,南半部的土山位置则是元大内后宫遗址部分。②将其置于皇城后半部,则与紫禁城前面的金水河构成了依山傍水的格局,体现了传统文化中对建筑的最高理想和审美诉求。

明代的万岁山上五峰并峙,奇峰突起,主峰恰好位于北京内城南北两城垣的中间,成为全城对角线的交点。到明代中后期,经过上百年的经营,万岁山下遍植果树,通称"百果园",又称"北果园",其山上放养麋鹿仙鹤,山下以石砌墙,是宫中登高望远的又一去处。山下种植果木,山上则循着土坡栽种松、柏、槐等树,又饲养了鹤、鹿等寓意长寿的珍稀动物。园内苍松翠柏,繁花丛草,极其清幽怡人。初夏四五月之间,明帝来山前插柳,为踏春赏花之所。山北多牡丹、芍药,是供帝后赏花、饮宴之地,重阳则多来此登高,吃迎霜麻辣兔、饮菊花酒,以应节祈寿。山顶建有玩芳亭,后改玩景亭、毓秀亭。又有长春亭、万福阁、集芳亭、会景亭、集仙室等建筑。明人文徵明颂为"日出灵山花雾消,分明员峤戴金鳌。东来复道浮云迥,北极觚棱王气高"云云。

明清鼎革,再次将都城定于北京。清顺治十二年(1655年),将万岁山改称"景山",典出《诗经·鄘风·定之方中》:"望楚与堂,景山与京。"乾隆帝曾在《御制白塔山总记》中说,"宫殿屏扆则曰景山",将景山喻为皇宫之屏障。景山入门为绮望楼,建于清乾隆十五年(1750年),分上下两层。有两个小门,中南向者为寿皇殿,

---

① 沈德符:《万历野获编》卷24《畿辅》"煤山梳妆台"条,中华书局,1959年,第604页。

② 中国科学院考古研究所元大都考古队、北京市文物管理处元大都考古队:《元大都的勘察和发掘》,《考古》,1972年第1期。

门内九间，供康熙皇帝神御，有御制碑文。殿后东北是集祥阁，西北是兴庆阁。殿东为永思门，内为永思殿，又东为观德殿。①乾隆十六年（1751年），在景山的五座山峰各建一座佛亭，自东向西依次命名为周赏亭、观妙亭、万春亭、辑芳亭、富览亭，其中以中峰的万春亭规模最大。

景山后为寿皇殿，乾隆十四年（1749年）移建，第二年五月工成。大殿九室，规制仿太庙，左右山殿各三楹，东西配殿各五楹，碑亭、井亭各二，神厨、神库各五，殿内敬奉康熙帝和雍正帝御容，供后世祭拜。②自乾隆时期修建后，嘉庆二十五年（1820年）对东、西三座神龛进行油饰，光绪十八年（1892年）再次大加修葺。此外，在景山前门还设有景山官学，左右连房四十五间，为康熙二十四年（1685年）建立，专以教授内务三旗子弟。

景山万春亭（甘博摄影）

光绪元年（1875年）对景山关帝庙等处工程进行勘修，包括关帝庙大殿一座三间，前有抱厦三间；紫光阁前抱厦五间；极乐世界东面

---

① 吴长元：《宸垣识略》卷三《皇城一》，北京古籍出版社，1981年，第53页。
② 于敏中等编纂：《日下旧闻考》卷十九《国朝宫室》，第259—260页。

重檐方亭二座，阐福寺前牌楼一座，万佛楼前北牌楼一座，琳光殿前牌楼二座，永安寺前南牌楼一座，新闸一座以及南海并紫坛阐福寺灰土甬路等项。后经逐细勘察，估算整项工程为：关帝庙大殿一座三间，前抱厦三间揭瓦；南海仁曜门以西至春耦斋门楼外灰土甬路，凑长七十二丈，刨筑灰土；中海紫光阁前抱厦五间，拆盖正座，前廊揭瓦；北海永安寺前南面四柱三楼牌楼一座，琳光殿前四柱三楼牌楼二座，阐福寺前四柱九楼牌楼一座，俱拆修；极乐世界东面重檐四方亭二座揭瓦；万佛楼前背面四柱三楼牌楼一座拆修；坛寺等处灰土甬路凑长四百七十三丈刨筑灰土；新闸一孔闸一座拆修，以及各座油画糊饰，殿内佛像供案、供器装严油漆见新等。①

康熙及雍正皇帝对景山的优美景色多有御笔题咏之作，如康熙所题《初秋景山》中载："新凉树色向金天，御辇遥停蔓草边。盛暑已过销夏日，清风才到有秋年。高临三殿九重阔，下看千家万户连。薄暮山亭观射毕，回宫复道起苍烟。"其另一首《九日幸景山登高》中则言："秋色净楼台，登高紫禁隈。千门鸣雁度，万井雾烟开。翠拂銮舆上，云随豹尾来。佳辰欣宴赏，满泛菊花杯。"此外，雍正帝曾在驾临景山观杀虎后，题诗一首："山拥黄扉壮，林开碧殿隈。雄风生虎腋，腥雾袭龙衣。血浅雕戈劲，弧张利爪摧。桓桓争奏技，敛手有余威。"

明、清两代，每年农历九月九日重阳节，皇帝由亲信大臣陪同，到景山御园山顶上饮酒赋诗，登高为乐，有时在园中"视射较士"及赏花等。清代，自雍正、乾隆以后，景山逐渐成为存放死去帝后的影像、祭祀祖先及停放梓宫的地方。

民国成立后，按照《优待清室条件》，景山仍由居住在紫禁城内廷的逊清皇室管理使用。由于清皇室此时无力顾及，景山一度荒废。1924年11月，溥仪被驱出宫之后，景山作为清室财产，由清室善后

---

① 中国第一历史档案馆藏朱批奏折：道光十四年十二月二十四日，"奏报勘估修理景山关帝庙等处工料银两事"。

委员会接管。

  1925年8月，北京市民姜绍谟等120人致清室善后委员会函，请求开放景山，公诸当世，以免胜迹荒颓。他们认为"景山地处北京中央，高可俯瞰全城，松柏苍古，风景怡人，最适于公共游览之用。旧为清室占据，不使开放。弃置多年，日就圮废，京中人士莫不深惜"。溥仪出宫，"景山收归国有，此实开放良机，急宜公诸国人"，他们希望能将景山"即日开放作为公园，既为民众开一游览之区，又可借以时加修葺，不致使胜迹有荒颓之憾，一举两得，实为公便"。①1925年10月，故宫博物院成立，景山由其收归管理。1928年稍加修葺整理，以公园形式对外开放。但寿皇殿、观德殿等殿宇未做开放景点，仍由故宫博物院管理使用。

  此后，故宫博物院筹措一定数量的工程经费，对景山进行了大规模修缮，包括景山门外的马路、四周的围墙，园内的绮望楼、山峰上的五座亭子和寿皇殿、观德殿等建筑，先后进行了路面修筑，内外墙修砌，楼阁殿亭瓦顶拔草、揭瓦，木架油漆彩画以及修整上下山的道路等工程数十项，同时还进行了补种松柏树、栽植花草等绿化工程。1930年，在景山东边山脚下明朝末代皇帝崇祯自缢的地方立了"思宗殉国碑"，以志追念。

  日据时期，景山各处的修缮工程大大减少。抗战结束后，北平市政府也无暇顾及景山的修缮工作。1948年初，故宫博物院曾在观德殿内筹办职工子弟小学。当年12月解放军包围北平后，景山被国民党军队占用。1949年，北平和平解放，经过重新修整，景山于1950年6月恢复开放，并将太庙图书分馆的图书阅览室移至景山绮望楼对外开放，历经五百余年的景山（万岁山）得以在新的时代发挥出更大的作用。

---

① 《市民请开放景山，胜迹荒颓殊为可惜》，《社会日报》，1925年8月27日。

二、鼓楼与钟楼：北京的时间简史

中国自古就有"晨钟暮鼓"之说，北京的钟、鼓二楼常合称"钟鼓楼"，始建于元代至元年间，是元、明、清三朝的报时中心。钟鼓楼是北京城中轴线北端的两大单体建筑，也是中轴线结尾的标志性建筑。

鼓楼初建于元至元九年（1272年），名"齐政楼"，为"都城之丽谯也。东，中心阁。大街东去即都府治所。南，海子桥、澄清闸。西，斜街过凤池坊。北，钟楼。此楼正居都城之中。楼下三门。楼之东南转角街市，俱是针铺。西斜街临海子，率多歌台酒馆。有望湖亭，昔日皆贵官游赏之地。楼之左右，俱有果木、饼面、柴炭、器用之属"[①]。鼓楼曾因雷击、大火等数次焚毁。明永乐十八年（1420年），向东移后再次重建，却再遭火焚。清嘉庆五年（1800年）、光绪二十年（1894年）两次进行修缮后，基本成为今天的模样。

现在的鼓楼位于地安门外大街北端，南与景山公园内的中心建筑万春亭相呼应。鼓楼高约33米，重檐重楼黄瓦歇山顶，楼两层，面阔五间。在二层大厅，原有铜壶滴漏一座，明末清初时遗失，清代改用时辰香计时。另有大鼓一面，小鼓24面，作为定更报时的器具。后小鼓纷纷丢失，仅剩大鼓独存。清末，八国联军入侵北京后，日本军队曾冲上鼓楼，将楼内的精巧器物掠夺而去，用军刀刺破大鼓鼓皮，并在鼓帮上刻写侮辱性文字，留下难以磨灭的人为破坏痕迹。

进入民国后，鼓楼勉强继续发挥其为京城报时的作用。1924年，冯玉祥发动北京政变，将溥仪等人驱逐出宫，才废止了鼓楼的报时功能。同年，京兆尹薛笃弼将鼓楼改名为"明耻楼"，刻匾挂于楼门之上，并在鼓楼里面陈列八国联军烧杀抢掠的照片、实物等，以警示民众。次年，继任京兆尹李谦六恢复"齐政楼"之名，并在鼓楼开办"京兆通俗教育馆"，进行公共卫生及改良风俗方面的宣传。馆内设立

[①] 熊梦祥著，北京图书馆善本组辑：《析津志辑佚》，北京古籍出版社，1983年，第108页。

图书部、游艺部、博物馆、平民学校等，陈列历代帝王像、著名文臣武将像以及北京名胜古迹照片，供人参观。又在鼓楼西侧、楼后兴建儿童和成人体育场。

民国时期的鼓楼大街（甘博摄影）

1928年，"京兆通俗教育馆"改隶北平特别市教育局，改称"北平特别市通俗教育馆"。1931年九一八事变发生后，该馆时常举办展览会、讲演会，并上演戏剧，进行抗日宣传。1933年，该馆改为北平市社会局直辖，更名"北平市第一社会教育区民众教育馆"，内设教学、阅览、康乐三部，附设儿童游乐场。七七事变后，北平为日人所占，该馆因曾宣传抗日，为日军所仇恨。1938年春，被迫改称"北京市第一社会教育区新民教育馆"，被搜查、掠去各种图书报刊及陈列品，并于1942年2月15日勒令闭馆。抗战胜利后，鼓楼经过修葺，于1946年8月4日复馆，定名为"北平市第一民众教育馆"，设有教学、艺术、陈列、书报等部门。1949年2月，北平市军事管制委员会接管了鼓楼，将其更名为北京市立第一人民教育馆。

钟楼同样为元代至元时初建，"阁四阿，檐三重，悬钟于上，声远愈闻之",该楼"雄敞高明,与鼓楼相望","楼有八隅四井之号,盖东西南北街道最为宽广"。钟楼高约38米,全为砖石结构,精致而坚固,灰筒瓦绿剪边歇山顶,四面开券门,楼内悬挂大铁钟一口(后改为悬铜钟),位于鼓楼向北约100米处,是传统意义中轴线北端的顶点。

元代的钟楼毁于大火,明永乐十八年(1420年)进行了重建,位置与元时略向东移动,但后来再次被火焚毁。清乾隆十年(1745年)在明钟楼基础上又一次重建,两年后竣工。此后一直承担为京城人民报时的职能。其间,用新铸的大铜钟替换掉了原有的铁钟,换下来的铁钟原被放置在钟库胡同东口,后于1925年被移至鼓楼北面的空地之上。日据时期,日本侵略者曾想将闲置的铁钟拉去冶炼,制作枪炮,无奈铁钟体积十分庞大,无法顺利搬运,只得留在原地。1983年,铁钟被安置在大钟寺古钟博物馆。

替换铁钟的铜钟每日用两米长的撞钟木撞击报时。至1924年冯玉祥发动北京政变后,钟楼与鼓楼一起停止了报时。次年,荒废掉的钟楼被改造为京兆通俗教育馆附设的电影院,放映无声电影。1926年开设"民众电影院"(后曾改为"北京新民电影院"),成为京城百姓的一个娱乐场所。日本占领北平后,钟楼的电影院与"京兆通俗教育馆"一同停止,由敌伪建设总署堆放"三合土"等材料。抗战胜利后,钟楼于1946年仍旧设电影院,与鼓楼之间的广场开办"平民市场"。

第五节　中轴线的思想渊源与文化内涵

建筑是人类最重要的文化现象之一，它以"文化纪念碑"的形式充当着每种文明独特的象征，记载着不同民族、不同地域的文化演变历程。建筑是凝固的音乐、凝固的精神，是物化的历史，是人与自然的一种对话方式，更是一种解读历史的视角。无论是古希腊、古罗马时代，还是文艺复兴时期；无论是哥特式建筑，还是巴洛克式建筑，不同的建筑风格都蕴含着某种文化类型的丰厚信息，或者说是一种文化基因。人类的全部物质生活和精神生活都离不开建筑，尤其是某一时代的大型公共建筑，不仅反映出对当时社会的认识程度与理解程度，代表了当时科技、文化、艺术发展的最高水平，而且其设计风格也是当时经济、文化和意识形态的集中反映。而作为观念形态的意识也必然反过来影响人的社会存在和设计者的设计思维。

作为一个具有悠久历史的古都，北京一直是封建帝王权力的空间象征与物质象征，政治元素几乎渗入城市每一个领域。尤其是作为权力与秩序象征的中轴线建筑群纵贯城市中心南北，承载了城市文化结构中的主体内涵，成为展示皇权威严的符号，并体现出皇权对社会秩序的制度性安排，中国传统的哲学思想、等级观念、人伦观念、风水观念无处不在。侯仁之曾指出，明清北京城的营建，就是企图以宫殿建筑的平面布局和造型宣扬帝王"唯我独尊"这个主题，体现封建统治阶级的政治要求和意识形态，中轴线建筑群正是这一思想的突出表现。

从思想内涵的角度看，中轴线建筑群是皇权文化的空间组合和立体形态，充分体现了发端于周代的中国礼仪文化的规则：均衡、对称、威仪、尊卑有序、等级森严。中轴线上的大型皇家宫殿建筑群、礼制建筑群、宗教建筑群，不仅具有各种实用功能，而且被加进哲学及审美元素，从而具有了社会意识形态的色彩，美学意义与哲学机制蕴含其中，其中凝结的中庸和谐的传统价值观，皇权至上、尊卑有序的政治伦理观，天人合一、阴阳五行的宇宙观都值得深入挖掘。

一、择中而立、皇权至上

儒学是维护中国几千年君权统治的精神支柱。中国儒家思想最明显的特征体现在中正与和谐方面，中轴线正是这一理念的重要表现方式。中间位置是皇家宫殿、坛庙、城门以及钟鼓楼等主要建筑物，两旁是陪衬建筑物，整体格局整齐划一，两相对称。这种城市规划与空间结构无不彰显出王权的无处不在，有利于体现宗法等级的贵贱尊卑，有助于渲染统治王朝的威严，庄严雄伟、整齐对称，以陪衬为主的方式完全表现出封闭、严谨、含蓄的民族气质。城市内部的空间界限既是一种地理界限，也是对社会等级的规定与划分。最高统治者通过中轴线建筑群艺术来显示帝国的实力和威严，象征王权的至尊和永恒，最终展示帝国的神圣与王权的不可侵犯。

中国古代建筑空间的有序化手段包括中轴对称布局和庭院式结构。中轴对称具有统率全构图的作用，以中为尊。《吕氏春秋·慎势》中有言："古之王者，择天下之中而立国，择国之中而立宫，择宫之中而立庙，天下之地，方千里以为国，所以极治任也。"[1]以主体建筑居中突出重点，使建筑群依轴线展开，向纵向和横向的空间序列发展，主次分明，井然有序，庞而不乱，气势雄伟。"中正无邪"的单体和群体布局，易于显出尊卑的差别与秩序，从而强化了等级观念与庄严感。没有明确中轴线的园林建筑群，也要设置主体建筑或建筑群，以表现人伦次序。

文化在各个民族都有其不同的价值取向，中国传统文化讲求"和谐"之美，表现在城市建设上就是将建筑的平面进行对称均齐布置，布局上必须有一条庄重的南北中轴主线，起着中枢神经作用。这一格局成为中国古代各类建筑组合方式的缩影，如宫殿、王府、衙署、庙宇、祠堂、会馆、书院等。中轴线对称的建筑观念虽然早在商周时

---

[1]《吕氏春秋·慎势》。

代就开始，但最典型地代表这种中轴文化的当数明清的北京城和宫殿了。

"中"的理念强调左右对称，这种对称首先表现在北京中轴线上城门的位置和命名上。如外城南中门为永定门，东、西侧各有左安门与右安门，有以"东安""西安"来维持永安之意。光"左安""右安"显然不够，还要"广安"，而"广安"，离不开渠（运粮的人工河道），故要有"广渠"，因此外城东西有广渠门和广安门相对。安定之后便要图方便，因此又设东、西便门相对应。

内城城门的设置同样如此。内城南中门为正阳门，以示天光高照之意，并对应外城的永定门。左有"崇文"、右有"宣武"相辅，且南"崇文"对应北"安定"，南"宣武"对应北"德胜"，有"以武得胜天下，以文安定天下"之意。此外内城有朝阳门对应阜成门，有城埠"朝着太阳建成"之意。东直门对应西直门则是因为两门间没有皇宫建筑阻挡，故可以东西直行之意。

二、天人合一、君权神授

"天人合一"理念源自三代，下迄明清，不仅是中国文化、中华哲学的基本精神，而且是中国最有代表性的文化特征之一。"天人合一"观念在中国传统建筑中有着鲜明的体现，也是后代都城规划的思想基石。作为人工产物的古代建筑文化，正是世代中国人与大自然不断进行"亲密"对话的文化方式，是中国文化建构于东方大地的物质体现，传达的是一种属于中国人所特有的精神气息。正是从"天人合一"理念出发，古人认为在天象体系中有一个有等级、秩序井然的"王朝"，历代都自觉地把人事政治、国家体制与天象模式相比附，并在这样一种传统文化的影响下，把都城的规划建设作为实现这一原型模式的重要方面。北京中轴线深受"天人合一"思想影响，整个城市格局也就由此展开。

从北京中轴线建筑发展的客观实际看，在城市规划、营构建筑或造设园林时，始终没有摆脱"天人合一"思想的影响。师法自然，合于天地，几近成了人们自觉的审美意识。追求天、地、人三者和谐统一，成为城市和建筑企望达到的一个理想境界。从本质上说，它们除受制于地域、民族、气候、制度及历史等因素外，更是"天人合一"这个贯穿整个中国政治文化发展始终的哲学观念的体现。其中，作为世界上现存的最大皇家宫殿建筑群，紫禁城以其独特的形制格局、思想意蕴为世人所瞩目。

"天人合一"理念直接影响到皇宫建设。由于皇帝贵为上天之子，代表天的意志统治人间，因此，其居住地也是"天人合一"理念的物化表征。从紫禁城三大殿名称的变化就可以看出这种思想一直贯穿始终。明初名称是"奉天""华盖""谨身"。"华盖"源于古代上天中称作紫微垣的一个星座，略呈圆形，有柄，像仪仗中的伞盖，其含义自然也是护卫皇权的象征。所以，明初华盖殿为圆顶，也正说明其意义所在。"谨身"出自《孝经》："用人之道，分地之利，谨身节用，以养父母，此庶人之孝也。"这是警诫自己，教育后代，以保持统治地位。明嘉靖年间改为"皇极""中极""建极"三殿。《尚书》说"皇建其有极"，意思是君主为了治国安民就要建立至高无上的伦理道德标准。皇极殿就是施行这种最高标准的殿堂。清代又改称"太和""中和""保和"，核心思想都不离君权神授、奉天承运。

紫禁城四周，南有天坛，北有地坛，东有日坛，西有月坛。这种布局形式象征王朝千秋万代，具有得天独厚的正统地位。"紫禁城"俨然是"天之心，地之中"了。太和殿中的"太和"二字，更寄寓了对君主制下所形成的一切秩序的自诩，象征着天朝秩序的最高境界——和谐。城内的金水河是"表天河银汉之义"，东西六宫的东西五所正合天干地支之数，用以象征天上的星辰。

当古代人从天体的运行中发现了北极星的神秘莫测，便把它看成超自然的神力所在，拥戴它做至高无上的宇宙主宰，并从建筑格局上开始进行模仿。京师是全国拱卫的中心，紫禁城位置正对紫微垣，是京师的中心，建筑与环境得到融合与渗透，而太和殿又是紫禁城的中心。在太和殿登极理政的皇帝，乃是中心之中心。

紫禁城与天上的紫微垣相对应，以太和殿位居紫禁城、皇城，乃至全城的中心，形成层层拱卫的态势，再在其正南面画出一条正对皇帝宝座的长长的中轴线，从而有力地突出了宫城的核心地位，更有效地满足各种仪式活动的要求。太微垣南有三颗星被视为三座门，即端门、左掖门、右掖门。与此相应，紫禁城前建有端门，午门东、西两侧设左、右掖门。主次就位，两翼对称，承袭"天子"为普天之下唯一统帅的大一统思想，而在城市空间的布局上又得到最完美、最辉煌的体现。

三、等级秩序、人伦规范

传统礼制是一套体系，包含尊卑意识、名分观念和等级制度，不仅贯穿于人际的社会权力、家族地位，而且渗透到了社会生活、家庭生活、衣食住行的各个领域。在传统伦理观念之中，人类的一切行为都不能违背天地大法，都必须遵循天道运行的规律，建筑的结构和形象也必然会与政治、人伦规范等联系起来，即要求从建筑的形态到其总体布局，都要体现出尊卑贵贱、等级有序的社会秩序，也因此才会有历史时期建筑等级制度条款的层出不穷。在建筑上，等级制往往通过建筑类型，房屋的宽度、深度，屋顶形式，装饰的不同表现出来，建筑成了传统礼制的一种象征与标志。从建筑类型看，坛、庙、宗祠、陵墓等礼制性建筑的地位大大高于实用性建筑。

北京中轴线建筑群一直强调等级秩序、人伦规范，这种思想贯穿始终。不同的服务对象对应不同建筑的大小、方位和装饰，建筑群体成为政治秩序和伦理规范意识的载体。群体意识的伦理观念，尤其是辨尊卑、辨贵贱的社会功能被注重、被强调。为了突出皇家君权的地位和建筑等级观念，历代都有相应的规制法典对城制、组群、间架、装修等级做出严格的规定。除了以中轴对称的建筑布局体现中为至尊的理念外，还从建筑规模和体量、空间大小、色彩变化等方面来凸显和强化。这种严格的等级制度，使人们清楚地明白自己的社会地位，安分守己而达成统治者所需要的社会稳定与和谐，同时潜意识上束缚了人们的个性和创造性,因而在某种程度上造成了中国古建筑形制演变缓慢,且发展和创新也受到了约束和限制。

中轴线整体建筑群布局和谐,形式庄严,气势雄伟,豪华壮丽,标志着中国悠久的文化传统,显示着数百年前匠师们在建筑上的卓越成就。而更重要的,它是一部中国封建社会、封建制度尤其是中国封建等级制度在建筑中体现的"活字典"。这个庞大的建筑群强调和追求的不是向空中的发展,而是在地面上的延伸,体现了中国人的空间意识,同时群体的序列有助于显示统治王朝的威严,从伦理上说体现了儒家等级观念,是封建社会体制在建筑领域的典型体现。

建筑等级制度的条款,最初只是对祭祀和象征特权的限定,后来逐渐扩展至更广泛的范围。在都城中,供帝王享用的体量最高大、色彩最明亮、装饰最豪华、最富于象征意义的宫殿,坐落在城市的中轴或者中心,围绕着它的则是等级略逊的衙署官员们的府第,再往外才是低矮的、色彩灰暗的平民住宅。这种平面格局所呈现出的群星拱卫北极之势,鲜明地显示出居住在紫禁城里的帝王的绝对权威。

为了进一步烘托宫殿的重要,都城的规划布局也十分重视"礼"制,讲究秩序,其最核心的一点就是要将它设置于都城中心。整座北京城的布局强烈显示了中国古代以皇权为中心的政治伦理意识:皇宫位居轴线中段,太庙、社稷坛分列宫前左右,显示族权和神权对皇权的拱卫;城外四面分设天、地、日、月四坛,与高大的城墙城楼一起,呼应皇宫;周围大片低矮的民居则是陪衬。

紫禁城坐北朝南,朝向本身就体现着皇权至上的封建统治思想,象征着"天地合一""中为至尊"。紫禁城外是皇城,皇城外是北京城,城外有城,城城包围。皇帝宝座——龙椅安置在紫禁城东西南北中轴中心点上,象征着皇帝坐镇中央,威慑天下。紫禁城总体上可分两部分,前朝和内廷。前朝建筑高大森严,显示着皇权的至高无上;内廷建筑自成体系。前朝内廷,分工明确,不得逾越,体现中国自古以来的等级分明、内外有别的伦理观念。中国封建社会宗法观念的等级制度,在故宫前朝内廷的比例、规模、藻饰、色彩等多方面得到体现。

　　皇帝居天地之中，能与天地相亲相和，故皇帝理朝的三大殿和起居的三大宫均建在中轴线上，表示愿意以中和治理国家，求得其统治长治久安。中轴线上的主要建筑天安门、端门、午门城楼及前三大宫殿都是面阔九间、进深五间，表达了天子为"九五之尊"的含义。而紫禁城中的其他建筑高低起伏、左右呼应、对称平衡，有机地和谐成一组建筑群，凭借中轴线的建筑手法，强化渲染封建帝王至高无上的地位。

　　作为皇宫的紫禁城是皇权的象征，是封建王朝的中枢所在地，有着至高无上的地位。它庄严、肃穆，充满神秘感，整个设计思想更是突出体现了封建帝王至高无上的权力和森严的封建等级制度。

　　紫禁城的设计理念首先是体现帝王权力，其用于体现封建宗法礼制和象征帝王权威的精神教化作用要比实际使用功能更为重要。它所承载的皇权肃穆威严，使宫殿艺术成为一系列等级思想的载体，充分表明紫禁城的独特性和唯一性。这组巍然矗立于中华大地北方、被深红色的宫墙和金黄色的琉璃瓦包裹的富丽堂皇的巨型建筑群，以它高贵的气质和独特的建筑语言述说着封建帝王至高无上的权威和封建等级制度的冷峻森严。

　　就紫禁城建筑群的组成而言，除了院落和轴线组合外，还必须对单体建筑的等级和名分加以界定，才能形成各得其所、相辅相成的局面。从宫殿的平面布置上看也有严格的主次、内外等级，它的外朝和内寝是完全分隔的。单体建筑的屋顶结构是中国木结构建筑的特色，大屋顶的种类自汉代起基本全部具备。屋顶的形态类型、形制规定等更加程式化，更是具有更加严密的等级制度和等级品位。其中，最重要的九种形制按照等级由高到低依次为重檐庑殿顶、重檐歇山顶、单檐庑殿顶、单檐夹山式歇山顶、单檐卷棚式歇山顶、夹山式悬山顶、卷棚式悬山顶、尖山式硬山顶、卷棚式硬山顶。屋顶制度等级森严，使用者不敢越雷池一步，"上欲尊而宇欲卑，上尊而宇卑，则吐水，疾而溜远"。

第三章

老城：街巷肌理

北京老城特指明清北京护城河及遗址以内（今二环路以内）的城市建成区，面积约62.5平方公里。自元代始，北京老城在绝大部分时里都是中国大一统王朝的政治中心所在地，历经近千年的历史演进，迄今仍保留较为完整的传统规制与街巷格局。区域内汇集的众多历史文化遗产，不仅是中国古代都城建设的伟大杰作，而且在整个人类文明发展史上也是一种非常重要的文化类型。下面选取几处最具代表性的区域展示老城的历史韵味。

第一节　朝阜大街

朝阜大街是北京老城内一条极具城市传统文化特色、横贯东西的景观走廊。与单体的历史遗迹不同，朝阜大街是一个集中了街巷、皇宫、园林、寺庙、名人故居等众多文化形态的综合体。这些著名的文物景观构成了一个整体，不仅具有鲜明的文化主题，更是城市品格与名城风貌的立体展示。可以说，这片区域几乎是北京古都风貌最后的保留之地、核心之地。

一、胡同坊巷

"朝阜大街"只是一个相对简洁的俗称，并不是一条自朝阳门到阜成门贯通无碍的街道。在元、明、清三朝，它的中间矗立着作为国家政治中枢的宫廷区。直到1931年将景山与故宫之间的北上门拆除，开辟出景山前街等道路之后，朝阜大街两端才得以辗转相通。

元至元四年（1267年），开始在大都旧城（亦即金中都城）东北郊修建大都新城。以中轴线为基准，元大都东西两侧的肃清门与光熙门、和义门与崇仁门、平则门与齐化门，北侧的健德门与安贞门，南侧以丽正门为中心，两侧的顺承门与文明门，在上述三方面都是彼此对称。

在朝阜大街之内，齐化门位于都城的东南，在"后天八卦"里对应着巽、风、春末夏初。"齐化"包含着使万物一齐接受大自然的化育，或者在自然力的化育之下整齐完美之意。与齐化门对称的平则门位于都城的西南，在"后天八卦"里理应与坤、地、夏末秋初相对。"平则"，有倡导人们以谦恭平易的态度遵循自然规律、恪守社会法则之意，与"齐化"在语义上相互对称。

元大都是按照刘秉忠制订的城市规划建设起来的都城，纵横交织、整齐有序的街巷布局，以东西向和南北向为主，由此构成了方格状的网络系统。《析津志》记录了大都南北城的几条街巷，但没有称"××衚衕"的。"长街：千步廊街、丁字街、十字街、钟楼街、半边街、棋盘街。五门街、三叉街，此二街在南城。""米市、面市，钟楼前十字街西南角……段子市在钟楼街西南……菜市，丽正门三桥、哈达门丁字街……穷汉市……一在顺城门城南街边……珠子市，钟楼前街西第一巷。……文籍市，在省前东街……车市，齐化门十字街东……"①"车市，齐化门十字街东"一语，记录的"齐化门十字街"，就处在朝阜大街之内。这个名称指代齐化门内呈十字相交的两条街道：横向的是《北京历史地图集》所示的"齐化门街"，相当于今朝阳门内大街；纵向的是一条靠近齐化门的南北干道，大致应在今东四北大街和东四南大街的位置。与齐化门街相对应，《北京历史地图集》画出了"平则门街"，相当于今阜成门内大街。李好古提到的"砖塔儿衚衕"，元代属平则门街南侧的"咸宜坊"，今名"砖塔胡同"。除此之外，朝阜大街内的元代街巷就难循踪迹了。

到了明代，地方志以及嘉靖年间张爵《京师五城坊巷衚衕集》的出现，提供了关于北京坊巷胡同的具体细节。在朝阜大街之内，"坊"的设置在继承元代的基础上有所改易，以"胡同"为主要通名的街巷空前丰富起来。明代的这个变化为清代北京街区的发展奠定了直接基础，由此产生的历史影响也一直延续到今天。

徐达占领元大都不久即改为北平府并把北城墙向南缩进5里，永乐年间营建北京又把南城墙前移2里，直至嘉靖年间修建外城，北京的城市轮廓在南北两端发生了显著变化。但是，这些对"朝阜大街"并没有直接影响。老城区的东西城墙延续了元代的旧观，只有两座城门被更改了名称；作为城市中心的宫城，地理位置变化不大，"朝阜大街"仍然处在它的左右两端。坊的增减和更名以及街巷胡同的密集，才是明代发展变化的主要方面。

明英宗正统二年（1437年），将元代遗留下来的7个城门名字一律更改。"齐化门"改为"朝阳门"，以其面向太阳升起的东方而得

---

① 于敏中等编纂：《日下旧闻考》卷三八《京城总纪》引《析津志》。

名；"平则门"改称"阜成门"，寓意使国家年丰物阜、人民安定，其语出自《尚书·周官》："六卿分职，各率其属，以倡九牧，阜成兆民。"当代"朝阜大街"的语源，就滥觞于此。

朝阜大街之内，明北京皇城以东各坊与元大都时期相比，仁寿坊、明照坊基本未变；保大坊是由此前的保大、蓬莱二坊合成；思诚坊相当于元代思诚、皇华二坊的北部，寅宾坊南部以及整个穆清坊；黄华坊由元代皇华、思诚二坊的南部合成，"黄华"是"皇华"的同音异写；寅宾坊北部在明代变为南居贤坊的南段。这个区域内的坊数由元代的八个变为明代的五个，蓬莱、寅宾、穆清三坊消失，其余各坊的范围也有所调整。在"朝阜大街"之内，明北京皇城以西各坊与元大都时期相比，安富、咸宜、金城三坊的名称、位置、范围与元代相同；积庆坊是元代集庆坊的同音更名；鸣玉坊由元代的鸣玉、太平二坊合并而成；河漕西坊基本相当于元代的福田坊，以处在纵贯西城的河漕以西而得名；朝天宫西坊相当于元代的西成、由义二坊，以位于朝天宫以西而得名。鸣玉、河漕西、朝天宫西三坊，只有南半部处在"朝阜大街"之内。

完成于嘉靖三十九年（1560年）的张爵《京师五城坊巷衚衕集》，反映了明代中期北京街巷胡同的基本情形，其中有不少流传到当代。依据《京师五城坊巷衚衕集》记载的各坊条数，参照《北京历史地图集》"明北京城"幅画出的范围，全部处在"带"内的有明照坊（21条街巷或地片）与思诚坊（28），二者合计49条（片）；大约1/2面积在"带"内的有：黄华（30）、保大（25）、鸣玉（30）、安富（15）、咸宜（33）、金城（53）诸坊，合计186条（片），取其1/2则为93条（片）；大约1/3面积在"带"内的有：仁寿（16）、积庆（20）、河漕西（27）、朝天宫西（37）诸坊，合计100条（片），取其1/3则为33条（片）。上述三种情形共计得174条（片）。如果再加上皇城与朝阳门外、阜成门外的部分，整个朝阜大街范围内，当有大约200条街巷或地片，这样的密度在古代城市中已是相当可观。元大都时代勾勒了城市街巷布局的基本轮廓，明北京的显著发展强化了城市街巷分布的主要特征，这就为清代与民国时期城市街巷的进一步加密以及某些旧有街巷的析出、合并及其名称的沿用、派生、更改准备了前提条件。不论从街巷分布格局还是街巷区片的名称上看，元、明、清以及民国时期的历史影响一直延续到当代。

清朝定都北京后，实行旗民分城居住的政策。八旗官兵环绕皇城分为里外两层，外层为八旗前锋参领、侍卫前锋校、前锋等，内层为八旗满洲五参领、蒙古二参领下护军参领、护军校、护军等。

内层的分界十分明确。镶黄、正黄旗以地安门为界，正白、镶白旗以东安门为界，正红、镶红旗以西安门为界，正蓝、镶蓝旗以天安门为界。外层同样划定界线：镶黄旗自地安门东至草厂胡同之西；正白旗自草厂胡同南至东厂胡同之西；镶白旗自东厂胡同循皇城而南至口袋胡同之西；正蓝旗自口袋胡同南而西至长安门金水桥；正黄旗自地安门西至皇城西北角；正红旗自皇城西北角循皇城而南至西安门南；镶红旗自西安门南循皇城而南至灰厂东（今北京府右街北段）；镶蓝旗自灰厂东而东至长安门金水桥。

至雍正三年（1725年），重新议定八旗界址，在每一旗驻防区内，最靠近城市中心的为满洲八旗，蒙古八旗次之，最外层为汉军八旗。由此确定：镶黄旗驻地西至地安门大街、旧鼓楼大街一线，东至东城垣，北至北城垣，南至宽街、府学胡同、东直门大街；正白旗驻地自府学胡同南，南至报房胡同之东，西至皇城，东至东城垣；镶白旗驻地自报房胡同南，南至头条胡同，东至东城垣，西至皇城；正蓝旗驻地自头条胡同南至南城垣，东至东城垣，西至金水桥；正黄旗驻地自旧鼓楼大街西至新街口大街，再自四条胡同西至西城垣，南至马状元胡同，北至北城垣；正红旗驻地自西直门内大街南至阜成门内大街，东至皇城，西至西城垣；镶红旗驻地自羊肉胡同南，南至白庙胡同，东至皇城，西至西城垣；镶蓝旗驻地自白庙胡同南至南城垣，东至金水桥，西至西城垣。

清代北京内城街道格局沿袭明代，变化不大，只是内外城门附近建有许多兵营，并增建有许多王公贵族府邸。雍正、乾隆以后，王公贵族为上朝方便，多在西城建宅，富商大贾多居于接近商业区和通惠河码头的东城，逐渐形成"西贵东富"的格局。在这种情形下，清代坊有明显的弱化趋势。从唐朝幽州时代延续了千年的"坊"，基本失去了作为城市街区单位的功能。朱一新在《京师坊巷志稿》中列出十个坊名，分别是中西、中东、朝阳、崇南、东南、正东、关外、宣南、灵中、日南坊。其作用已经不如从前。

到清末时，政府推行新政，光绪三十二年（1906年）与巡警分厅的设置相适应，在北京内外城出现了近50个巡警分片负责单位——"区"，这更使得"坊"的作用急剧下降。后又经过数次的减省和调整，到民国时期，"区"终于成为真正的行政区域。1928年国都南迁后，北平市形成了内一区至内七区、外一区至外五区、郊一区至郊八区的行政区划格局。

笼统地看来，朝阳门内大街是正白旗与镶白旗的分界线，阜成门内大街是正红旗与镶红旗的分界线。今天的朝阜大街，对照清代八旗的分布区域，中间属于皇城的范围，东段由正白旗南半部、镶白旗北半部构成，西段由正红旗南半部、镶红旗北半部构成。清末设置巡警负责各区之后，东段属于中一区与内左二区、内左四区的一部分，西段属于中二区与内右二区、内右四区的一部分。

民国时期朝阜大街的街巷胡同在前代基础上有所增减，1949年以后这种变化仍在进行中，其中比较突出的重要事件是部分地名的雅化与小胡同的合并。

清末民初有些文化人士感到某些地名的含义过于粗俗，于是通过谐音转换地名用字的方式使之变得文雅起来，这就是今人所谓地名的雅化。由于要顺应乃至迁就原来的语音，经过谐音雅化后的这类地名难以掩盖从前的痕迹，有些语词也有明显的生凑嫌疑而不如原来明白晓畅，但从总体上看，这类改变仍然具有积极的社会意义，体现了健康向上的心理状态以及对美好精神境界的追求。

1965年的街巷整顿，主要集中在两个方面。首先，为了便于城市管理，若干小胡同并入相邻的大胡同；与此同时，原来只有一个名称的地片或村落，随着城市的扩展而变为多条街巷，如在朝阜大街西段的阜成门外，"北营房"变成了"北营房北街"等22条街巷，"扣钟庙"变为"扣钟胡同""扣钟南一巷"等12条街巷，"北露泽园"衍生为"北露园胡同"等11条街巷。其次，某些街巷的名称被完全更换或者取谐音改变了地名用字。对源于宗教类建筑如寺、庵、宫等为通名的地片或街巷名称，保留原来的专名，再把通名换成"胡同"或"街""巷"之类，重新组合成结构完整的街巷名称。涉及帝王将相的语词也被更改，在减轻乃至消除旧时代痕迹的同时，体现新时代政治色彩与社会风尚的语词进入地名之中。

朝阜大街内的胡同坊巷记录了北京古都文脉变迁的轨迹。例如在朝阜大街东段，张爵著录的此类名称，有明照坊法华寺、关王庙、保大坊迎禧观。仁寿坊隆福寺街、红庙街、黄华坊智化寺、思诚坊老君堂、延祐观、三官庙（延福宫）、水月寺等，除了隆福寺街、红庙街之外，多数在明代只是建筑名称，但为以后形成的街巷提供了命名基础。在朝阳门外，"朝日坛"今称"日坛"，是明清帝王祭祀太阳神之处，明嘉靖九年（1530年）始建，1958年之后派生了日坛路、日坛北路、日坛东路等街巷名称；东岳庙是著名的道教建筑，始建于元延祐六年（1319年），历明、清两代陆续修葺扩建，遂成华北第一道观，1957年被列为市级文物保护单位。

在朝阜大街西段，咸宜坊内的砖塔胡同，是见于元代文献、迄今所知最早的胡同，也应是元大都最早的胡同之一，以胡同东端南侧的万松老人塔得名。万松老人是蒙古初期名臣耶律楚材的师父。至元二十二年（1285年），朝廷颁布了旧城居民迁居大都新城的规定。即使从这一年算起，"砖塔胡同"这个名称迄今也已沿用了七百三十多年。显灵宫是建于明永乐年间的道观，1965年取近音改称"鲜明胡同"。"能仁寺"即始建于元延祐六年（1319年）、扩建于明洪熙元年（1425年）的"大能仁寺"，清代已有"能仁寺胡同"，1965年定名"能仁胡同"。鸣玉坊"帝王庙"，即今"历代帝王庙"。河漕西坊"白塔寺"，清代在附近形成了"小塔院"与"白塔寺夹道"等街巷名称，1965年分别改为"白塔巷"与"白塔寺东夹道"。朝天宫西坊"青塔寺"创建于元代延祐年间，清代称"青塔寺胡同"，民国时称"青塔寺"，今名"青塔胡同"。"朝天宫"是明代北京的著名建筑，"朝天宫西坊"即以此为名，天启年间毁于大火，清代开始在这一带形成"东岔""西岔""狮子府""玉皇阁""东廊下""中廊下""西廊下"等街巷，1965年依次定名为"宫门口东岔""宫门口西岔""狮子胡同""大玉胡同""东廊下胡同""中廊下胡同""西廊下胡同"。阜成门外的"夕月坛"今称"月坛"，是明清帝王祭祀月明神之所，始建于明嘉靖九年（1530年），1965年派生命名了"月坛北街""月坛西街"。

另外，这一区域内的牌楼与桥梁则标志着城市地域空间的布局。在《京师五城坊巷衚衕集》附图上可以看到，崇文门北，今有一座四柱三楼式木牌楼，这就是所谓单牌楼。由此向北，朝阳门内有与"单牌楼"形制相同的东、西、南、北四座木牌楼各占一方，共同构成了"四牌楼"这组建筑。以北京中轴线为基准，西城也有与此大致对称、形制完全相同的"单牌楼"和"西四牌楼"。张爵记载的两处单牌楼，在今长安街一线的东单、西单十字路口处；明照坊"四牌楼西南"、仁寿坊"四牌楼西北"、安富坊"西四牌楼东南"、积庆坊"四牌楼东北"等地片，处在朝阜大街之内。四牌楼约在今东四南大街与东四北大街交会的十字路口处，西四牌楼则在西四南大街与西四北大街交会的十字路口上。它们不仅作为标志性建筑指示着地理方位，而且成为附近地段的泛称。清代以东西两边的牌楼为参照，命名了"东单牌楼大街"与"东四牌楼大街"，"西单牌楼大街"与"西四牌楼大街"。随着口语称说和文字书写过程中的自然简化，又变成了"东单""东四""西单""西四"，原来据以命名的"牌楼"被省略，当代与此相关的道路或区片命名，更是只取其符号意义而已。

朝阜大街内在明代具有标志意义的桥梁，最重要的是马市桥。它是纵贯西城的沟渠"河漕"（或称"大明濠""西沟"，清代称"大沟沿""西沟沿")穿越阜成门街时的桥梁，以附近有马匹交易市场得名，充当了河漕西、鸣玉、金城、咸宜坊的分界点。民国时期"大沟沿"改为暗沟，即今"赵登禹路""太平桥大街""佟麟阁路"一线，"马市桥"就处在阜成门内大街把"赵登禹路"和"太平桥大街"分开的交点上。

朝阜一带的街巷名称也由此记录了北京历史上以经济活动为主的丰富社会生活。在朝阜大街东段，明照坊的"鞍子巷"可能是卖马鞍的地方；"鹁鸽市"是一处鸽子交易市场，清代变为"大鹁鸽市"与"小鹁鸽市"，1965年定名为"大鹁鸽胡同"和"小鹁鸽胡同"。保大坊的"镫市"是"灯市"的异写，清代形成"灯市口大街"，是京城正月放灯期间的闹市。"取镫胡同"以明代在此设置存储"取灯"（功能类似于火柴）的仓库得名，清代分解为"大取灯胡同"与"小取灯胡同"。在思诚坊，"驴市胡同"是牲畜交易市场，清宣统年间改为谐音的"礼士胡同"，略显粗鄙的"驴市"变成了文质彬彬的"礼士"，颇有些礼贤下士的意味；"炒米胡同"以卖炒米、炒面的小吃摊贩得名，清代改为"前炒面胡同"与"后炒面胡同"；"铸锅巷"有铸锅的工匠在此居住，清代取谐音改为"竹竿巷"，1965年简化为"竹竿胡同"；"牛房胡同"可能是养牛之地。

朝阜大街西段，安富坊"板厂胡同"源于锯放木板的工厂，民国时期谐音改为"颁赏胡同"。咸宜坊"西院勾栏胡同"一带，清代演变为"大阮儿胡同""小阮儿胡同"（民国时谐音为"大院胡同""小院胡同"）、"三道栅栏"（1965年称"三道栅栏胡同"）等街巷，前者与自明代以来保持稳定的"粉子胡同"一样，应是当年妓院留下的痕迹。鸣玉坊"驴肉胡同"源于制售驴肉的作坊，民国谐音改为"礼路胡同"；"箔子胡同"清代谐音作"报子胡同"或"雹子胡同"；"熟皮胡同"以熟皮作坊得名，清代称"臭皮胡同"，民国谐音为"受壁胡同"。这三条胡同1965年依次定名为"西四北头条""西四北三条""西四北四条"。河漕西坊"茶叶胡同"，清代析为"大茶叶胡同"与"小茶叶胡同"。金城坊"麻线胡同"或与制售麻线的居民有关，清代析为"大麻线胡同"与"小麻线胡同"。

朝阜大街上最具代表性的当数文津街，东西走向，东起北长街与景山前街相接，西至府右街与西安门大街相连，全长771米，是老北京的地脉所在。又如景山前街，东起北池子大街，西止北长街，与城市南北中轴线相交，因在景山公园前而得名。老舍先生曾把景山前街至文津街写进《骆驼祥子》第九章。景山前街至文津街的景致有御河、故宫的红墙、故宫玲珑的角楼、金碧的牌坊、丹朱的城门、景山上的亭阁、北海的团城与白皮松、琼岛上的白塔、金鳌玉蝀桥、中南海的湖面、国图古籍馆、绿树成荫的街道、古色古香的建筑，宫殿园林与湖光山色交映，堪称"最美丽的街"。

朝阜大街上有中国传统文化的宝藏，它就是坐落在文津街7号的国家图书馆古籍馆。其前身是清代京师图书馆，藏有珍贵古籍二十余万册，其中主要是唐人写经、宋元刻本、明初纂修的《永乐大典》和清代纂修的《四库全书》等。其中，《四库全书》是北京图书馆镇馆之宝，是七部《四库全书》中保存最为完整并且至今仍是原架、原函、原书一体存放保管的唯一一部。分装在6144个书函中、陈列摆放在128个书架上的经、史、子、集各部书籍，各配有绿、红、蓝、灰四色，一如当年的夹板、丝带、铜环，书册里的"文津阁宝"朱印、"纪昀复勘"黄笺、雪白的开化纸、端正的馆阁体楷书，使朝阜大街有了一种与生俱来的文化传统和人文精神。

朝阜大街上有着传统与现代的繁华商业区。朝阳门是连接京城与通州的节点，是京杭大运河北端重要码头，是漕粮等经由水路进京的必经通道，朝阳门附近地带广备粮仓，有许多有"仓"字的地名，如海运仓、百万仓、南新仓、北新仓、禄米仓、新太仓等，以满足京城庞大的粮食消费需求。阜成门是门头沟、斋堂等地燃煤运入城内的重要通道，以满足京城居民冬日采暖所需。如今，阜成门内大街路南已经成为新兴的金融街，高楼大厦鳞次栉比。东四、东单牌楼一带自元代起即为京城内重要的商业中心，至清代，生意最盛。东四牌楼在清代后期成为北京城内的金融中心，金铺、各类首饰店、缎靴店、帽店、估衣店、茶叶店、食品店以及饭馆、三槐堂、同立堂、宝书堂、天绘阁书肆等齐聚于此。隆福寺，在明末清初就已成为商业性的庙市，每年自正月起，每逢九、十开庙。开庙之日，百货云集，珠玉绞罗、衣服饮食、古玩字画、花鸟虫鱼以及寻常日用之物、星卜杂技之流，无所不有，游人熙攘不绝。西单、西四牌楼也是元代以来热闹商市的中心，店铺林立，商旅往来，热闹非凡。朝阜大街上还有驴市、马市、猪市、菜市、羊市、果子市等专门市场，以满足宫廷、皇室、勋贵、衙署、市民的日用消费。此外，灯市口大街一带，自明代以来已经形成了一条商业街，店铺林立，热闹非凡。每年正月初八至十六日灯市期间，店铺酒楼彩灯高悬，纱灯、纸灯、麦秸灯、走马灯、五色明角灯等等，种类繁多，贵重华美，气象富贵，热闹异常，更加带动了城市商业的发展，这种状况一直持续到清代中叶，灯市被转移到前门外廊房、琉璃厂一带。

二、展现北京文脉的宗教文化长廊

朝阜区域也是北京历史上宗教信仰文化的聚焦之地。

一是宗教文化种类齐全。朝阜文化带上的宗教文化，既有中国土生土长的道教文化，也有传入后中国化的佛教文化，还有伊斯兰教、基督教等外来宗教文化。具有浓郁佛教文化的宗教圣地，就有阜成门内大街路北的白塔寺、锦什坊街路西的普寿寺、阜成门内大街东口的广济寺、西四南大街路西砖塔胡同的万松老人塔、西安门大街的北京佛教居士林、北长街北口路西的万寿兴隆寺、北长街北口路东的福佑寺、北海公园内的永安寺白塔、景山东侧嵩祝院内的嵩祝寺和智珠寺、织染局胡同内的华严寺遗址、东四北大街之西的隆福寺、禄米仓胡同的智化寺等等，阜成门往西的延长线上，还有西四环定慧桥西南侧的定慧寺、八里庄引水渠畔的慈寿寺。道教文化方面，有恩济庄关帝庙、阜成门内的天师宫遗址、大玉胡同的玉皇阁、西安门大街路南的大光明殿遗址、北海大桥西南侧的时应宫遗址、北长街的昭显庙、三座门大街的大高玄殿、北池子大街的宣仁庙、育群胡同的北京天后宫、朝阳门内大街的大慈延福宫（俗称三官庙）、朝阳门外的东岳庙。基督教方面，有阜成门外的明清以来外国传教士墓地、西安门大街以北的西什库教堂、西四缸瓦市教堂、北京基督教会宽街堂、王府井大街救世军"中央堂"。属于伊斯兰教的有东四南大街的东四清真寺、朝内豆瓣胡同的南豆芽清真寺。凡此等等，既体现出丰富多彩的多元宗教文化，也显示了多种宗教文化在同一区域内的和谐发展。

二是历史悠久，具有代表性。始建于元初的白塔寺，是国内现存最早、规模最大的元代藏式佛塔。东岳庙始建于元代后期，是道教正一派在华北地区最大的宫观。明代天师宫为天师赴京觐见时的住处，成为明代正一教在北京的又一具有代表意义的宫观。利玛窦墓地建于明万历年间，明清以来成为北京外国传教士的墓地，在中西文化交流史上具有典型意义。建于清代中期的北京天后宫，是北京内城独一无二的天后宫，体现了北京官方文化与民间文化的互动。缸瓦市教堂是北京现存最早的基督教教堂，也是近代北京最早成功发起"教会自立运动"的教堂。1922年在王府井大街建成的"中央堂"，既是救世军在北京最重要的建筑，也是救世军在华的总部所在地，为推进中国近代慈善事业的发展起过重要作用。东四清真寺具有典型的明代建筑特点，又有阿拉伯建筑的装饰风格，是伊斯兰教本土化的代表。

三是文化底蕴深厚，影响大。大高玄殿是明清规格最高的皇家道观，具有独特的文化意义。白塔寺体现了藏传佛教的发展历程，更是中外文化交流的历史见证。明清以后，东岳庙成为北京"娘娘"信仰的祖庙，在民众中间产生了广泛而深远的影响。顺治初年，清廷曾聚集满汉子弟于"三官庙"教学，影响一时。万寿兴隆寺现在是中国佛教文化研究所所在地，在佛教文化的传承和发展上发挥了重要作用。大光明殿被毁的《道藏》经版、东四清真寺内的元代《古兰经》手抄本、嵩祝寺的藏经、智化寺的佛乐、西什库教堂的"北堂藏书"等等，也无一不是闻名于世的文化珍品。

佛教文化方面有白塔寺，位于阜成门内大街路北，正名"妙应寺"，因以寺中高十五丈、通体洁白的白塔知名远近，遂得"白塔寺"之俗称。白塔寺的历史，最早可以上溯到辽代。辽寿昌二年（1096年），为宝藏释迦佛舍利，特在地处辽南京北郊的此地创建永安寺。元至元八年（1271年），忽必烈发现石函、铜瓶，"愈加崇重"，下令在毁于战火的辽塔遗址上重建佛塔。主持其事者，为出仕元朝的著名尼泊尔工匠阿尼哥。经过精心设计和八年施工，到至元十六年（1279年）白塔建成，并迎请佛舍利入藏塔中。忽必烈随即又令以新修的佛塔为中心，兴建一座规模庞大的寺庙，作为营建元大都的重要工程。整个寺院范围的确定，据说是以塔顶射出弓箭的射程来确定的，面积达到16万平方米之巨。经过近十年的努力，到至元二十五年（1288年），新寺终于落成，名为"大圣寿万安寺"，因位于大都城西，又称作"西苑"。其建筑极尽辉煌，世传其用于装饰佛像和窗壁的黄金就达五百四十两、水银二百四十斤，而用于缮写金字藏经的黄金，更达到二千二百四十四两之巨。

自建成之日起，白塔寺便以皇家寺院的身份，举办皇家大法会，佛事庄严，规格极高，其殿陛等一如内廷之制。元代皇帝常来此焚香拜佛，后来又成为元廷百官学习礼仪和译印蒙文、维吾尔文佛经的地方。元成宗时，在白塔两侧建造神御殿（影堂），置元世祖帝后与元裕宗帝后影堂，岁时以供皇室及随从百官祭拜。由此，白塔寺更成为元室岁时瞻拜的重要佛寺。这种由皇帝亲自参与的盛大典礼，无疑会大大提升白塔寺的知名度，增加其香火。元贞元年（1295年），由皇帝主持的"国忌"佛事，饭僧达七万之众。延祐二年（1315年）春，又将原来所置万安规运提点所，升为大圣寿万安寺都总管府，秩正三品，以加强管理，并提升其政治地位。在此前后，堪称白塔寺发展的鼎盛时期。但好景不长，至正二十八年（1368年）六月白塔寺发生雷火，仅抢出东西二影堂神主和宝玩器物，其余殿堂均遭烧毁。唯白塔幸免于难，仍巍然屹立，成为元明之际北京城西醒目的地标之一。

入明后，白塔寺的地位下降。宣德八年（1433年），敕命对幸存的白塔进行维修。天顺元年（1457年）重建寺庙，次年改名"妙应寺"。但其范围仅为元代白塔寺遗址的中部狭长地带，面积也只有1万多平方米，不及元初的十分之一。成化元年（1465年），于塔座周围建造灯笼108座，以奉佛塔。清康熙二十七年（1688年）重修妙应寺后，有御制碑文两通，略谓"岁久渐颓，既命仍旧制修治"。乾隆十八年（1753年）再次重修，御制碑铭勒于七佛殿，谓"于烁兰若，朗耀大千"云。乾隆帝还亲自书写了《般若波罗蜜多心经》一卷及梵文尊胜咒，与所赐大藏经一部七百二十四函，共同收藏于寺内。又赐匾正殿曰"意林心镜"、塔下三宝殿曰"具六神通"，联曰"风散异香禅榻静，鸟窥清呗法筵开"，"皆皇上（乾隆帝）御书"。乾隆四十一年（1776年）再次修缮，赐御制满汉蒙古西番合璧大藏全咒一套，以及西番首《楞严经》一份、《维摩诘所说经》全部。

此后至民国年间，白塔寺又进行过多次维修，但其趋势则每况愈下。八国联军侵入北京时，曾冲入白塔寺，将法器、供器等席卷一空。1961年，妙应寺白塔被国务院公布为第一批全国重点文物保护单位，但"文化大革命"期间还是对白塔寺进行了又一轮的毁坏。当时寺内历经运动留下来的喇嘛都被遣散，大门和钟鼓楼被拆除改建为商场，寺内也被机关单位占用，大量文物或遭损毁，或遗失。直到1997年，北京市委、市政府提出"打开山门，亮出白塔"的口号，大力拆除商场，重修山门和寺内建筑。次年，白塔寺重新开放，以新的面貌迎接京城百姓和海内外游人。

万松老人塔，是北京作为文化古城的早期标志之一，也是北京城区现存唯一一座密檐式砖塔。始建于元代，乃金、元时期曹洞宗高僧万松行秀的墓塔。万松行秀（1166—1246），俗姓蔡，籍贯河内（今河南沁阳），自称万松野老，人称万松老人。

万松老人塔引人注目处，除了历史悠久、香火旺盛外，寺内也珍藏了许多历史上遗留下来的珍贵文物。山门外两侧的石碑是唐代的遗物，弥足珍贵。而石碑模仿龙、虎之形写着"龙""虎"两个大字，以龙虎把守大门在寺庙中极为罕见，具有奇特的文化意味。大文殊殿前的无字碑、有字碑相对而立，其中有字碑更是清康熙皇帝御笔，在北京颇难得一见。藏经楼内，有北魏铜铸的旃檀佛像，有北宋刊刻的雷峰塔藏经，有明代在菩提树叶上绘制的十八罗汉像。最珍贵的文物，还有千钵文殊铜像、铜殿铜塔、无量殿、华严经字塔，以及重达万斤的大铜钟。千钵文殊铜像铸于明代，全国少有。华严经字塔用蝇头小楷字组成，在长一丈八、宽六尺的黄绫和白绫上，写有《华严经》80卷计60万字，这是清康熙年间苏州许德心花费十二年心血完成的匠心之作，弥足珍贵。

万松老人塔具有丰富的文化内涵，已有近八百年的悠久历史，但依然巍峨壮观，国内罕见。在长期的风雨沧桑中，万松老人塔经历过好几次八九级大地震的洗礼，至今巍然屹立，充分反映了中国古代高超的建筑艺术。而周围白云塔影、水色山光的秀丽景色，以及形象生动的神话传说，使万松老人塔很快即成为重要的名胜古迹。明代顾乾《三十六景图》中称为"古塔穿云"，清黄申瑾《二十四景图》以"塔影团圆"名之。往来其间的文人骚客，更为后人增添了新的文化景致，流传有绪。明刘梦谦咏塔诗云："居然遗塔在，扰攘阅朝昏。草蔓萦萦合，松声谡谡存。传灯过佛祖，留字到儿孙。不读从容录，安知老宿尊。"清代满族第一才子、风流倜傥的纳兰性德在《渌水亭杂识》中，也记述了万松老人和耶律楚材的师生之谊。从某种程度上说，现为北京市文物保护单位的元代万松老人塔，已成为北京具有标志意义的历史与文化建筑。

智化寺，位于东城区禄米仓东口路北，始建于明正统九年（1444年），原是明代著名太监王振的家庙，由明英宗赐名"报恩智化寺"。王振为蔚州（今河北蔚县）人，永乐年间入宫，受明成祖眷爱，读书内廷，明仁宗委以心腹之任，宣宗时侍奉东宫。正统年间，王振出任司礼监太监，权势日重，英宗亦呼"先生"而不名。王振命人撤去太祖朱元璋在宫门所置"内官不得干预朝政"铁牌，并在京城为自己建造豪华宅第。智化寺即王振在宅东营建的家庙，由僧录司右觉义然胜出任开山住持。然不久发生"土木堡之变",王振被族诛。明英宗复辟后,天顺元年(1457年)复王振之职,刻沉香木"为振形,招魂以葬",又在智化寺之北为王振立"旌忠祠",塑像祭祀。智化寺得到英宗的宠眷及宫中诸阉的维护,香火再次盛于一时。明清智化寺屡有修葺,直到清乾隆七年(1742年),经山东道监察御史沈廷芳奏请,诏将王振塑像毁废,改供佛像,"以示惩创"。此后,智化寺逐渐破败。

智化寺仿唐宋"伽蓝七堂"规制而建,是北京保存最为完整的明代寺庙建筑。智化寺建筑庄重典雅,装饰彩绘素雅清新,黑琉璃瓦顶用料独特,具有鲜明的时代特色,1961年就被列为全国重点文物保护单位。智化寺藏殿内的转轮藏,是目前北京唯一的明代原木结构转轮藏。其高度超过4米,下设汉白玉须弥座,木质八边形的经柜上各有45个长方形抽屉,匣面浮雕佛像莲瓣肥硕,带有独特的明代造像风格。智化寺转轮藏建造年代早,雕刻精美,线条粗犷有力,但细节上又极尽奢华,匠心独运,与寺内特有的京音乐以及藻井,并称为智化寺的三大绝世艺术珍宝。

智化寺原有三个藻井,分别装在如来殿、智化殿、藏殿上。据说三个藻井都是用楠木做的,雕有游龙、盘龙,装饰着卷云、莲瓣等图案,很是壮观,工艺也极其精湛,展现了精美古朴的佛教艺术。但20世纪30年代,智化寺两个珍贵无比的藻井被迫于生计的智化寺住持卖给了美国人,从此流失海外,现藏美国纳尔逊博物馆和费城艺术博物馆。唯有藏殿上的藻井,仍孤零零地守在智化寺内,见证和述说着这一段近代文化史上的耻辱。

至于有"中国古音乐活化石"美誉的智化寺京音乐,更是不可多得的艺术瑰宝。智化寺京音乐源于王振建寺之初,他擅自将宫廷音乐谱稿带出,并组建乐队,用于寺院佛事。此后代代相传,清道光、咸丰年间又逐渐传播到北京周边地区,遂成为北方佛曲的代表,冠以"京音乐"之称。智化寺京音乐有明确纪年的工尺谱本,有独具特色的乐器、曲牌、词牌,有按代传承的艺僧。它既包含唐、宋以来佛教法乐的精髓，又吸收了元、明诸代民间俗乐的调式，成为一种雅俗共赏的艺术形式。智化寺京音乐传承至今，已有500多年的历史，一直保持着原始的风貌，被誉为中国古代音乐的"活化石"，与西安城隍庙鼓乐、开封大相国寺音乐、五台山青黄庙音乐及福建南音一起，成为中国现存最古老音乐的代表。1986年，为了弘扬祖国优秀文化遗产，"北京佛教音乐团"赴联邦德国、法国、瑞士等国演出，引起极大轰动。

此外，智化寺内保存过的乾隆《大藏经》经版，是世界上目前仅存的两部汉文大藏经经版之一。乾隆《大藏经》经版全部选用上好的梨木，雕工精细，刀法洗练，字体浑厚。全部经版雕刻费时近六年，共计78230块，重达400吨，具有独特的文物价值。经版最初存放于嵩祝寺，后移置柏林寺，1982年又移到智化寺保存。乾隆《大藏经》经版在世界佛教史上，具有重大的文化意义，为世人所关注。

在道教方面，有明清皇家御用道观——大高玄殿。大高玄殿是中国目前仅存的建于皇宫旁边的规模最大的皇家道观。位于紫禁城外西北方，东临景山西街，北隔陟山门街与清代御史衙门相对。四周红色围墙内，最北端为象征"天圆地方"的二层楼阁，楼前为九天应元雷坛，坛前是大高玄殿，再前为大高玄门。围墙南端为券洞式三孔门，围墙东北角有门一个，隔路与景山西门南的围墙相对。南端门外有牌楼三座，与景山寿皇殿前的牌楼相似，各为四柱三间，当中一座牌楼南向，面对护城河，左边一座牌楼东向，右边一座牌楼西向。中间牌楼两侧，各有习礼亭一座，形状与紫禁城角楼相似。在习礼亭四周筑有红色围墙，在围墙南北两边各有木栅栏门一个。这里是皇室、宫官婢女演练道教科仪（"科仪"指道教的法规制度与礼仪）的场所，也是明、清两代皇帝祈祷上天、求雨祈晴的地方。大高玄殿在清代与紫禁城内钦安殿、玄穹宝殿并为皇家三大道场。

大高玄殿的历史，应追溯到明代的"道士"皇帝朱厚熜亦即嘉靖帝时。受其父兴献王朱祐杬信奉道教的影响，朱厚熜幼年便开始对道教斋醮产生兴趣。以外藩身份入继大统后，嘉靖帝更痴迷于道教法术，为自己上了"太上大罗天仙紫极长生圣智灵统元证应玉虚总掌五雷大真人元都境万寿帝君"等道号。他曾征召龙虎山上清宫道士邵元节来京，命管朝天、显灵、灵济诸道观，又以祈求子嗣有功，加授礼部尚书。

嘉靖十八年（1539年），邵元节病逝，嘉靖帝又将恩宠转向邵元节推荐的道士陶仲文。陶仲文（1475—1560年），湖北黄冈人，初为县掾，好神仙方术，后寓邵元节府中，遂结为友，得荐。嘉靖帝封其为"神霄保国弘烈宣教振法通真忠孝秉一真人"，恩宠日甚。正是在陶仲文的鼓动和建议下，嘉靖二十一年（1542年）四月，大高玄殿在京城建成。工程由著名工匠郭文英主持。时人谓其工费以亿万计，其木料源自四川、湖广等地，成为明代道教与皇权紧密结合的代表性产物。

"迎和门外据雕鞍，王蝀桥头度石栏。琪树琼林春色静，瑶台银阙夜光寒。炉香缥缈高玄殿，宫烛荧煌太乙坛。白首岂期天上景，朱衣仍得雪中看。"①明人夏言的诗句，描绘的就是嘉靖帝与宠臣在大高玄殿日夜斋醮的情景。吕毖《明宫史》称："北上西门之西，大高玄殿也。其前门曰始青道境。"又载：殿东北"象一宫，所供象一帝君，范金为之，高尺许。乃世庙玄修之御容也"。②在西苑众多的道观中，大高玄殿供奉玉皇大帝和三清，地位最为尊贵，嘉靖帝也是"有祷必至"，使其备受荣宠。但嘉靖二十六年（1547年）大高玄殿即毁于火，直到万历二十八年（1600年）才重修。又由于嘉靖四十五年（1566年）朱厚熜驾崩后，人传其暴死或与服用丹药有关，因而嘉靖帝在位时修建的道观多被毁弃，大高玄殿在明代后期也鼎盛不再。

清代康熙年间因避讳改称"大高元殿"，后又更为"大高殿"。清朝对明代宫殿多予沿袭，所以大高玄殿依旧作为清帝求神场所。虽然对道教的尊崇已不及明朝，但仍为皇家专用道场，并保留朔望拈

---

① 《御选宋金元明诗》卷八十。
② 《续文献通考》卷七九。

香行礼的惯例。据统计，乾隆元年（1736年）到乾隆五十年（1785年）间，乾隆帝每年正月、十一月均前往行礼，总计共达近百次之多。尤其是亢旱时节，皇帝多在此举行祭天祈雨的仪式。大高殿也不断得到维护与修缮，尤以雍正八年（1730年）、乾隆十一年（1746年）、嘉庆二十三年（1818年）三次重修规模为大。乾隆八年（1743年）五月，乾隆帝在大高殿最南端添建牌楼一座，御笔题名为"乾元资始"和"大德曰生"；又拆除乾元阁之前的左右共四座配殿，以及位于雷坛殿和大高殿两山的耳房。乾隆十七年（1752年）三月，除修缮各殿外，取消第三道山门，将其改为一座歇山顶的大高玄门，同时，拆除乾元阁左右两座耳殿。乾隆三十三年（1768年）七月，以"大高殿南面墙高，东西北三面墙甚矮，观瞻未协，应照南面墙身长高，使与南墙一式，以肃观瞻"，最后一次进行了较大规模的改建。

进入晚清，关于大高殿的工程多是修修补补，在布局方面并无较大变动。庚子年间，八国联军侵占北京，法国军队进驻大高殿，在此扎营超过10个月，大高殿建筑群及陈设文物遭到破坏和劫掠，其内神像陈设等全部被洗劫一空。光绪二十七年（1901年），吏部尚书张百熙等受命与京城道路工程一并修复，但由于经费拮据，工期仓促，光绪二十九年（1903年）初草草完工的大高殿很快险情频生。此后因时势变迁，大高殿未再有大规模修缮。

辛亥革命后，大高殿依照《优待清室条件》仍由居住在紫禁城内廷的逊清皇室管理使用，由小朝廷的"内务府"派人进行管理。溥仪继续按照旧制，派贝子等官员到大高殿拈香行礼。稍后，在大高殿南向的牌楼与护城河之间开辟了简易马路，来往人流及车辆增多。但因为牌楼年久失修，柱木伤折，而向南倾斜，危及来往行人与车辆的安全，经北洋政府内务部与清室"内务府"多次交涉，于1920年5月将该座牌楼拆除。大高殿的南门外，遂只剩下东西向的两座牌楼。

1924年溥仪及其眷属被逐出紫禁城后，大高殿同太庙、景山一起由清室善后委员会接管，1925年后又交由故宫博物院管理使用。

1926年初，故宫博物院将大高殿辟为临时库房，把接收北洋政府国务院保存的清代军机处档案和有关清代掌故书籍等存放该处保管。1929年，因沿筒子河的道路仅有4米宽，不便车马行人，将大高殿门前两侧界墙及木栅拆除，辟新路通过东西牌坊，两亭则被隔至路南，并在亭外加矮墙围护，又将景山南端两侧界墙拆通，将原景山正门"北上门"划为故宫博物院之外门，原景山之二门"景山门"改为景山之正门，形成早期的景山前街。

20世纪30年代初修筑景山门前马路时，大高殿南门与习礼亭也被路面隔开，但大高殿前东西向的两座牌楼尚未拆除。在此以后的一段时间内，故宫博物院还先后完成了大高殿瓦顶拔草、查补渗漏，大高殿门油饰、大高殿围墙及习礼亭的维修等项工程。

1937年七七事变后，北平沦陷，大高殿被日本侵略军队强行占用。1945年抗日战争胜利，大高殿又被国民党军队接管使用。1949年北京和平解放，大高殿由故宫博物院收回管理。

东岳庙为道教文化圣地，位于朝阳门外神路街，是道教正一派在华北地区最大的宫观。东岳庙由玄教大宗师张留孙始倡于元延祐六年（1319年），后经其徒吴全节建成。至治三年（1323年）主殿与东、西庑殿竣工，元仁宗赐名"东岳仁圣宫"，俗称"东岳庙"。天历元年（1328年），鲁国大长公主祥哥剌吉又发愿捐建后殿神寝，后经元文宗赐名"昭德殿"。由于张留孙、吴全节等道士受到元历代帝王的尊崇，所创玄教在大都盛极一时，因而东岳庙得到元代宫廷与达官贵人的积极参与和大力资助，影响迅速上升。史料有载："每岁自二月起，烧香者不绝。至三月烧香酬福者，日盛一日。比及廿日以后，道途男人□□赛愿者填塞。廿八日，齐化门内外居民，咸以水流道，以迎御香。香自东华门降，遣官函香迎入庙庭，道众乡老甚盛。是日，沿道有诸色妇人，服男子衣，酬步拜，多是年少艳妇。前有二妇人以手帕相牵阑道，以手捧窑炉，或捧茶、酒、渴水之类，男子占煞。都城北，数日，诸般小买卖、花朵小儿戏剧之物，比次填道。妇人女子牵挽孩童，以为赛愿之荣。道傍盲瞽老弱列坐，诸般楫（揖）丐不一。

沿街又有摊地凳盘卖香纸者，不以数计。显官与怯薛官人，行香甚众，车马填街，最为盛都。"①元代刚建成不久的东岳庙道教文化，可堪比早建600多年的著名道观白云观。

入明后，明廷委任清微派道士为东岳庙住持。东岳庙仍作为正一教在京师的代表宫观，得到朝廷的认可与支持，屡有增修装饰，并"设有国醮"。尤其是正统年间的大修，"益拓其宇。两庑设地狱七十二司，塑各种鬼物，须眉活现"。②东岳庙在北京民众中的影响也不断扩大，最终形成了以行业善会为主的"掸尘会"。《宛署杂记》记称："民间每年各随其地预集近邻为香会，月敛钱若干，掌之会头。至是盛设鼓乐幡幢，头戴方寸纸，名甲马，群迎以往，妇女会亦如之。是日行者塞路，呼佛声振地，甚有一步一拜者，曰拜香庙。"③由香会操办的东岳大帝"出巡"尤为热闹，所经之处，观者如堵。《帝京景物略》记东岳庙"三月廿八日帝诞辰，都人陈鼓乐旌帜、楼阁亭彩，导仁圣帝游。帝之游所经，妇女满楼，士商满坊肆，行者满路，骈观之。帝游聿归，导者取醉松林，晚乃归"，又称北京"倾城趋齐化门，鼓乐旗幢为祝，观者夹路"。④

清代以后，东岳庙"掸尘会"更达到鼎盛时期。清初每逢东岳大帝诞辰，朝廷由太常寺派员致祭，乾隆年间又重修被焚的正殿，"益加壮丽"。民间结会也更为发达，"除朔、望外，每至三月，自十五日起，开庙半月。士女云集，至二十八日为尤胜，俗谓之掸尘会。其实乃东岳大帝诞辰也"。⑤民国前期，仍大体维持了清中后期以来的鼎盛，文献记称东岳庙"至今每月朔望，例有庙会。旧历三月十五日至

---

① 熊梦祥：《析津志辑佚》，北京古籍出版社，1983年，第54—55页。
② 汤用彬等编著：《旧都文物略》，坛庙略，东岳庙，北京古籍出版社，2000年，第54页。
③ 沈榜：《宛署杂记》卷十七，朝东岳，北京古籍出版社，1980年，第191页。
④ 刘侗、于奕正：《帝京景物略》卷二，北京古籍出版社，1982年，第64，67—68页。
⑤ 富察敦崇：《燕京岁时记》，东岳庙，第55页。

二十八日，有白纸献花放生掸尘各会，游人拥挤，香火甚盛"[1]。1939年，梨园界名流陈德霖、王瑶卿等人又在东岳庙内建造喜神殿，为东岳庙增添了新的文化景观，有诗为纪："庙侧梨园祀喜神，琵琶弦索日翻新。莫教演到东窗事，长跪祠门尚有人。"[2]

三、镌刻近代历史的图卷

在近代中国百年历程中，北京的政治与社会无不发生着急剧而深刻的变化。而近代中国的每一次转型与蜕变，都在朝阜这条古老的历史文化带上留下了印记。时代的因素使其进入近代，而其自身所固有的气息在时代的催生中，又化为新时代的一部分。朝阜大街上的建筑，自然而然地生成了带有近代意味的文化血脉。

清光绪二十四年四月二十三日（1898年6月11日），光绪帝下"明定国是"诏书，其中强调："京师大学堂为各行省之倡，尤应首先举办。着军机大臣、总理各国事务衙门王大臣，会同妥速议奏。所有翰林院编检、各部院司员、大门侍卫、候补候选道府州县以下各官、大员子弟、八旗世职、各武职后裔，其愿入学堂者，均准入学肄习，以期人才辈出，共济时艰。"[3] 7月4日，京师大学堂在孙家鼐的主持下正式成立。校址设在景山东街马神庙和嘉公主旧第（今沙滩后街59号），计有原房三百四十多间，新建房一百三十多间。同时在北河沿购置房舍一所，开办译学馆。戊戌变法失败后，京师大学堂陷入停顿状态。光绪二十六年（1900年），八国联军攻入北京，京师大学堂遭受破坏。光绪二十八年（1902年）底，京师大学堂恢复。吏部尚书张百熙任管学大臣，聘吴汝纶和辜鸿铭任正、副总教习，严复和林纾分任大学堂译书局总办和副总办。创办于洋务运动期间的京师同文馆也并入大学堂。光绪三十年（1904年）选派首批47名大学堂学生出国

---

① 马芷庠编，张恨水审订：《北平旅行指南》，经济新闻社，1935年，第271页。
② 黄钊：《帝京杂咏》，孙殿起辑，雷梦水编：《北京风俗杂咏续篇》，北京古籍出版社，1982年，第21页。
③ 舒新城编：《中国近代教育史资料》（上册），人民教育出版社，1962年，第43页。

留学。进入民国以后，京师大学堂改为国立北京大学。直到1918年红楼落成之前，景山一带的建筑是北京大学的主体。如今，在景山东门对面公主府的正殿，就是京师大学堂——国立北京大学的大讲堂。东侧为数学系楼，建于民国时期，是仅存的保留老北大原有教学楼风貌的建筑。在周围建筑不断拆建的情况下，保护形势不容乐观。最早的学生宿舍西斋，其平房建筑保存基本完整，目前是某单位宿舍，并未得到有效保护。

循历史足迹可知，有关北京大学早期的著名事件，不少都发生在这里。诸多大型讲座和课程也是在这里举行。当时国内外知名学者蔡元培、李大钊、胡适、鲁迅、钱玄同、刘半农、梁漱溟等，均曾在此讲演和上课。西侧耳房，是名人和教授讲课间隙休息的地方。人们所熟知的1915年兴起的新文化运动初期的活动，也主要是在这里进行的。后期的部分活动，则是在沙滩红楼进行。

沙滩红楼始建于1916年，1918年落成，因该楼墙体的主要部分均用红砖砌成，故俗称"红楼"。楼呈"工"字形，包括地下室共5层。东西面宽100米，主楼进深14米，总面积1万平方米。当时红楼的布局是：地下室为印刷厂；一层为图书馆；二层是教室、行政办公室和大教室；三、四层均为教室，设有教授休息室和学生饮水室。1919年五四运动爆发，北大师生勇为先锋，集合后前往天安门游行示威。从此，北京大学播下了革命的种子。李大钊等人于五四运动后在这里建立了中国共产党早期北京组织。中共北方局和中国社会主义青年团的领导机关曾设立在此。1937年，北京沦陷之后，日本宪兵进入北大，维持会宣布"保管"北大，从此北大落入日伪之手达8年之久。1945年，日本投降后，红楼重新成了北大教舍。1952年，院校调整后，北大由城区迁至海淀原燕京大学旧址并与之合并为北京大学，红楼由国家文物局使用。1961年，北大红楼被确定为全国第一批重点文物保护单位，开辟为新文化运动纪念馆，供来自各地的人们参观瞻仰。

王府井大街北段与近代历史的关系，以东厂胡同为中心呈现。明永乐十八年（1420年），在此处设东厂署，简称东厂，与锦衣卫相表里，成为一个特设的特务机构。入清以后，东厂被废除，但东厂胡同的名称虽几经变更，最后还是沿袭下来。

清顺治二年（1645年），开明史馆，其地址就设在东厂胡同。道光、咸丰年间，大学士瑞麟在东厂胡同大兴土木，把胡同的西部改建成富丽堂皇的宅邸，又在东部的空地上广植松柏和花草，并用几块造型各异的太湖石点缀其间，成为一座竹木苍翠、苔藓夹径的精巧园林。至此，东厂胡同成为瑞麟的宅院，名之曰"漪园"。

庚子时期，八国联军侵入北京，"漪园"先后被俄、德侵略军占据。一年后，八国联军退出北京，"漪园"重新回到瑞麟后人之手，主人因其劫后余生，将"漪园"更名"余园"。不久之后，"余园"转入直隶总督荣禄之手，成其府邸，荣禄在此处度过其人生的最后岁月。其间，荣禄特意装上电灯，使之成为京城极少数有电灯的私人宅院。

民国肇建后，东厂胡同的这座宅院为荣禄后人所有，但不久落入黎元洪之手，成为其私人府邸。1925年10月，日本人利用庚子赔款在北京成立"东方文化事业总委员会"，下设东方文化图书馆和北京（平）人文科学研究所，隶属于外务省"对支文化事业部"。1926年，日本人从黎元洪后人手里购下这座宅院，开始整理和研究中国文化的工作。1937年，日本全面占领北平后，东厂胡同改名为东昌胡同，"东方文化事业总委员会"则继续其续修《四库全书》的工作，并着手收集书籍，组织撰写了提要，形成了《续修四库全书总目提要》的稿子，今已出版。

1945年，抗战取得胜利，东昌胡同又恢复了原来的旧名。日本撤出中国后，"东方文化事业总委员会"也随之离开东厂胡同。8月，国民党政府委派沈兼士接收北平市各文化部门，其中包括"东方文化事业总委员会"。东厂胡同分为一号院和二号院，一号院交予中央研究院历史语言研究所。所长傅斯年又把一号院的东院作为历史语言研究所的北平分所，自己住在院子里"兴安门"内四合院的北房，而把西院借给北大，作为校长胡适的寓所。从传承的角度来讲，胡适所居住的这处四合院，就是黎元洪的故宅。

自胡适入住东厂胡同后，直到1948年12月乘飞机逃离北京，在两年多的时间里，他撰写了多篇关于《水经注》的考证文章，主要内容是为戴震辩诬，论证戴对《水经注》的校订工作并非剽窃。他还经常给北大等学校的历史系学生讲有关《水经注》考证的问题，对此倾注了大量心血。

在胡适居住时，前面一进作为客厅等，后面两进院房除他和结发夫人江女士的卧室外，其余全做藏书用。后来，随着北平的形势吃紧，胡适决定飞赴南京。走之前，他曾托陶希圣将其父亲的遗稿和《水经注》的考证文稿交傅斯年保管①。但他依然在离去前将大量著作和书信全部留在东厂胡同一号院。后来有学者将其汇编为《胡适遗稿及秘藏书信》42巨册，有功于学术界。新中国成立后，这里还曾居住过汤用彤、邓广铭等人，更增加了其浓厚的文化氛围。

与东厂胡同紧邻的翠花胡同，民国时作为北大文科研究所的研究生宿舍，居住着当时全国为数不多的北大文科研究生，但同时也是共产党的一个地下支部。青年学生理想远大，不满现实，共产主义思想成为当时一些青年学子的选择之一。

东厂胡同西边报房胡同是印制京报的地点。早在清初，正阳门外就出现了一家名叫荣禄堂的民间报房。"清初有南纸铺名荣禄堂者，因与内府有关系，得印《京报》发售。时有山东登属之人……在正阳门外设立报房，发行《京报》。"②当时有山东人携带报纸辗转西北各省，销路相当不错。乾隆中叶，政府放宽了私人办报的权限，民间报房出现了兴盛的迹象，有人私设报房，专门以编发报纸为生。清末，正阳门外大街西侧的一些小胡同，尤其是铁鸟胡同一带，是民间报房的集中地，也是新闻的集散地。

---

① 耿云志：《胡适年谱》，四川人民出版社，1989年，第374页。
② 戈公振：《中国报学史》，生活·读书·新知三联书店，1955年，第13页。

如今的报房胡同，很有可能就是因为清代初年在这里印制《京报》而得名。如今在北京这样的胡同已不多见，将其保留，并做出历史的解释，无疑有助于我们知晓近代北京城新闻事业的发展过程。

　　鲁迅故居位于阜成门内西三条21号。1923年8月2日，鲁迅带妻子朱安离开八道湾居所，在朋友的帮助下，租住砖塔胡同。1923年秋到次年春天，鲁迅为了安慰母亲，四处奔走，向朋友借贷资金，在当时的宫门口西三条胡同购买了一个平民小院，经他亲自进行设计，组织改造，建成了一个带有"老虎尾巴"和后院的小四合院。1924年5月25日，经过装修之后，鲁迅移居到此处，两天后又把母亲从八道湾接来居住。自此到1926年8月29日离开北京南下，鲁迅一直居住在这里。1929年5月和1932年11月，鲁迅两次从上海回北京来这里看望母亲。

第二节　从东四到灯市口

东四在北京也是个响当当的名字。从地铁五号线东四站出来，往北是依然保留旧日格局的东四北大街，一次次拓宽和保留的拉锯，将这条古老街道存续到了今天。在路口以北，至今还能看到两座百年老店铺的对景，这毫无疑问地标示了旧日街衢的宽度。路口向东是朝阳门内大街，旧称齐化门内，为元朝命名。路口西望，可见景山的万春亭，常常出没在一片烟霭浩渺间，这里便是朝阜大街。路口向南，便是东四南大街一带，这里既有神秘的清真古寺，又有精美的王府，古旧的四合宅院，也不乏老北京慢悠悠的生活场景。

东四牌楼周边曾有4座牌楼，将路中心围合其中，南、北两个牌楼上，有"大市街"的匾额，东、西两个牌楼上，则分别写着"履仁""行义"。四牌楼明代即有，康熙三十八年（1699年）毁于大火后又重建，1954年被彻底拆除，东四牌楼也简化为了东四，这也可说是古典繁复时代向工业简化时代的一个转换典型。连着牌楼一起消失的，还有周围的老店铺，招牌林立、招幌翻飞的旧日场景，只在老照片和老人们的回忆中了。路口的西北角，当年有耸立在屋顶之上的精致小阁楼；东北角，则是有名的青海饭店；东南望去，可见五百年永安堂长长的竖招牌，如今都消失了。

路口西北侧，便是百年不衰的隆福寺街。隆福寺、隆福寺街、隆福寺庙会，这是老北京人念念不忘的热闹所在。建于明景泰年间的大隆福寺，从最南边的牌楼起，到最北部后楼止，共有九进，堪称京城最大的寺院，它的庙会，也号称"诸市之冠"，只可惜百年之内两场大火，让它衰败零落。东四路口的东北角，是北京四大菜市场之一的朝阳门菜市场，其后便是东四头条胡同，里面有侯宝林故居。此院往东，便是大门深锁的大慈延福宫和标本式的王府建筑群——孚王府，俗称九爷府。大慈延福宫也称三官庙，明成化十七年（1481年）敕建道家宫观，也有庙会，多为估衣摊。庙内小胡同有估衣街之称。崇祯帝最末的光阴里，面对大军压城，曾传令在此集议兵事，却已无人响应，在浩繁的史卷里留下了一声叹息。自20世纪50年代开始，先后有两个单位在大慈延福宫建设办公楼，大部分古建筑被拆除，碑亦不存，只留下东院的通明殿、延座宝殿以及部分西房。这些殿宇黑琉璃瓦绿剪边，是典型的明代特征，只是常年封闭，只能从过街天桥上一睹它的芳容。当年拆大慈延福殿时，殿内的天、地、水三官坐像及文、武侍臣立像12尊，被移入作为市文物局仓库的智化寺内。这些神像均为金丝楠木雕刻，沥粉贴金，同大慧寺的明代雕塑不分伯仲，后来因修复智化寺，神像被移至朝阳门外东岳庙，陈列在育德殿内。北京城明代建筑遗存委实不多了，这一带就占了两处，此外，还有东四清真寺。

继续往东走，就是闻名遐迩的孚王府。如今临街面阔七间的大门，其实是当年的倒座房。其外围原还有一圈房屋，扩路后此处临街，日据时期辟为大门。再往里第一进院，当年是围合封闭的狮子院，因为正对倒座房的是王府五开间的正门，两侧为两米多高的巨大石狮，东西开门，称为阿斯门（满语：过道门）。如今基本保留了旧有建筑，格局风貌依然完整。中路正门开始，还有七间正殿，前有月台，并有甬道连接正门，两侧为翼楼各七间，正殿后为后寝门五间，后寝殿（又称神殿）七间，两侧有五开间杂殿，最后是七间后罩楼。从狮子院到后罩楼院共计五进，绿琉璃瓦覆顶，规模宏大，古韵犹存。如今，即使已被拥挤杂乱的市井棚户所包围，但一临近两尊巨大石狮日夜守卫的王府正门，便如同穿越了时空，森严庄重的王朝气派便扑面而来。一迈进面阔七间、端居月台的大殿正院，左右翼楼高高俯视，院落无比宽阔，大殿森然无声，顿觉个体的渺小、历史的厚重。

九爷府的东面，还有五爷府。同为道光帝皇子的，其实还有更著名的六爷和七爷，也就是恭亲王和醇亲王。其实五爷在海淀还有赐园——小五爷园，那便是清华园。五爷府曾是恒亲王府，后来是惇亲王府，它当年规模很大，从朝阳门路口到南小街路口，马路以北的这一片街区，去掉边边角角，基本都是它的。如今它只剩一座大概是王府祠堂的东南跨院，其他部分变成了工厂、小区、商铺、写字楼、学校和绿地。它的北边，是规模宏大的段祺瑞故宅，这两处合在一起，便大致是当年元代太庙的地界。

东四牌楼往南即为明建的东四清真寺，王府式三开间硬山筒瓦顶大门古朴大气，廊下墙上镶着四个端秀大字——清真古教，门前有两棵高大古槐。如今算来，此门此字此树已有百年了。这却是古寺里最年轻的一部分，它古老的内在，需要穿过两进院落、三座门洞，才能见到。那是典型的明代风范，宽阔的庭院、轩敞的廊庑、辉煌的庑殿顶大殿，以及殿内灿烂的雕梁画栋，简洁中有繁复，大气中有秀挺，端凝中有灵动。

清真寺的对面，东四南大街28号，是一个晚清钱庄老铺——豫丰钱庄。和其他铺面不同，它背对着大街，要进去，先得钻入一个小胡同。随墙门紧闭，二层阁楼硬山屋顶，西式券窗，既像店铺，又如城堡。对面是面阔三间、两个勾连搭大厅，为"内柜"所在。内柜对面则为坐东朝西、面阔五间的二层内宅。整体设计可谓巧妙严谨，堪称北京近代商铺的典型。这里曾办过医院，那时还临街建有西洋风格的券门和雕花的门窗。地下室里掩藏过地下党员，直到北平解放，他们才走出这藏身之所。清代著名的"四大恒"钱庄，也都在东四牌楼。恒利号是主店，位于东四牌楼东大街，恒和号位于东四牌楼北路西，恒兴号居于其北的隆福寺街东口，恒源号位于东四牌楼东大街路北。由于资金殷厚，发行"银票"解决了银两携带不便和安全问题，"四大恒"声誉大振，到光绪初年发展到了顶峰。这大概也是东四到东单这条街号称"银街"的由来。可惜庚子年战乱让"四大恒"遭受灭顶之灾，兴盛局面从此结束。

东四往南，路东便是前炒面胡同和后炒面胡同。北京胡同的命名很直白，尤其在民国雅化胡同名之前，更是约定俗成。胡同内5号院曾是陆宗舆的宅子，33号院住过溥仪的本家，日据时期开设过"新酒家"，34号院则是民国有名的眼科专家毕华德住宅。再往南，就是礼士胡同了。这是元大都的骨架之一,还保留着那个豪放时代的格局。胡同西口,南北两侧,为刘墉故宅,当年曾有刻石"刘石庵先生故居"。如今只有绕进院子深处,方能依稀寻到高屋古宅的遗存。再往里走,便是有名的礼士129号院了,以其堂皇精美的宅门和砖雕花墙著称。不说院内遍布的珍贵石刻摆件,只说沿墙顺道摆放的上马石、抱鼓石、石狮子、雕花石梁等等,便称得上琳琅满目了,还有精心养植的高大花木,引得游人每每驻足不去。院子由东、西两个院组成,东院后身还有一个坐西朝东的四合院,西房为两卷的过厅,通往西院后面的小花园。花园不大,但花厅、水池、亭子搭配得当,花木葱茏,幽雅别致。东西两院正房之间还有重檐圆亭,正房、厢房的廊门走马板上的砖雕匾额,如"撷秀""舒华""竹幽""隐玉"等,颇具雅思。这宅子据传为清末武昌知府宾俊所有,后几经转手,于李颂臣时请朱启钤弟子设计改造,遂成今日风貌。其西侧的131号院系当年郑洞国将军住宅,门前的汉白玉上马石颇精致素雅。129号的东邻,是有着精美如意门砖雕的127号。临街是小小的"传习馆",致力于传统文化和现代生活的交融,颇有继往开来的人文情怀和士人风范。

礼士胡同43号是大学士敬信的旧居。敬信曾在庚子年任兵部尚书,守宣武门。洋兵攻入外城后,占天坛并向西进。敬信不顾部下劝阻,下令向天坛方向连开三十余炮,以示抗争,颇为外兵所重。如今此宅过垄脊广亮大门、八字拥墙及汉白玉上马石俱在,只可惜已彻底沦为大杂院,花园部分则早已拆了盖楼变为校园了。在胡同东口有一座民国小楼,还能看到二层竖雕四个大字:紫气东来。胡同中段,还有如今很难看到的泰山石敢当。

报房胡同往南,街道收窄,行道树多为粗大老槐。只可惜老铺面存留颇少。倒是前厂胡同里颇有一些古朴宅门值得一观,但随着修旧为新的进程,原汁原味的京城老宅越发难寻了。前厂胡同其实是箭厂胡同,这跟报房胡同北边的弓箭大院应有渊源。箭厂胡同南边,是两三座民国西洋楼房,红屋顶洋楼,乃是赵家楼主人曹汝霖的宅子。火烧赵家楼之后，曹家便迁居于此，后来还租为丹麦使馆。这里再往前捯，还能跟严世蕃、佟国纲、佟国维扯上关系，所以清代这一片有佟府夹道，后来转为"同福夹道"。情景剧《武林外传》里的同福客栈，便是取自这个地名，因为演绎者们大都工作生活于此地。

灯草胡同往南拐，便是演乐胡同。这是明代即有的名字。其南为本司胡同，再南为内务部街，原称勾阑胡同。演乐、本司、勾阑，是明代教坊司故地，与乐曲奏习有关，也与官妓有关。相传勾阑胡同有小庙，供的便是一个眉目传情的风尘女子。如今此三处早已消散了宫廷乐曲和酒色财气，只剩老北京日复一日的安静生活。

灯草胡同与演乐胡同之间，临东四南大街，有镶嵌着汉白玉老匾"大兴公寓"的民国洋楼，当年租住此处的多是公务员和学生。值得一提的是92号院还有一棵直径一米一的枣树王，树龄有七八百年。东段则颇多精美宅院。路南西洋门居多，叫圆明园门，仿的大多是西洋或伊斯兰风格，这是清末民国第一股吹入民居的西洋风。

内务部街11号为一等诚嘉毅勇公明瑞府邸，附带一个大花园。整个大院由四套院子组成，西边是后来并入，东边则是静室、书斋之属，中间是两套并列的四合院。两个垂花门，照壁高大，空间轩敞，广亮大门早已改为了如意门。世袭罔替的公府也在民国时转给了盐业银行经理岳乾斋。后花园有土山可登临，山洞是岳家的藏宝洞。如今敞轩依旧，垂柳依依，圆明园石雕早已零落。一座府邸能给人柳暗花明的感觉，可见其阔大与别致。

内务部街39号为梁实秋故宅，他就出生在这里，前后断断续续住了二十多年，直到1948年冬。其实两侧的院子也是梁家的。后院有一棵老枣树，是北京特有的郎家园枣。中国台湾作家李敖也住过这条胡同。两位还都在新鲜胡同小学上过学，每日穿行的就是这片街巷。梁实秋故居东侧，是小东岳庙，旗人家庙，石门额尚存，是元至正年间古迹。再东去，就是被称为"27院"的朝阳门文化生活馆了，文艺范儿和胡同范儿在这里交融。一棵近三百年的老槐森森如盖，喻示着老树新枝的延续。内务部街还有卢森堡大使馆，周边也曾有过一些小国使馆，如礼士胡同的印尼使馆，史家胡同的挪威使馆、朝鲜使馆、越南使馆和丹麦使馆如今只有卢森堡使馆还在，这也是北京胡同里唯一还存留的使馆了。

从内务部街西口顺大街南行，便到史家胡同。这片区域一直是京师的教育之地，如清代的左翼宗学，为280余年的八旗宗室子弟学校，如今建筑已全然无存，与之对应的右翼宗学还在西单小石虎胡同安然矗立。左翼宗学之地，始终为教学所用，1905年，左翼宗学改建为左翼八旗第五初等小学堂，1910年改为左翼八旗中学堂，1912年改为京师公立第二中学校。1936年，北京二中由史家胡同迁入内务部街15号现址。1939年，史家胡同小学创立，延续至今。这一连串的变革延续，足可见清末民初社会思想、教育理念的风云变幻和国人图强之决心。史家胡同小学校园的另一部分，据传为史家祠堂，亦说为史可法祠堂。旧日建筑已全数拆除，只剩一两棵老槐。

史家胡同的安静、平和、古老，让老北京人和外地人乃至外国人，都不由自主地沉浸其中。紧邻史家胡同小学的55号、53号和51号一组院落，是北京市文物保护单位。以四合院跻身市级文物保护单位的，并不多见。55号是典型的广亮大门、深宅大院，曾是被慈禧设计拿下的顾命八大臣之一焦佑瀛的宅子，其后人焦菊隐正是在此胡同的人艺大院度过了风雨起伏的人生。他是人艺创始四巨头之一，话剧界有名的大导演。如今这里是外交部宿舍，抗美援朝时期做过朝鲜大使馆。53号是著名的"好园"，邓颖超等老一辈妇联领导人曾在此办公，所以取"女子园"之形意，1950年越南使馆曾在此。51号为章士钊故宅，章含之、乔冠华夫妇旧居。此宅再往前捯，是建筑家张永和家的祖宅。1953年，大公报社也曾在此。如今此处同好园一样已被翻建一新，要看旧貌，只能去24号的胡同博物馆看精致模型了。

39号是极低矮的老宅，年代久远，民国时做过日本人华北盐业株式会社分社。其对面，西段除了那些拆掉的院落，便是曾住过徐向前元帅和独臂将军李天佑的军队大院，当年也是带花园的精美宅院，可惜旧迹全无了。对着51号院，如今是一条南北小道和停车场的地方,曾是一座教堂,后来是少年之家。再就是路南的官学大院了,一条小巷进去,有一段老墙便是遗址。这里是当年搭考棚的地方,用庚子赔款资助赴美留学人员的前三期考试,便在此举行,胡适、竺可桢、赵元任等,都是当年由此走出国门的少年才俊。

史家胡同24号,便是北京第一家胡同博物馆——史家胡同博物馆。免费开放的小小社区博物馆只有两进院,路南,院内三棵大树,中间是一座两券的花厅,这是凌叔华家的花园宅院。她的父亲凌福彭为清末新政的力行者,曾做过顺天府尹、直隶布政使,民国时又任参政。凌家宅院是典型的深宅大院,正门开在干面胡同。博物馆的这两进院落是其后花园的一部分,后门便开在史家胡同。凌叔华结婚前,这花厅是她的书房,民国前期,这里常常是知名文人墨客的沙龙。凌家"大小姐的书房"是同后来林徽因的"太太的客厅"相媲美的。后来陈西滢和凌叔华喜结连理,凌福彭把后花园的这部分给女儿做了嫁妆。胡适、徐志摩、沈从文、齐白石等,甚至泰戈尔,都曾出入这座美丽的宅院。后来斗转星移,物是人非,沈从文在北平即将解放时,曾来此凭吊,给远在英国的凌叔华写了长长的一封信,满是落寞与忧伤。至今走在这院子里,伴着博物馆收藏的故物与收集的故事,心中还不免薄雾般升腾起类似的慨叹来。也许只在人文积淀深厚的老院子才易有这样的情思吧。

这里的故事,同整条胡同一样,是三言两语讲述不完的,于是人们建起了这座索引一般的博物馆。在这里,存放着老北京浓浓的乡愁,也如同翻开了一本书,顺着书中的线索,推开门去,你才真正进入了一座博物馆,真正活着的胡同博物馆。如今这小小的博物馆,成了胡同街坊们的展示厅、会客厅和议事厅,也成了社区文化中心,探访者络绎不绝。你能看到旧日生活的老物件、早已消失的吆喝叫卖声、北京老胡同的往日今生,也能听到熟悉的二胡三弦锣鼓点,还有相声票友组团奉上的精彩相声。应运而生的史家胡同风貌保护协会也在此成立。胡同保护界无论是老一辈专家,还是年轻的志愿者,都加入进来,在北京第一座胡同博物馆和第一个胡同保护协会的平台上,希望的心火正执着地燃烧着。

　　博物馆的东邻，便是著名的人艺大院，于是之、蓝天野、叶子等老一辈人艺大家，均生活工作于此。博物馆里也专门有一间人艺展室，存放着程疯子的破大褂、曹禺院长的工作证、龙须沟演员们体验生活的日记，全是原物。周总理多次来此看戏探望，老舍常常在这里研磨剧本。这里还藏着一个海棠院，曾经是接待外宾的美丽花园，如今沦为了大杂院。路南邻着人艺大院18号，诗人艾青一家曾在此居住。8号院，是同仁堂末代掌门人乐松生的宅子。史家胡同的北边是干面胡同，曾是去禄米仓运输米粮必经之路，当年车马行走，尘土飞扬，居民戏称为"下干面"，故得名。

　　北京的老宅子就是如此，层层叠叠全是历史，点点滴滴都是故事。

第三节　池子与长街

　　长安街上，天安门两侧，高高的黄瓦红墙，便是皇城墙了。红墙上开两个黄瓦拱券门，分别写着三个遒劲大字"南池子""南长街"，这些都是民国旧迹。东边的是南池子，西边的是南长街。南池子再往北，是北池子，南长街往北，那自然就是北长街了。有清一代，不同的地图上，记载里，一会儿两边都叫南长街、北长街，一会儿都叫南池子、北池子，只是到了民国初，要在这南边皇城墙上开洞通长安街，才要书写门楣，这才刻意区分了一下。

　　清代还叫过"池街"，这是更早的称呼。北京一些地名，既没有被正式命名过，也没有写出来挂哪儿，口耳相传，约定俗成。本来民间口头的地名，总含混不清。比如演乐胡同，还曾经被记为眼药胡同，什锦花园胡同也是从"适景园""十景园"一路变换过来的，明代的把台大人胡同，到了后来干脆就写成了八大人胡同。

　　在明代记录皇宫禁地的《明宫史》《酌中志》这些书里，还有更正规的写法——"驰街""驰道"，那是明代人的叫法，其实就是皇家马路。那时这两条道还很清静，类似于故宫里高高的宫墙夹着的"永巷"，而又比永巷更宽，更适合跑马通行，所以叫驰街、驰道。而且位置也特殊，在紫禁城护城河外，紧靠内皇城墙，离外皇城墙还有相当的纵深，很适合安全防卫，便于重要警卫对象的出行。内皇城墙另文专述，那是明代专有，清代废弛的皇城遗构，还有一段，但一般人不知道。后来承平日久，皇城防卫渐弛，天子又向来推崇与民同乐，所以皇城内有了定期的宫市等等。到清代又取消明代内府二十四衙门，收缩了皇家禁地范围，皇城内有了市井生活，这东西两侧的南北驰街才变成了居住经商、功能多样的街道，于是明代很分明的驰街，便含糊成了池街、长街、池子。

　　根据明代宫里人记录，当时崇祯出行游景山有专门路线。据《明宫史》载，这条路线是：出东华门和东上门，沿东卫城与东禁城之间的"驰道"北行,过东上北门,至"东长街"北口,折向西行,至北上东门外,又折向北行,入山左里门。游毕,皇帝过北上门,入玄武门返回宫中,其他人则按来时原路返回宫中。

这"驰道""东长街",便是今日的北池子大街,只是当时还有各种门禁,各路段还有细分名称而已。只是不知崇祯帝最后一次去景山,是不是走的这条路,也真是可悲可叹。同样可叹的,是东上门、东上北门、北上东门,这些都没了,天子门庭又如何?禁卫森严又怎样?照样随着风云变幻消失得无影无踪。如今南北池子和南北长街上,也只剩了几座皇城寺庙和零落旧居而已,但却都是神秘而又精彩的历史遗存。

在明代,皇城曾设有"四司、八局、十二监"共24个为皇家服务的衙署,称为内府二十四衙门,刘瑾、魏忠贤这些大太监便是在这些衙门里起来的。到清代,这24个衙署又被改编为内务府"七司三院"。这些机构有相当一部分就分布在南北长街及南北池子两侧。

明代用内皇城墙来屏隔这些衙门,所以才有了内皇城墙同紫禁城之间的驰街,供皇帝安全出行。后来清代开放皇城,南北池子和南北长街的内皇城墙逐渐消失,御道变通衢,衙署改了寺庙或民居店铺,驰街也就成了池子和长街。

清代的皇帝爱修庙,尤其康乾盛世时期。雍正皇帝就在北池子路东混堂司澡堂旧址上建造了供奉云神的凝和庙,当年常有进京官员落脚住宿。庙址就是现在的北池子小学校,大殿及御道尚存。不仅如此,雍正帝还一口气修建了风、云、雷、雨四座庙宇,即昭显庙(俗称雷神庙)、宣仁庙(俗称风神庙)、凝和庙(俗称云神庙)以及中南海的时应宫(俗称雨神庙,宫内供奉龙神),合并为清代皇城祈雨庙。

宣仁庙所代表的是巽卦,宣仁庙南便是凝和庙,按卦位正在紫禁城东南,所代表的是坎卦,即表示水凝结成的云气。宣仁庙为雍正六年(1728年)敕建御题,位于北池子大街2号、4号,以前做过小学校、中医院。此庙规制仿中南海时应宫,可谓风雨同舟。正殿内祀风伯,后殿内祀八风神,即东北炎风、东方滔风、东南熏风、南方巨风、西南凄风、西方飚风、西北厉风和北方寒风的总称。1926年一位德国建筑师游历北京时，选取了一些照片放到他的书里，其中就有风神庙的钟楼。

紫禁城西边的北长街上，则是雷神庙——昭显庙。昭显庙所代表的是震卦，但是却建到了故宫的正西，也许是西边处于大内和西苑之间，地界狭小，不易选址，直接用了明代的旧监库址。东边则衙署民居众多，相对宽敞，选址更有余裕。此庙建于清雍正十年（1732年），门额御书，位于北长街71号，现仅存大殿和影壁。整座庙坐北朝南，临街外垣门则东向。现为市级文物保护单位，由北长街小学占用，东边的钟楼曾是少先队大队部，西边的鼓楼是体育器材室。民国时在此成立教育会，至今其墙外还有教育夹道。至于中南海时应宫，原位于紫光阁北，今已无存。

福佑寺位于北长街20号，始建于清顺治年间。此地最早为康熙皇帝避痘之处，也正是因为得过天花，康熙得以继承皇位，正所谓因祸得福。雍正元年（1723年）拟将福佑寺分给宝亲王也就是后来的乾隆帝作为王府，但他并未迁入，登基后将其改为喇嘛庙。大雄殿额曰"慈容严在"，供奉"圣祖仁皇帝大成功德佛牌"，雍正、乾隆这爷儿俩都认为康熙千古一帝，死后成佛，那牌位至今仍完好保存在故宫。

除了这风、云、雷、雨四座庙，故宫两侧还有四座庙，总称故宫外八庙。其中静默寺在北长街上，原为关帝庙，明崇祯元年（1628年）募建，清康熙五十二年（1713年）在原址重建为寺。民国后逐渐成了座大杂院。住在这附近的人们喜欢称它"大庙"。2005年1月这一带拆迁，静默寺有幸保存了一部分。临街的山门上还贴着20世纪80年代的瓷砖，充满了时代气息。

南长街南口路西，明代曾有御用监。御用监是制作保管御用家具木器的所在，为了防火，建有水神真武庙。万历七年（1579年），北海琼华岛上始建于元初忽必烈时期的广寒殿倒塌，元代玉瓮"渎山大玉海"被移至御用监真武庙保存，于是真武庙又被俗称为"玉钵庵"，庵前的胡同也因此被称为"玉钵胡同"。乾隆时，一位叫三和的内务府官员发现，见诸史册的稀世珍宝大玉海竟成了道士的咸菜坛子，乾隆帝便特在团城上造了一座琉璃顶石亭来安放，大玉海仍完好无损，但玉钵胡同已于2004年被拆除了。

北长街路西，还有一座康熙皇帝敕赐的万寿兴隆寺，门额乃圣祖御题。寺址是明代的兵仗局，皇帝时常来这里舞刀弄枪，类似御用武器库加演武场。清亡后这里还曾是收容太监之所。而康熙皇帝幼年时，就住在万寿兴隆寺斜对面的一所宅院里避痘，便是那福佑寺。

最后一座就是大名鼎鼎的普度寺，山门和大殿曾还俗改民用，多年被作为副食店和粮食店使用。普度寺在南池子路东，原是玛哈噶喇庙，这是梵语，意为大黑神，其实就是文殊菩萨，乃是一座喇嘛庙。元代是太乙神坛，明代是东苑的崇质宫，清初就成了多尔衮的摄政王府。有诗为证："松林路转御河行，寂寂空垣宿鸟惊。七载金縢归掌握，百僚车马会南城。"普度寺山门为清中期和玺彩画与苏式彩画混合并存，很有特点。九开间大殿颇具清初风采，柱头上还雕有龙首，大殿前面墙体上，满布龟背瓦，且有旗人住宅风格的低台大窗和高高的须弥座，壮丽古朴，这是摄政王府的遗痕。

明代在两驰街附近，除了衙署，还有离宫别苑。西边是西苑，也就是北海和中南海，东边则是东苑，也叫小南城、南内，就是景泰皇帝关他哥哥明英宗的地方，"阿兄南内如嫌冷，五国城中雪更寒"。景泰元年到八年（1450—1457年），英宗被软禁于此，所居宫殿的白玉栏杆也被弟弟拆了修隆福寺去了，甚至要靠皇后卖针线活度日。八年蛰伏，终于趁景泰帝病重，重登大宝，这是被史家反复咏叹的宫廷风云。

普度寺的东北角，有磁器库胡同，这也是旧日皇城衙署在地名上的遗痕。"辫帅"张勋曾在此居住，复辟失败后，宅院被炮击并遭焚毁，时称"火场"。从此向南，南池子菖蒲河上的小桥叫作"牛郎桥"，南长街织女河上的小桥则叫作"织女桥"。织女桥旁有观象台，明永乐二十二年（1424年）即有。

南池子路东还有砖石结构能够防火的皇史宬，用以保存宝训实录、皇家档案，还存放过《永乐大典》。"宬"与"盛"同义，用在殿宇上仅此一家，而且还是嘉靖皇帝手书创制。这是大型的明代无梁殿建筑，为了防火而刻意避开了木头。室内有高2米的汉白玉石须弥座，上置雕云龙纹镀金铜皮樟木柜152个。山墙上有对开的窗，以使空气对流。

普度寺和皇史宬之外，还有普胜寺，位于南河沿大街111号，又称十达子庙，清顺治八年（1651年）敕建，为清初所建三大寺之一。乾隆九年（1744年）及四十一年（1776年）重修。此处为清初蒙古高僧恼木汗在北京的驻锡处，1915年后即为欧美同学会会址，至今一仍其旧。当年在梁敦彦先生（首届会长）的倡议下，由会员集资两千两白银，购得南河沿街口的普胜寺——十达子庙，拆修后建立。普胜寺的两块卧碑，很可能是皇史宬那两块明代卧碑改刻的，如今普胜寺这两块碑在五塔寺石刻艺术博物馆。普胜寺附近还有飞虹桥。

老舍先生的父亲，就战殁在南长街上。他是防守天安门的正红旗护军，负重伤挣扎到南长街的南恒裕粮食店里，最后尸首都没找到。而老舍先生则曾在北长街的雷神庙教育会工作，不知走过南长街时会是怎样的一种心情，那是在1923年。而同一年，家住南长街的梁思成，在附近一场游行中出了车祸，地点就在南长街拱门处，左腿从此留下残疾。林海音也住过南长街，就在社稷坛西门对面，晚年的她回忆道："小方院中，有一棵大槐树，夏季正是一个天然的大凉棚，覆盖着全院。大的孩子在树荫下玩沙土，奶妈宋妈抱着咪咪（女儿）坐在临街的门槛上卖呆儿。"

《新青年》杂志的编辑部曾设在北池子大街箭杆胡同内，李大钊、鲁迅等人都曾在这个小院中担任过编辑。曾积极参与《新青年》杂志活动的胡适，就曾住过南池子大街的缎库胡同8号，青年毛泽东亦曾登门拜访。

第四章

长城、运河与西山—永定河

长城、运河与西山—永定河是古都北京的重要文化标识。《北京市国民经济和社会发展"十三五"规划（2016—2020）》中正式提出了大运河文化带、长城文化带和西山—永定河文化带的构想。"文化带"是指具有相似地理单位的文化区域、文化类型及文化模式。长城、运河、西山—永定河三大文化带与老城构成了一个生命共同体，是北京古都文脉的重要物质展现。

第一节　长城：从农牧交错到民族融合

历史上的万里长城首先是一道军事防线，它的城墙、关隘、堡寨、敌台，见证了刀光剑影与炮火连天的岁月；同时，长城地处我国传统的农耕文明与游牧文明交汇带，因此又成为一条经济、民族、文化的分界线。历经战争与和平的风云变幻，这条分界线以长城为地理依托和文化载体，积淀为一条绵亘万里的"长城文化带"，北京是其中具有特殊地位的区段之一。长城自身的兴衰过程、分布格局、关隘交通、建筑遗存，历史上长城沿线的军队布防、重要战事、人员往来等人类活动，长城作为文化符号的巨大影响等，都代表了长城文化的物质与非物质形态，也是体现北京"长城文化带"历史传承与文化内涵的基本内容。

一、长城修筑

从华北、东北部范围来看，历史上有三次大的长城修筑，一个是燕秦时期，一个是北朝时期，再有就是明朝时期。战国时期，燕国为了抵御匈奴侵扰，在设置北边五郡（上谷、渔阳、右北平、辽西、辽东）的基础上，开始修筑长城，史称燕长城。从目前考古调查来看，燕长城的基本走向为东西向，同时存在两条并行的长城，即燕南长城和燕北长城。燕南长城又称易水长城，西起太行山东麓，东至子牙河西岸，主要分布在今河北省的易县、徐水、新安、文安等境内。北长城是燕国的主要长城，分布在今河北省的张家口、沽源、丰宁、围场等县市和内蒙古的多伦、赤峰、敖汉旗等旗县，以及辽宁省的阜新、抚顺、本溪等县市，全长约1000公里。秦吞并六国，统一天下，在燕、赵、秦长城的基础上，重新修缮，连接成真正的万里长城。

横亘在北京北部山区的长城，是以军都山、燕山的天然形胜为基础强化改造出来的一道军事屏障。始建于北朝晚期的北齐，稍后的北周和隋唐加以修缮利用，到明朝又进行大规模改建，逐渐形成了

民国初年的长城(甘博摄影)

今天万里长城北京段的面貌。北齐天保六年(555年),文宣帝高洋征发一百八十万民夫筑长城,自幽州北夏口(今北京昌平南口)至恒州(今山西大同)绵延九百余里,这是历史上在今北京地区修筑长城的开端。北齐还曾在平原地区修筑土质长城,大致分布在温榆河南岸、通州城西与城南直至天津武清西南一线。北周、隋唐时期曾不同程度地修缮利用过北齐长城,最后明朝又利用了大部分北齐长城的基础,进行大规模改建,形成并遗留下今天北京地区雄伟壮观的长城这一世界文化遗产。

据统计,北京市境内的长城长度约为629公里,关隘多达70余座,比较著名的有平谷的将军关、黄松峪关,密云的司马台、金山岭、古北口，怀柔的慕田峪、黄花城，昌平的居庸关、长峪城，延庆的八达岭、四海镇，门头沟的沿河城、方良口等。这些扼守山间峡谷或出山口的关隘，既是重要的军事设施，又是长城内外南北往来的连接点。

  明朝对于长城的修筑，从规模、数量、技术等方面都达到了无与伦比的高度。当时虽然明朝建立了新政权，但残元势力一直威胁着新生政权的稳固和国家安全。同时，明初与残元势力几次交战的失败，也使得明太祖放弃了彻底消灭残元军事力量的计划，而是以长城为防御堡垒实行另一种形式的国家安全战略。于是明初就修筑了从燕山山脉到军都山山脉之间的关隘。永乐之后，又先后放弃了大宁卫、东胜卫，整个防御边线再次内缩，边防界线被迫南移数百里。特别是"土木之变"后，长城的一些关隘和城堡遭到了严重破坏，代宗即位后，立即下诏修复沿边关隘。至武宗、世宗朝，朝廷腐化，国力衰弱，使得朝野上下从心理上更加依赖长城这道坚固防御工事。因此，明朝廷投入更大人力、物力、财力，进行修缮和加固长城，使明长城全线相连，形成了完整的长城防御体系。

二、军事要塞

  学术界长期以来对长城的功能有这样的基本认识：长城是以土、石、砖垒筑的连续性高城墙，是针对相对固定的作战对象，按照统一的战略，以人工筑城方式加强与改造既定的战场，而形成的一种绵亘万里、点阵结合、纵深梯次的巨型坚固设防体系，这是统治者为保卫自己国家安定和平的需要而修筑的最好的防御工事。随着研究的深入，也有学者提出，中国古代长城在历史上曾拥有的功能和发挥的作用，不同时期不同形势下是有变化的，并非单一的军事防御工事。以战国秦汉时期的长城为例，它的功能与作用就是多方面的，既有防御功能，也有开拓功能，同时还有隔离与融通功能。主观上，中原王朝统治者修筑长城是希望它发挥隔离农耕文化区与游牧文化区的作用，而客观上却起到了联系与融通农耕文化区与游牧文化区的作用。这样的认识，显得更有历史性和时代性。

燕山、军都山的长城，是北京抵御北方军事威胁的最后一道防线。历史上的驻军布防与著名战争，凝聚为具有地域特色的军事文化，而布防情形又以长城沿线防御压力大、持续时间久的明代最清晰，其防御体系也最完整。

今北京市境内的明代长城，分属九边中的蓟镇与后来分设的昌镇，《明史·兵志》记录了驻军布防的主要情况。洪武六年（1373年），大将军徐达等筹措山西、北平一带的军事防御。按照淮安侯华云龙的建议，永平、蓟州、密云以西2000余里的129处关隘都设置了戍守的军队。洪武九年（1376年），敕令燕山前卫、燕山后卫等十一卫，分兵驻守古北口、居庸关、喜峰口、松亭关的196处烽堠，杂用南方和北方的军士。洪武十五年（1382年），布置各卫的兵卒戍守北平都司所辖的200处关隘。朱元璋诏令封地接近边塞的诸王，每年秋季都要统率士兵在边塞巡视。洪武十七年（1384年），命徐达报告北平将校士卒的数量，此后经常派遣公侯核对沿边士卒与军马的情况。洪武二十年（1387年），在喜峰口外的辽中京故地大宁，置北平行都司，封皇子朱权为宁王驻守此地，同时设立营州五屯卫。洪武二十五年（1392年），筑东胜城，设十六卫。这些措施与此前在元上都故地设置的开平卫等相结合，在长城以北构成了一道东西呼应的军事防线。

建文元年（1399年），镇守北平的燕王朱棣发动靖难之役，起兵攻克大宁。在他成为永乐皇帝之后，把北平行都司改为大宁都司，其驻地由大宁迁移到保定，并将营州五屯卫分散到顺义、蓟州、平谷、香河、三河，把大宁之地送给了内附的兀良哈。辽东与宣府、大同之间的声援由此被阻绝，孤远难守的东胜左卫移到永平、右卫迁到遵化。此前，兴和千户所也被废弃，开平卫迁徙到独石口。这样一来，宣府、北平成为地处前线的军事重镇。永乐帝对边防事务非常用心，采取了峻垣深壕、烽堠相接的方针，使得长城沿线的防御比较稳固。

正统年间以明英宗被瓦剌俘虏为标志的"土木之变"，暴露了明朝边防的虚弱。此后边患频仍，几乎岁无宁日。嘉靖二十九年（1550

年），俺答的军队进攻古北口，从黄榆沟抄近路进入长城以南，直逼东直门下，明朝诸将不敢应战。此前，总督宣大军务的翁万达提出，修筑包括北京北部和西部边墙在内的宣大边墙千余里、烽堠363所，但因为与蒙古开马市而疏于防备。经过此次失败，才修补了被破坏的城墙，北边的战事也东移到蓟镇所辖的地段。

居庸关、古北口等关隘在交通和军事上的重要地位，使它们成为历史上的兵家必争之地。东汉时期的鲜卑、十六国前燕的慕容儁、金朝的完颜阿骨打、蒙古的札八儿、明末的李自成，都曾通过强攻或奇袭居庸关取得胜利。五代的李存勖，契丹的耶律阿保机、耶律德光，金朝末年的蒙古骑兵，元代"两都之战"中的上都军队，明代"庚戌之变"中的俺达所部，都对古北口进行过激烈争夺。明代隆庆、万历年间，"一年三百六十日，多是横戈马上行"的抗倭名将戚继光担任蓟镇总兵，在加强训练、严明军纪的同时，创建空心敌台，增立车营，改进战法，戍边十六年"边备修饬，蓟门宴然。继之者踵其成法，数十年得无事"，是长城军事文化创造者的杰出代表。

在北京历史上，燕秦长城对于整个北部边塞确实起着军事防御的作用，但同时也有开疆拓土、文化经济对立与融通的功能。进入魏晋十六国北朝时期，面对地方割据势力和诸多北方少数民族不断南下的形势，修筑于蓟城附近的长城，成为各个军事力量的争夺基地，同时又是民族融合的一大走廊。将长城的军事防御功能发挥到极致的是明朝，但同样无法泯灭长城脚下不同文化、人群间的融合。

三、民族交汇

在北京历史发展长河中，民族融合是一条主线，也是北京历史文化的一大特点。长城文化带作为一条农耕文明与游牧文明交汇、融合的重要走廊，在北京历史文化形成与发展中所具有的地位和作用是值得我们重视和深入思考的。正如有的学者所指出的，我们观察长城在民族关系发展中的地位，不能孤立地去看长城，必须把它置于长城南北经济、文化和民族格局这个整体之中，即把它作为一个长城带做总体考察，长城的地位与作用寓于长城带的地位与作用之中。

长城在设置起初，军事防御确实是其主要功能。燕长城的设立，就是为了"拒胡"，即防御匈奴的侵扰。长城文化带就是两种不同经济形态和文化生态的一种军事对峙与自然隔离。西汉高祖时期，燕王卢绾就曾"居长城下"而躲避朝廷的讨伐。周勃等文臣武将"追至长城"，在无望的情况下，卢绾最终逃亡至匈奴。可见，长城在军事力量争夺中的地位和作用。武帝时期，韩安国屯兵渔阳（郡治在今北京怀柔区），目的也是"备胡"。东汉初年迁徙上谷郡等吏民至居庸关以东地区，也是为了"避胡寇"。北齐天保年间在幽州至桓州修筑长城900余里，这也是缘于突厥不断侵扰幽州而做出的战略选择。

不过，在客观上，长城文化带却具有民族融合走廊的意义。从地理形势来讲，幽燕地区自古以来就与少数民族相邻。战国时期，"东北边胡"成为这一地区形胜的一大特点。秦汉时期，匈奴、乌桓、鲜卑等民族，不断南下，在侵扰的同时，也加强了文化融合、经济交流，并逐渐形成了两大势力集团，即空前统一的多民族秦汉帝国和南接秦长城的统一的强大匈奴多民族政权。这两大势力集团之间在长城带的民族融合，直到北周、隋唐时期才得以完成。

通胡市，双方进行贸易往来，已成为民族融合的主要形式。中原政权为了加强军事防御，不断进行移民和屯田。秦在修筑长城的同时，迁移数万农户前往北部边地居住屯戍，与原居民杂处。两汉时期，更大规模地向长城移民，扩大了长城以南的民族融合。移民和屯田，使得双方文化和经济交往成为一种常态，对长城文化带这一民族融合走廊的形成与发展起了非常重要的推动作用。即使双方在军事争夺中，民众和物质资源被掠，也在一定程度上加强了民族交融。原燕王臧荼被灭之后，其子逃往匈奴，直接促成了下一任燕王卢绾联合匈奴反叛的历史事实。燕王卢绾率领部下万余人降匈奴，这对双方的文化和经济融合起到了一定的推进作用。两汉时期，特别是东汉时期，乌桓主要分布在上谷、渔阳、广阳等沿边郡县的长城内外，与汉族等民族杂处，参与汉末军阀割据战争，逐渐融入汉族等民族之中。鲜卑一族，更是吸收大量匈奴遗民，参与汉、匈奴、乌桓等民族的融合，历史上的拓跋、宇文等鲜卑各部都是这种融合的产物。

秦汉以来有利的民族融合形势，因汉末魏晋长期分裂和军阀割据战争而受到影响。十六国北朝时期，幽燕地区正处于各族力量争夺的核心区域之一。统治者强迫边地民族大量内迁，形成长城带民族又一次大流动、大融合。鲜卑段氏、羯族石氏先后对幽州都产生了重要影响，之后鲜卑慕容氏建都于蓟城，即前燕政权，后再次统治幽州，即后燕政权。拓跋氏建立北魏政权，统一北方，对幽州蓟城进行经略。北齐政权时期，契丹与突厥不断侵扰幽燕地区，但同时也促进了民族融合。

隋唐时期，大一统国家再次建立，北京继续成为东北的一个军事重镇，也是南北民族文化交流中心。这一时期，东北及北方的突厥、契丹、室韦等民族不断内迁于幽州地区。特别是契丹占据了幽州，并在幽州城设立陪都，即辽南京，为五京之一。辽将大量契丹人迁往燕、云地区，大部融于当地居民之中。后东北兴起的女真及所建立的金朝灭辽，统治了幽燕地区，海陵王还把都城迁到了北京，即为金中都。辽金时期，北京地区的民族融合更是成为当时历史文化的主流。北京地区出土的辽金墓葬，特别是壁画墓，所反映出来的葬制和礼俗，印证了这一历史上的民族融合。同时，辽金时期，也有大批汉族从长城以南迁往东北。辽都城上京地区就有从幽燕等地迁来的汉族。金灭辽后，并没有占据燕京，而是大量迁徙燕蓟地区民众前往金人故地，留给宋人的只是一座空城。这一时期，无论是契丹还是女真，都突破了长城防线，将长城内外融为一体。辽南京是当时南北文化经济交流的一个中心，金中都则上升为北方地区的统治中心、文化经济交流中心，为北京成为多民族统一国家的政治中心和文化中心做了准备。

蒙古族及其所建立的元朝，满族及其所建立的清朝，在北京历史民族融合中不断向前推进。元大都的建立，使得北京首次成为全国政治中心、文化中心，南北、中外民族经济文化交流更加全面而深入。

无论从元大都的建筑风格,还是元大都的文化教育,都反映了这一时期北京地区长城内外民族融合的繁荣气势。入主中原建立清朝的又是一个东北民族,即女真人的后裔满族。通过满蒙联合,满族统治者较早控制了长城以北的广大地区。同时,入关以后,特别是建立大清帝国后,清朝并不像以往历代朝廷修筑长城来加强防御和隔离,而是逐渐废除了这一屏障的军事防御功能,实行了更为广阔的民族融合政策,使得长城文化带真正成为南北民族文化交流的舞台和走廊。通过尊重民族的宗教信仰、生活习俗等方略,清朝统治者在民族关系处理方面更加成功。当时北京地区,已是汉族、满族、蒙古族、藏族、回族等各民族杂居、融合的中心地带,对多民族统一国家的最终形成起到了非常重要的促进作用。

四、文化象征

万里长城不仅是一条建筑雄伟的军事防线,而且与黄河一样成为中华民族和中国历史的文化象征。北京是明代长城防线的总指挥部,也是长城守卫的重点所在。二者密不可分的关系证明,长城也是北京历史文化的象征。

长城内外的中国人民,在漫长的岁月中分别发展了以农耕和游牧为主要特征的古代文明。这道雄伟的城墙,是中原政权为防御北方游牧民族的侵扰而修建的防御工程,旨在竖起一道保卫国家安全和人民生活的屏障。在使用刀枪弓箭等冷兵器作战的时代,高大坚固的长城具有易守难攻的优势,对于阻挡来自北方的骑兵尤其有效,为保护中原地区的农业文明、维护关内的和平局面,确实发挥了御敌于国门之外的积极作用。

作为中国古代最伟大的军事防御工程,长城具有维护安定、保障和平的巨大功能。历史上在长城沿线发生的多次战争已经证明,巍峨坚固、绵延万里、体系完整的长城,历来是进攻者不能轻易逾越的屏障,这也是不少朝代耗费极大的人力、物力、财力相继修建它的重要原因。唐太宗批评隋炀帝"不择人守边,劳中国筑长城以备虏",清圣祖批评秦始皇"当时费尽生民力,天下何曾属尔家",并提出"形胜固难凭,在德不在险"的主张。他们的主张有积极进取、爱惜民力的精神,却也只是分别在已经北逐突厥势力或平定准噶尔叛乱之后才说的话。一个没有强大国防、时刻面临外敌入侵的国家,也就没有安定、和平、发展可言。尽管清朝极为自然地消弭了中原与北方各民族之间的矛盾,奠定了当代中国的版图,但并不能因此就否认长城在历史上曾经发挥的和平保障作用。

随着清朝的建立,广袤的蒙古高原和辽阔的东北平原与中原大地连成一体,长城的军事功能逐渐衰退,变为体现古代人民高度智慧、见证时代风云变幻、凝聚民族精神力量的历史文化遗产,很早以前就成为国家和民族的象征。

从长城的军事意义出发,杰出将帅的英雄事迹一直成为鼓舞人民的巨大力量。巍然屹立于我国北方的万里长城,与中华民族威武不能屈、敢于反抗一切来犯之敌的英勇精神高度契合。从长城悠久的历史来看,它镌刻着两千多年的沧桑变化,是一座记录战争与和平进程的历史丰碑,具有广博深邃的历史文化底蕴。从长城的整体形象着眼,它像一条巨龙在我国北方的崇山峻岭上蜿蜒起伏,以龙为图腾的中华民族很容易找到共同的心声。就建筑艺术而言,长城的雄伟壮观、巧妙布局、因材结构的高超设计,以雕刻为主的装饰艺术,表现了人民群众的高度智慧。以长城为主题的文学艺术,强化了长城的文化象征意义。

尤为重要的是,处在农牧交错带的长城,在和平时期是南北各民族广泛交往、密切融合的纽带。《史记·匈奴列传》记载,汉武帝即位后,"明和亲约束,厚遇,通关市,饶给之。匈奴自单于以下皆亲汉,往来长城下"。昔日严密扼守的关口成为相互往来的通道,原本为戍守御敌而修建的城堡要塞,有许多成为日后发展为村镇城邑的基础。经济文化的密切交流,对于促进共同民族心理的形成极为重要。北宋与辽国彼此以南朝、北朝相称,虽然不乏相互攻伐的战争岁月,但更多的是互通使节的和平年代,古北口等长城关隘由此成为经济文化交流的必由之路。北宋文学家苏辙在出使辽国途中，曾在古北口拜谒北宋名将杨业的庙宇。他在《过杨无敌庙》诗中写道："驱驰本为中原用，尝享能令异域尊。"人称"杨无敌"的杨业是在抗辽战争中殉国的，辽人却在本国境内为他建庙祭祀，反映了长城内外的契丹与汉族都十分推崇忠勇之士的共同民族心理。燕山与长城在历史上往往被视为北方"夷汉"或"华夷"之间的民族区域分界线，但文化上的彼此认同比有形的疆界更重要，"一统华夷"才是饱受儒家文化熏陶的统治者追求的远大理想。宋代的《华夷图》《地理图》《晋献契丹全燕之图》《契丹地理之图》等，已经把长城这条绵长的人工地物作为图上显示的基本内容。在经济文化交流促使民族分布的界线逐渐淡漠的同时，长城作为中华文化象征的符号意义被各民族普遍接受并逐步强化，从而上升为我们民族精神的标志。"大江南北、长城内外"早已是形容祖国辽阔领土的常用语，长城也成为中华民族热爱和平、坚强不屈精神的载体。

  北京是明代长城防线的总指挥部与长城守卫的核心区域。长城文化带对北京非常重要，它是梳理北京古都文脉的主要方向，也是挖掘保护地方文化遗产的重点区域之一。从时间、空间、文化、社会等维度审视这条文化带，广泛开展长城文化遗迹的野外调查和多种类型的学术研究，是认识历史、保护遗存、传承文化的前提和基础。从追寻时代变迁入手了解长城文化带的形成过程，从空间角度研究文化遗迹的分布特征与地理背景，从以往的政治关联、军事行动、经济交往、文化传播、民族融合等角度分析长城沿线的人类活动，站在历史发展与民族精神的高度阐发长城的文化象征意义，应当成为历史、文化、考古、地理等领域的专业工作者基本的学术视角。

第二节　运河：自然与人文的交响

历史上的北京之所以被誉为"万古帝王之都"，除了"左环沧海，右拥太行，南襟河济，北枕居庸"的山川形胜之外，"会通漕运便利"也是具有决定性意义的另一个地理因素。城市发展进程与区域文化源流显示，大运河不仅是供应国都漕粮的经济生命线，而且是北京文脉的重要地理标志。从放眼全国的视角考察，自江南以迄华北，大运河流域凝聚了底蕴深厚、风格鲜明的地域文化，最终积淀为以这条绵延三千五百多里的人工河道为象征的"运河文化带"，北京段是其中的精华地段之一。

一、运河格局：沟通南北

文化是人类在社会历史发展过程中创造的物质财富与精神财富的总和，大运河文化带的逐渐积淀也是物质财富与精神财富的创造过程。我国地势西高东低的特征决定了众水朝东的基本流向，大江大河由此成为南北交通的阻隔，开凿运河就成为从水路实现"天堑变通途"的重大措施。汉唐长安、洛阳与北宋开封等人口高度聚集的著名古都，都曾依靠运河之上输送的漕粮作为经济支撑。在天然河道未及之处，需要动用国家力量开凿运河以沟通联系，缩短产粮区与消费地之间的运输里程。北京处在粮食产量普遍不高的北方，金代海陵王迁都之前已经为保障"漕运通济"把潞县提升为通州，元大都与明清北京更是极度仰仗南方产粮区的供应，建立了海运与河运相结合的漕运制度。在这样的背景下，连接南方经济重心区域与北方政治中心城市的运河系统不断完善，运河文化的内容也日益丰富起来。

国都与军事重镇是开凿运河、保障漕运的支撑点和目的地，大运河早期的历史往往与军事相关。公元前486年，吴王夫差为了运送北上攻打齐国的军队，命人在扬州西北修建邗城，城下开凿运河，称为"邗沟"。这是京杭大运河的开端，迄今已有两千五百年之久。东汉末年曹操为平定辽东,开凿以短程渠道沟通天然河流的平虏渠和泉州渠,北京地区才有了真正意义上的运河。曹军的运粮船得以自黄河北岸沿着漳水、清河、滹沱河向东北行进,再通过潞河、鲍丘水进抵幽州,为后来的隋唐大运河打下了初步基础。隋文帝开皇四年(584年)开凿广通渠,由国都长安连接军事重镇潼关。隋炀帝动辄使用百万民力开渠,使后人最容易把大运河与他联系起来。大业元年(605年)开凿从洛阳到清江(今江苏淮安)长约一千公里的通济渠,沟通了黄河与淮河。大业四年(608年)开凿永济渠,从洛阳经山东临清至河北涿郡(今北京西南),长度也近一千公里。大业六年(610年)开凿江苏镇江至浙江杭州长约四百公里的江南运河。经过这样一番开拓,以东京洛阳为中心的河网运输系统日趋完善,东西向为主的天然河道与连接它们的运河,大致呈现出"之"字形的分布格局,洛阳与杭州之间全长1700多公里的河道可以直接通行船舶。随后的唐朝则全面继承了隋代的运河系统。

在隋唐之前,北京及华北地区开凿的运河,如曹操、隋炀帝等人开凿的平虏渠、泉州渠、永济渠等,都是以军事扩张为目的、用以运粮运兵的水上通道,那时的运河就如同中原王朝伸向北方的一只臂膀。金元以后,南北运河的交通水利系统则成为北方政权站稳燕京、进军中原的重要依托。

辽金之后,北京逐渐成为全国首都,政治地位迅速提高,众多的人口、庞大的官僚机构及奢靡的宫廷生活,要求物资运输的规模成倍增加,每年要有数以百万石计的粮食及各种物资源源不断地从华北、江南等地征收运来。北京运河的发展也进入一个崭新的历史时期。辽朝升燕京为南京,为加强粮食调运,临朝执政的萧太后利用永定河故道,疏浚、开挖了一条运粮河,即著名的"萧太后运粮河"。这条运河大致从辽南京城东南的迎春门南下,经今陶然亭湖一带东行,再向东南方向流经十里河、老君堂、马家湾,在通州张家湾附近接入潞河。运河两岸及河底均为黄黏土筑成,十分坚固,故民间有"铜帮铁底运粮河"的称号。萧太后运粮河首次将南北大运河和北京城直接连为一体，在北京运河史上具有划时代意义。

金代海陵王决定迁都燕京后，为保证首都的物资供应，天德三年（1151年），在调集百万工匠民夫建设中都城的同时，将漕运枢纽潞县升格为通州，取"漕运通济之义"。大定、明昌年间，又开金口引卢沟河之水以增加运河水量，这就是历史上有名的金口河。其路线是，自金口引卢沟河水东出，向东南注入金中都北护城河，开渠达通州。因沿河建造闸门以节水流，又名闸河。漕船顺此，可由通州直接驶入金中都。通州成为"九重肘腋之上流，六国咽喉之雄镇"。但由于卢沟河泥沙过大，金口河饱受淤积之苦，而雨季又使中都城多洪灾之虞。因此金廷后来不得不将金口堵塞，运河河道随之废弃。

民国初年的卢沟桥（甘博摄影）

进入元代后，元世祖忽必烈接受谋臣刘秉忠建议，在金中都的东北新修大都，作为南北统一多民族国家的首都。大都每年上千万石的粮赋供应，对漕运提出了更高要求。在隋唐南北大运河的基础上，元世祖截弯取直，先后开凿济州河、会通河，沟通了永济渠和汶水、泗水。如此，江南漕船便可由原山阳渎、淮河、会通河、永济渠，直达通州，大大缩短了南漕北运的距离。

　　元代也大力发展海运，南方的粮食经海道运至直沽（今天津），再经河道运至通州，最后转运大都。为了解决通州到大都之间的转运瓶颈，元朝杰出的水利专家郭守敬主持开凿了新的运河。他上引昌平的白浮泉水西行，循西山山麓，汇集沿线山泉，聚入瓮山泊，再经长河、高梁河引入大都城，至"海子"（今积水潭、什刹海一带）。然后出万宁桥，沿皇城东墙外南下，再转向东南与金代闸河故道相接，最后至通州高丽庄入白河。元世祖将这条新开凿的运河赐名为"通惠河"。从此，经河道或海道北上的南方漕船，汇集到通州之后，可进一步直接抵达大都城内的积水潭。作为漕运的终点码头，元代积水潭一度呈现出"舳舻蔽水"的繁荣景象。运河终点物资集散、交易和人员流动推动了鼓楼西大街商业区的形成，也形成了《周礼·考工记》所描述的"前朝后市"的理想模式。鼓楼西大街是元大都最繁华的地方。

　　元代通惠河的建成，标志着三千多里长的京杭大运河全面开通，成为元明清三朝沟通南北经济的大动脉，在政治、经济、军事、文化各方面持续发挥着极其重大的历史作用。明代对北京皇城及外城进行改建，北京运河随之有所变化。先是大都北部城墙南移五里，城内坝河一段成为北护城河的一部分，而通惠河的一段水道则被围于兴建的皇城之内。北京城内于是不能再通航运。通州来的漕船从此不能直接驶入城北的积水潭，只能停靠到东便门外新建的大通桥下。正统、嘉靖年间，明廷又先后抢修通州新城、张家湾城，以卫漕运，保障天庾供应。但明清运河水源不足，成为影响北京漕运的关键。明代屡次修缮运河以维持漕运，清代又扩挖昆明湖，开凿石槽，从香山诸泉引水以济运，但问题还是越来越多。清末朝廷下令停止河运漕运，上千年的"天庾正供"宣告结束。随着近代技术的引进，清末至民国年间海运的兴起和铁路的兴建，更彻底颠覆了京杭大运河作为全国南北运输主干线的地位。繁盛一时的京杭大运河迅速衰落，不少运河故道被填塞淤积，逐渐成为历史陈迹。

　　不能否认，历史上，正是因为有了运河这条生命线，首都的稳定与国家政治职能的正常发挥，才能获得可靠的保障，百姓形象地称之为"漂来的北京城"。北京所处的地理位置偏于国家版图的东北，而有了大运河，也就有了一条强化南北联系、及时掌控江南社会动态的通道。北京作为全国首都在地理位置与经济环境方面的弱点，通过陆路通道与运河系统构成的水陆交通网得到了有效弥补，漕运与交通的发达构成了增强区域联系以及文化认同的纽带，成就了北京城作为政治中心的区位优势。

二、漕运通道：大国京师的经济命脉

北京在元、明、清三代成为天下一统的大国京师，聚集了比汉唐幽州或金中都时代更多的人口，对江南财赋的依赖程度明显加重。海陆两种漕运方式各有利弊：陆上的运河行船比较安全，但需要持续不断地投入巨量的人力物力，用以疏浚泥沙淤积的河道并设法解决水源不足的问题；海上航运可以减少相应的惊人耗费，却时刻面临着狂风巨浪的严重威胁。元代供应大都的漕粮以海运为主，河运虽然只是其辅助途径，但朝廷对运河系统堪称大手笔的"截弯取直"以及大都内外的运道整治和粮仓建设，却使元代成为运河史上极具开创意义的时代。明清北京的漕运系统是对元代既定格局的继承和改造，从运河为主、海运为辅渐变为基本废止海运，大运河作为国都经济命脉的地位被日益强化。

自元朝中期到明清两朝，每年有三四百万石漕粮从南方运抵大都，明正统年间达到500万石的规模，其中四成存储在京城，六成存储在通州的仓场内。"通仓"与"京仓"是由多座仓库组成的储粮基地，元代有千斯仓、万斯仓等著名粮仓。明清时期京城的海运仓、百万仓、禄米仓、南新仓，集中分布在尽量接近通州漕运码头的朝阳门、东直门以内。它们与通州的大运西仓、南仓、中仓、东仓，大多是在元代基础上改建而成。南新仓、北新仓、禄米仓等至今还残存些许遗迹，海运仓等只留下了据此派生出来的地片或街巷之名，但也不失为寻找北京文脉的宝贵线索。

漕运畅通对于维系首都经济命脉与社会稳定的巨大作用，在运道淤塞或遭逢战乱的非常时期体现得尤其充分。在以海运为主的元代，至正八年（1348年）方国珍"入海为乱，劫掠漕运"，至正十三年（1353年）"拥船千艘，据海道，阻绝粮运"，大都随之发生粮荒。至正二十三年（1363年）九月，张士诚向朝廷请求赐予王爵，遭到拒绝后不再向大都输送粮食。海运终止五年之后，元朝政权即宣告结束。在主要以大运河为漕运依托的明朝，成化六年（1470年）六月，北京地区发生严重水灾，城内居民饥饿无着，四方流民大量拥入。九月，得到奏报："京城粮米价腾涌，民艰于食，乞丐盈路。询其所由，盖因漕运军士途中靡费粮米，至京则籴买以足其数，遂使米价日增而民食愈缺。"针对这种状况，朝廷把赈灾不力的顺天府尹等降职停俸，多次将官仓储备粮投入市场平抑物价，严刑禁止奸贪之徒高价转卖牟利，放归国子监部分生员，逐出数以万计的云游僧人，借以减少京城人口对粮米的消耗。

　　大运河在经济上对北京的支撑作用，还在于它是各类物料的水运通道。宏伟的宫殿与城墙需要大量木材、砖瓦，除了在北京周边就近解决之外，大多数来自南方或运河沿线各省。明永乐六年（1408年）六月，户部尚书夏原吉奉命从南京回到北京，沿着运河巡视军民运木烧砖的情形，以保障营建北京的工程需求。耗费巨量人力物力从四川、云南、湖广等地采伐的楠木等珍贵木材，首先要利用原始森林区的河道漂流出山，再辗转经由大运河运到北京存放备用。崇文门外和广渠门外的神木厂、通州的竹木局和皇木厂，都是储放皇家木料之地。江苏苏州制作的金砖、山东临清烧造的砖瓦等宫殿建材，也都是通过大运河抵达北京。朝廷甚至规定，来往于运河之上的粮船必须捎带一定数量的砖瓦。万历二年（1574年），山东临清按计划应当烧制城砖100万块，朝臣建议其中30万块改在土壤条件相似的天津武清生产，临清所出的70万块"照旧粮船带运"，可见这种做法早已成为惯例。万历十二年（1584年）改建慈宁宫时缺少苏州砖料，诏令从速制造，送往京城。诸如此类的史实证明：大运河这条沟通南北的"黄金水道"，为北京近千年来崛起为全国首都提供了交通运输的地理依托；有了这条物流通达的水运航线，自元代以来才能迅速调集举国资源营造出"都市计划的无比杰作"，使北京成为运河文化带上璀璨夺目的明珠。

物资保障只是社会稳定的基础，运河的开通，更增强了朝廷政令的通达以及对全国的掌控。疆域辽阔的元、明、清三代的首都偏于国家版图的东北，而有了大运河，也就有了一条强化南北联系、及时掌控江南社会动态的通道。

三、运河文化

运河的兴衰是影响中国历史进程的关键环节之一，由此发展了运河文化并积淀为一条纵贯南北的文化带。从自然要素着眼，地貌、气候、水文条件制约下的运河主干及其整个流域，是人类进行文化创造的空间舞台。就人文主题而论，开凿或改造运河的主要活动、代表人物、水利技术、管理制度、各类遗迹、地方习俗、精神形态等，则是构成运河文化的基本方面。

大运河在北京城市发展进程中的政治、经济、文化意义，决定了大运河文化带作为古都文脉的历史地位。元代运河截弯取直后，南北往来更加通畅，偏处国家陆地版图东北隅的首都由此增强了政令通达、控御全国的能力，有利于维护多民族国家的政治统一。作为国都的经济命脉，通过运河输送的江南漕粮和其他物资，是城市居民与戍边将士的衣食之源。大运河文化带的形成和积淀，是以运河为依托的人类活动的结晶。

大运河不仅是加强国家政治统一、经济联系的纽带，更是在五大水系之间架起了一座文化沟通的桥梁。通过它，有了广泛的人员来往、书籍流通、生产技术的推广、艺术和思想的传播、生活方式和社会习俗的交流融汇等等，既能将京城文化流传到全国各地，也使北京吸收各地文化元素，兼容并蓄集大成，从而形成引领文化潮流、对全国产生强大辐射作用的文化中心。这方面的例证不胜枚举。

元明清时期的北京有全国的最高教育机构，也是科举时代举行会试的地方。南方士子以此为契机到京师访学就试,不少人就是沿着运河从水路北上,写下了许多文笔绚烂的游记或记游诗。如明末清初的史学家、《国榷》的作者谈迁,在清顺治十年(1653年)以幕僚的身份从浙江嘉兴到杭州,在杭州坐船沿着大运河到北京。顺治十三年(1656年)返回杭州时,他走的仍然是大运河这条水路。记录谈迁行程的《北游录》,描绘了运河两岸的地理风物,留下了他在京期间拜访藏书之家、考察文物古迹,以及与京城士绅文人交游活动等记载,为今人探求明清时期北京及运河沿岸的风土人情提供了宝贵资料,也是当时京城文化生活的一面镜子。历史上,像谈迁这样在大运河上来来往往的文人学者不计其数,在他们笔下产生的有关运河和京城的文化篇章不知多少,这些对文化的传播和影响是难以估量的。元明清时期,许多官宦、文人尤其是从南方进京的权贵喜欢在南城一带兴建私家园林,并由此带动了南城一带花卉产业的兴起。这在某种程度上应该归功于京杭大运河的开通,因为船使得盆花盆景、木材石料等的运输更为便利,南方人的生活方式和环境也可以随船照搬而来。

大运河作为一条贯通南北、连接我国政治中心与经济中心的轴线,沿岸孕育了众多举世闻名的文化名胜和独具特色的文化习俗,是中华文明中一个独特的带状或线性文化体系。它以庞大的、跨流域的复合水利工程为载体,并由社会、经济和自然环境等因素综合作用而成。运河文化可分为物质文化和非物质文化两部分:物质文化方面包括运河水道、码头、漕船、仓场、闸坝、官署、城镇等;非物质文化方面包括漕渠名称、相关地名、漕运制度及管理方法、水利技术、前人的经验和智慧、相关历史人物及其历史文献、习俗、俚语、民间文艺、传说故事等。

北京运河文化的形成和发展,与京杭大运河的开通、繁荣互为表里。早在元代,随着通惠河和海子码头的建设,其沿岸就成为元大都的经济和文化中心,围绕水运特征出现了颇具南北交融特色的商业街市和文化景象。地安门至鼓楼一带的传统商业格局、什刹海周边的码头水市风貌一直延续至今。白浮泉及其引水渠、通惠河水道(包括城中段的玉河等)、坝河、沿河附近的仓场(南新仓、神木厂等)、闸坝(广源闸、庆丰闸等)、码头(高碑店、张家湾)等,都是存留至今的珍贵历史遗迹。

明清时期,除常规地扩建和修缮河道、码头之类的设施外,还陆续建立起包括漕运总督(清代别称漕台)、漕运组织、漕粮制度和仓储制度在内的一套完整的漕运制度体系,使运河的功能进一步完善和发挥。通惠河沿岸风帆云影的旖旎风光和大通桥码头、通州码头的热闹景象,都曾是京城文化的重要标志。今高碑店附近的庆丰至郊亭二闸间,风光秀美,更是京城百姓消闲游赏的好地方。每当风和日丽,河畔游人荟萃。清朝人震钧在《天咫偶闻》中写道:"自五月朔至七月望,青帘画舫,酒肆歌台,令人疑在秦淮河上"。到东便门外"逛二闸",是当时京城人的游乐时尚。高碑店娘娘庙的庙会更是当时著名的民俗盛会。

清末铁路交通的兴起替代了运河的功能,也导致运河沿岸一些城镇的萎缩和沿途风光的不再。但尽管如此,大运河在元明清三代的兴盛,为北京留下了丰厚的历史文化遗产,也为北京的地域文化注入了鲜明的特色。比如,今西城区什刹海周边蜚声中外的名胜古迹和传统街巷格局,东城区和朝阳区通惠河沿岸的仓场、闸坝、码头遗址等,都是元代以来运河文化的重要载体。曾经排列运河沿岸大大小小的众多仓库,至今仍留有南新仓、北新仓、禄米仓等仓廒遗迹,成为当今北京珍贵的旅游资源,有的虽只留在了地片或街巷的名称中,但同样成为北京悠久历史的无形注脚。又如通州境内的燃灯佛舍利塔、通州文庙、通州衙署遗址、贡院遗址、工部分司遗址、嘉靖寺遗址、天后宫、东八里桥以及通州古城等,也都是运河留下的历史烙印。

除了有形的物质遗产,由运河带来的曲艺、京剧等文学艺术,与漕运有关的花会、庙会、放河灯、舞龙、高跷、运河号子等民风民俗以及民谣等,对北京文化的形成和发展也起了巨大作用。北京民谚中如"西有三家店,东有张家湾"的说法,就是运河文化对北京历史影响的反映。举凡文学艺术、水利文献与科技成就、法律典章与治河经验、历史人物的事迹及其思想、民俗民谣等，都可以列入运河非物质文化遗产的范畴，它们同样是北京古都风貌的重要元素和北京地域文化不可或缺的组成部分。这些宝贵的文化遗产，在当代致力于发掘区域历史文化资源、创建地方文化品牌的形势下，显得尤为重要。北京作为大运河的北端点，不仅提供了运河文化形成的动因，而且在其自身发展中融合了诸多运河文化要素，铸就了包容、大气、通达、聚合的城市品格。

大运河的兴衰无疑是影响中国历史进程的关键环节之一，由此造就的地域文化在空间上展现为一条纵贯南北的"运河文化带"。就自然要素而言，地貌、气候、水文条件制约下的运河主干及其整个流域，是两千多年来人类进行文化创造的空间舞台；从人文主题考察，开凿或改造运河的主要活动、代表人物、水利技术、管理制度、各类遗迹、地方习俗、精神形态等，则是构成"运河文化"的基本方面。北京从北方军事中心到全国首都的演变过程，对一座城市与一条运河的关系做出了生动的诠释，尽管"北京段"处在全国整个"运河文化带"的最北端，却在"运河文化"形成发展的历史大剧中谱写了自然与人文交相辉映的华彩乐章。

京城内外留下的水道、码头、漕船、仓场、闸坝、官署、城镇、祠庙等，都是运河文化的物质载体。大运河在五大水系之间架起了一座文化沟通的桥梁，借助于人员往还、书籍流通、信息传播，全国各地的戏曲、曲艺、文学、艺术、美食、园林，与漕运有关的花会、庙会、河灯、舞龙、高跷、号子、民谣、习俗、信仰等荟萃于首善之区，京师文化也由此向四面八方辐射，经过相互吸收、彼此借鉴，积淀为既兼容并蓄又引领潮流的文化形态。总之，从文化的角度看，运河的兴起与衰落对北京城的影响至深，不仅成就了其全国政治文化中心的地位，还使城市的发展融合了诸多运河文化要素，铸就了包容、大气、通达、聚合的城市品格。如今运河作为水道的运输功能虽然不再重要，但作为北京城的一条历史长廊，它依然发挥着文化动脉的巨大作用。

第三节　西山—永定河：文明之源

西山是对北京西部山地的总称，属太行山脉最北段，居太行之首，"强形巨势，争奇拥翠"，被誉为"神京右臂"，拱卫着北京城。关于西山的地理范围，当前比较一致的看法是北至昌平区南口关沟，南抵房山区拒马河谷地，西部与河北省交界，东临北京小平原，行政区域涉及昌平、海淀、石景山、丰台、门头沟和房山六区，总体呈北东—南西走向，总面积近3000平方公里，约占北京市域的六分之一。

永定河，海河流域七大水系之一，发源于山西省宁武县管涔山，流经山西省朔州、大同，河北张家口地区，北京市延庆、门头沟、房山、丰台、大兴五区，再经河北廊坊、天津武清汇入海河，流至渤海，全长747公里（含永定新河），流经43个县市，流域面积4.7万平方公里。它古称㶟水，隋唐时期称桑干河、清泉河，金代称卢沟，元明以后又有浑河、小黄河、无定河等名称。河流名称的变化，是其水文状况恶化的一种反映，尤其明清以后变得易淤易决，水患频仍。清康熙三十七年（1698年）大规模整治河道、修筑河堤之后始有今名。永定河从远古流到现今，不仅滋润了两岸肥沃的土地，哺育了包括京、津在内的城市群落，更孕育了悠久而独特的历史文化，形成一道跨越京津冀晋的文化风景线。

西山作为北京西部地区重要的生态屏障，生态环境良好，历史底蕴绵长，文化资源丰富，文化类型多样。西山地区分布着许多重要的自然景观与人文景观，在北京地域文化体系形成过程中承担着重要角色，北京城的构建在很大程度上可以说是"借景西山""借势西山""借水西山"。北京在"十三五"规划纲要中着重提出制订实施北部长城文化带、东部运河文化带、西部西山文化带保护利用规划。在北京新一版的城市总体规划中，进一步扩充"西山文化带"的内涵，将永定河纳入进来，具体构成"西山—永定河文化带"。

一、西山与永定河孕育了北京城市发展的原始环境

西山迎来了北京文明的最初曙光,是北京城的根脉所系。西山所在太行山脉是永定河的发源地,永定河由西山西部进入北京境内,越过百里山峡,历经昼夜不息的流淌,将黄土高原和太行山的沙砾搬运到"北京湾",铺垫起总面积达7500平方公里的洪积冲积扇平原,为北京城的出现提供了最初的地理环境。这片区域土壤肥沃,阳光充足,植被繁茂,是优良的生存、防御与繁衍的生活环境,成为适宜北京城营造的地理空间。与此同时,永定河布设了洪积冲积扇小平原的河道、河网水系,蕴蓄了北京最大的地下水库。历史地理学家侯仁之先生认为最早的北京城——蓟的前身就是从永定河古渡口邻近的高地上发展起来的。

西周初年武王伐纣取得胜利,封黄帝的后裔于蓟,蓟就是历史上北京城最早的聚落名称。它背靠长满蓟草的蓟丘,西邻大湖(史称西湖,今莲花池的前身),中心位置在今广安门一带。蓟丘之为"丘",就是因为处于永定河冲积扇的一条轴部,地势较高,丘下正是永定河冲积扇的潜水溢出带,绿野平畴,流泉萦绕,湖塘相间;城西的大湖,即由蓟城西北一带的永定河地下水涌出汇流而成。在西湖水系的哺育下,从先秦蓟城到汉唐幽州再到辽南京、金中都,都是在同一城址上发展壮大。元代以后,城址北迁到高梁河水系。高梁河也是永定河故道之一,它接纳来自西北山区的水源,供养着从元大都、明、清北京城直至今日之首都。也就是说,永定河水及其故道遗存所形成的莲花池水系、高梁河水系,一直是从蓟城到北京城的主要水源。

早在远古时期,就有原始人类在西山地区繁衍、生息。1929年,中外古生物学者在西山南部周口店龙骨山相继发现了古人类牙齿、骨骼和完整头盖骨及其生活、狩猎及用火的遗迹,将其命名为"北京人",证实了50万年以前北京地区已有人类活动。"北京人"作为从古猿进化到智人的中间环节的直立人,过着简单的采集、游猎生活,并已学会用火和保存火种。周口店遗址是迄今为止世界上人类

化石材料最丰富，植物化石门类最齐全、最生动的旧石器时代早期人类遗址之一。它不仅是有关远古时期亚洲大陆人类社会的一个罕见的历史证据，而且也是整个人类进化进程的重要依据，是全人类的共同遗产。

周初，为了统治殷商遗民并防御少数民族的侵扰，武王、成王先后分封了齐、鲁、卫、燕、宋等71个诸侯国。自20世纪60年代开始，经过多次发掘，西山南部董家林村琉璃河遗址出土了非常丰富的文化遗物，包括墓葬与城址，特别是带有铭文的青铜器，为了解燕国分封与古燕国早期历史提供了珍贵的文字资料。琉璃河遗址的发掘，是20世纪北京地区考古工作的一项重要收获，将北京的建城史上溯至距今3000余年的西周初期。由黄土坡墓地，可以判定董家林古城应是燕国的都城。董家林古城址的发现和年代的确定，不仅为研究西周早期都城形制提供了重要实物例证，而且解决了自汉代以来对燕的封地的历史争议，证实了《史记》中记载的周武王"封召公奭于燕"（公元前1045年）及燕国存在的历史真实性。

西山还提供了北京城市发展必需的水源。这片区域众多的名泉，汇成多条河流，流经今天北京城区大部分区域，为人们的生产、生活间接地提供了丰沛的水资源。西山水系以玉泉山水为主体，汇聚了香山诸泉、碧云寺卓锡泉、樱桃沟水、万安山诸泉等山间泉流以及永定河古清河河道中的万泉庄等浅层溢出泉水，金、元以后又上承一亩泉、白浮泉等京西北水源，下引长河、高粱河、昆玉河，构成了自元、明、清以来北京城市水系的上源，被称之为"帝都之龙脉"。京西水系的来源及变迁，不仅与"三山五园"的形成、发展及其深厚文化底蕴的积淀密切相关，而且也是北京城市发展史的一个重要内容，深刻影响着北京城市空间的布局及其发展。

除此之外，西山连绵的山脉以及永定河流域中上游是辽、金、元、明、清时期北京城市建设所需材料的主要供应地，从水源，到木材、煤炭等燃料，到城池、民居所需石料、石灰等建材，到日常食用的粮食、干鲜果品等资源，构成了维持北京城的物质补给线。

二、西山是多元文化形态的精品展示橱窗

西山是多元文化形态的精品展示区,这里的文化资源层级高,意蕴深,发展潜力大,最具代表性的是以"三山五园"为代表的皇家园林文化,以及以潭柘寺、八大处等为代表的宗教文化。这两种文化类型相互交叉,互为依托,构建了西山独具特色的文化景观,四时俱胜的自然风景与宗教建筑、帝王行宫和谐共生、相映生辉。

魏晋南北朝时期,佛教开始在北京地区兴起,西山的宗教功能开始萌芽。始建于西晋愍帝建兴四年(316年)的潭柘寺,背倚宝珠峰,是佛教传入北京地区后修建最早的一座寺庙,有"京都第一寺"之称,"先有潭柘寺,后有幽州城"成为流传久远的民谚。

隋唐时期,西山宗教功能逐渐占据主体地位。位于西山南部的云居寺石经始刻于隋大业年间(605—618年),当时高僧静琬等为维护佛教正法,继承其师北齐南岳慧思遗愿,在石经山刻石造经。静琬逝后,其弟子又相继主持刻经事业,历经隋、唐、辽、金、元、明诸朝,延续千载。云居寺是佛教经籍荟萃之地,1942年遭到日本侵略军轰炸,寺庙主体建筑被炮火所毁,但闻名于世的中国唯一的石刻大藏经因埋藏地下,幸免于难。云居寺石经共镌刻佛教经籍一千余部、三千余卷,有经版一万四千多块,是校勘现有佛教木刻经籍的实物根据。像这样大规模刊刻,历史这样长久,实属世界文化史上罕见的壮举,是世上稀有而珍贵的文化遗产,被誉为"北京的敦煌"。

此后,随着佛教在北京地区的不断发展,寺庙建造也越来越多,而在京西的群山之中,自唐代,历辽金,一直到明清时期,寺庙建造尤为兴盛,如位于西山北部阳台山麓的大觉寺、坐落在西山北部凤凰岭山麓的龙泉寺、仰山上的栖隐寺等。

明代西山的寺庙最著名者如八大处,于丛林中若隐若现,暮鼓晨钟伴随潺潺泉水,吸引了众多游人香客。其中长安寺以玉兰、紫薇、白皮松等奇花名树著称,灵光寺有飞泉瀑布和小桥流水等景观,三山庵"翠微入画"可尽享山景,香界寺玉兰、证果寺古柏,均驰名京城。至于香山东坡的永安寺(后称香山寺),金、元、明几朝帝王

们或以"永安"称之，或以"甘露"名之，不仅建筑壮丽，且风景绝胜。其北之碧云寺，则以泉水取胜，山泉从寺后石缝引出，蜿蜒曲折。

清代以"三山五园"为核心的皇家园林内布设了大量蕴含着浓郁宗教文化氛围的建筑与景点，其中既有佛教的寺院，也有道教的坛阁，还有大量的民俗信仰祀庙，生动反映了清代帝室独特的宗教氛围。据不完全统计，西山皇家园林中，宗教建筑几乎占到三分之一，其中尤以佛教建筑数量为多，风格迥异的佛教建筑点缀于园林山水当中，规模最大、影响最广的佛教建筑，当为乾隆时期建造的清漪园（后称颐和园）万寿山寺庙群。

西山一带，群峰叠翠，泉泽遍野，自辽金以来，深得历代帝王喜爱，逐渐成为封建王朝的离宫别苑聚集区。辽代在玉泉山建起了北京西北郊最早的皇家园林——玉泉行宫。金朝初年建有芙蓉殿，第六代皇帝金章宗完颜璟建起了"八大水院"（圣水院、双水院、灵水院、金水院、香水院、清水院、潭水院、泉水院），开启了西山地区行宫、寺庙兼园林的山水艺术建设的历史，为其后历代帝王在西山兴建园林奠定了人文景观基础。

元代，皇家园林行宫主要建造在东南一带，如柳林行宫及下马飞放泊（今南苑一带），这一时期的西北皇家园林没有得到发展。在明代，私家园林在西山地区崛起和发展，出现了清华园、勺园等名园，为西郊一带的园林文化增添了新的活力。清华园的建造者为明武清侯李伟（神宗万历皇帝朱翊钧的外祖父），李伟建有槐楼、十景园、钓鱼台别墅等多处园林，而以清华园最大，几乎所有中国古代园林建筑的要素，在这座园林中都有所体现，故而有"京国第一名园"之誉。武清侯身份十分尊贵，故而万历皇帝及皇太后皆有御赐书匾，以示宠幸。

清华园旁边有米万钟建造的勺园。米万钟，明后期著名书法家、画家，一度与董其昌齐名，人称"南董北米"。勺园取"海淀一勺"之意，又称"风烟里"，其地位于今北大未名湖与西门一带。勺园以水景取胜，神似江南水乡的风景。园中诸景，皆有名目，又皆有题字，或为前代名家手笔的集字（如苏轼、黄庭坚），或为当时名人及米万钟自己的手笔。

明代西郊园林体系逐渐成熟，文化内涵更加丰富，不仅有北方文化的粗犷雄武，而且吸收了南方文化的细腻秀美，成为中国传统园林文化的典型汇集地。明清以后更由于成熟的园林体系、开阔别致的居住空间、达官贵人聚集的氛围和气场，成为京城政治文化的副中心。而西山园林文化发展的最高峰，当数清代皇家"三山五园"。

"三山五园"肇始于康熙年间，但主要完成于雍正、乾隆两代。清初的帝王们利用良好的社会经济条件，利用西北郊山明水秀得天独厚的地望资源，先后建成多处皇家园林。我们通常所称的"三山五园"即玉泉山的静明园、香山的静宜园、万寿山的清漪园（颐和园），及圆明园和畅春园。其实西郊的山并不止三座，西郊的园林也并不止五个，"三山五园"是对西山皇家园林的统称。它一方面使北京地区的园林文化成为集中国园林文化之大成的典范，另一方面又加入了若干域外园林文化的因素，堪称世界园林文化的杰出代表。

"三山五园"建成之后，清代几代帝王的主要生活就从皇宫迁移到了园林，许多重大政治决策的筹划和议定在这里完成，许多重大历史事件也在这里发生。因此，西山皇家园林区也就成为与紫禁城并列的另一个政治中枢，故而可以说，一部"三山五园"史，就是半部大清史。

盛世兴园，国衰园毁，"三山五园"史既是一部清代皇家园林的兴盛与衰毁史，也是一部浓缩的中国近代史。清代嘉庆时期，王朝国势日益衰落，国家财政逐渐困难，京西皇家园林虽然保持着乾隆年间的基本面貌，但已不复昔日的繁盛气势。由于无力进行全面经营与维护，部分建筑坍塌，部分园林被闲置。咸丰十年（1860年），英法联军入侵北京，占据、抢劫并焚毁了海淀镇和圆明园，"三山五园"和京西皇家赐园、私家园林大多被掠劫、焚烧，成为一片片废墟。那些劫后未完全毁掉的王公朝臣赐园和私家园林，也被长久地闲置起来并且处于自然损毁状态。昔日亭台楼榭、柳绿花红、车马喧闹绵延数十里的园林集群，变成了荒凉的、无人问津的废园。后来又经过近百年的风风雨雨，西郊皇家诸园除万寿山在光绪年间重修并更名为颐和园、香山仍存留部分景物之外，其余已难觅旧观。

三、永定河是文化融合的天然通道

永定河跨越了晋北高原与华北平原两大地理单元，途经畜牧与农耕两类经济区域，河谷地带自然成为南北民族交往的通道、各种文化交汇融合的走廊。唐代以前，中国的政治、文化中心在西安或洛阳，形成了辉煌的秦晋文化、河洛文化。其后的辽、金、元、明、清各朝相继建都北京，中国的文化中心也随之东移。永定河谷地正是"东移"的路径之一，它不仅沟通了秦晋文化与燕赵文化，更为西北少数民族与中原汉民族的交流创造了有利条件，从而使新的文化中心得以落户北京。受其影响，永定河流域逐渐形成了一条蜿蜒奔腾的水脉，同时也形成了一条五彩纷呈的文脉。

大约200万年前，人类的祖先就已出现在永定河上游、今河北阳原县境内的泥河湾一带。从距今200多万年到1万年的旧石器时代早、中、晚期，人类活动都在这里留下了内容丰富的遗迹，这在世界上是独一无二的。泥河湾的考古发现，改写了关于人类起源和人类文明发展的历史，昭示了永定河流域是人类最早的文明发源地之一。在距今70万年的旧石器时代早期，永定河中游出现了北京周口店的北京猿人；距今约20万年到10万年的旧石器时代中期，永定河流域的居民代表是北京的新洞人、山西阳高县的许家窑人；进入距今10万年至1万年左右的旧石器时代晚期，则有北京的山顶洞人、山西朔州的峙峪人；新石器时代，又有了北京门头沟的东胡林人等。考古发现表明，东胡林人已经生活在全新世早期，冰川消融，气候回暖，气温大幅度上升，地面植被变化明显。从自然条件方面来看，当时全部生物面貌和现代基本相似，已经具备了农业生长的基本环境。同时，东胡林人已经采取了定居的生活方式，可以从年复一年的植物生长过程中发现其枯而复荣的规律，具有较旧石器时代更为进步的磨光石斧等生产工具和生产技术水平，拥有食用农产品必不可少的煮食技术和工具，种种迹象表明，北京地区已经进入原始农业产生时期。

可以说，从200多万年前到现在，永定河流域内的人类活动遍布多地，生生不息。西至永定河上游、东至辽河上游的这一大片农牧交错带作为联结中国中原与欧亚大陆北部广大草原地区的中间环节，在中国古文明缔造史上具有特殊的地位和作用。中国多民族国家统一过程中的一连串问题，最集中地反映在这里；从南北朝到辽、金、元、明、清，许多历史的"重头戏"也都在这个舞台上演。

永定河流域的古都、古城、古堡、古村落，反映了五千年华夏民族融合的发展历程。永定河除孕育了古都北京，还造就了古都大同（北魏的首都，辽、金的陪都），以及传说时代的黄帝之都涿鹿（今涿鹿东南40里之古城）、西周末年北狄人所建代国之都——代王城（今蔚县东之代王城）、元朝时的元中都（今河北张北县西北）。这些都城，上溯炎黄，下及当代，贯通了中华五千年文明发展史，既有首都、陪都又有割据政权之都、统一王朝之都，既有中原汉王朝之都又有北方游牧民族之都。这些古都，数量众多，类型齐全，构成了一个区域性的古都群落。永定河流域分布着众多上迄秦汉下至明清之郡、州、府、县、卫的治所城址，反映出永定河流域行政建制历史的悠久，诸如代县故城、永兴故城、矾山故城、缙山废城、永宁旧城、万全右卫城、故蔚州卫城、故延庆卫城、狼山府城等。它们作为曾经重要的行政建制，展现了区域历史发展的脉络，起到了时空标志的作用。出于战争防御的需要，在永定河中上游地区遍布大大小小的古城堡，如新平堡、得胜堡、开阳堡等，它们都有高大厚实的土筑墙垣，有的还甃以砖石，坚固、方正、自成一体。这种城堡形态的古村落在永定河流域普遍存在，显示出民族交错地带的聚落特征。永定河流域的其他古村落，相对保存较好的也不少，如北京的爨底下、灵水、三家店、琉璃渠、水峪等，河北的南留庄、北方城、暖泉镇等，山西的觉山村、小石门村、神溪村等。

异彩纷呈的宗教文化遗产展现永定河流域文化的兼收并蓄、包容大气。在永定河流域，宗教文化遗存具有数量多、种类全、名气大、年代久、保存好等特点。北京的门头沟区犹如这条宗教文化带上的一颗明珠。据不完全统计，门头沟境内有寺庙375座，时间跨度自汉唐至明清绵延两千多年，如汉代始建的瑞云寺、灵泉寺，晋代的潭柘寺，隋唐至辽金的戒台寺、灵岩寺、灵岳寺、大云寺、白瀑寺等，元明清以后的则不可胜数。其种类不仅覆盖释、道、儒、俗，还包括来自西域的天主教、基督教、伊斯兰教。从等级、功能上看，上及皇家寺院，下至与百姓日常生活紧密相关的山神庙、土地庙、龙王庙、马王庙、虫王庙、树王庙、苗王庙等无所不及。还有独具地方特点的永定河河神庙、采煤者供奉的窑神庙等。如此悠久、繁多、迥异的宗教文化实体，反映了永定河流域文化的多样性和发展的持续性。

永定河流域的民间文艺和民俗文化既具流域共性又有各地特色，呈现多种形式时空交织、相互辉映的状态。花会、幡会、秧歌、锣鼓、社火等，本是中原农耕民族为庆祝丰收或春节、元宵等举行的节庆活动，在永定河全流域同样盛行，但融入了很多北方草原民族热烈、奔放、雄浑、大气的风格。比如，上游地区的梆子戏、秧歌戏、北派皮影戏、蹦蹦戏等曲调高亢苍凉，内容和形式都有游牧民族生活的印记；同样是社火，河北蔚县的打树花、拜灯山，涿鹿的绕花，门头沟的台火等，呈现火树银花的方式不同，但都反映了对火的礼赞，既有草原民族以火驱兽习俗的保留，也有流域内采煤、冶矿业发达的体现。由于地理环境相对封闭，永定河流域的民间戏曲大都流传久远。门头沟古幡乐保留了明代祭祀孔子用的礼乐，柏峪的秧歌戏被称为古代音乐的"活化石"，京西太平鼓、浑源扇鼓和云胜锣鼓等民间鼓乐舞，包含了远古时期北方民族粗犷豪放、爽朗大气的性格特征。永定河流域的民间艺术与民俗文化既有历史的沉积和延续，又呈现出不同历史时期各民族文化元素流布和途经的影响与痕迹，这正是永定河这个文化走廊所具有的独特气象。

四、近代以来西山文化功能拓展

近代以来,西山地区的历史命运同清朝的国势兴衰密切相关。民国建立之后,西山地区的政治属性基本消失,文化功能则得到进一步拓展与丰富。在官方与地方士绅的共同推动下,昔日封闭的帝王宫苑对大众开放,颐和园、香山、玉泉山等变成了现代公园,曾经的皇家禁地变成了平民可以观览的公共空间。

民国初年的颐和园(甘博摄影)

由于静宜园位置绝佳,原有山水景观体系基本保留,许多社会名流、绅商大贾以及外国人纷纷在此修建私人居所,如眼镜湖北院(汪精卫)、双清别墅(熊希龄)、碧云寺水泉院(国民党元老李石曾)、香山寺下院(张宗昌)、碧云寺南院(顾孟余)、雨香馆(中央银行总裁冯幼伟)、松林餐厅(北洋政府财政部长周学熙)、见心斋(英敛之)、洪光寺(袁克定)、玉华山庄(二十九军军长肖振瀛)、重翠庵(庄乐峰)、梯云山馆(张謇)、栖月崖(德国医生狄伯尔)、松云别墅(美商中华平安公司洋员的避暑之所)、芙蓉馆(周作民)等。一些饭店、学校等也在此开设。此时的静宜园已经超越了单一的皇家园林的范畴。

西山地区也是北京近代高等教育的起源地之一。1909年8月，清廷内务部将西山清华园拨给游美学务处，并拨款修建一所留美预备学校，这就是清华大学的前身。清华园为明代武清侯李伟所建，有"京国第一名园"之誉。此时清华园已经荒芜，仅保留部分建筑遗迹。清华学校依靠相对充分的资金保障，聘请美国著名建筑师墨菲，以清华园原有的地理环境为依托，采用20世纪初美国大学中常见的空间模式，最终确定了"大草坪+院落"的规划结构与建筑风格，形成了开放式的空间布局，深刻影响了清华校园后来的发展。

燕京大学的前身是三所教会学校：北京汇文大学、华北协和女子大学和通州协和大学。1919年前后，三校陆续合并成燕京大学。美国人司徒雷登担任校长之后，积极扩充校园空间，买下西山"淑春园"旧址，并请墨菲担纲设计。1926年，燕京大学正式迁至海淀燕园。新校区以未名湖、博雅塔为中心组织校园空间，并与玉泉山遥遥相对，形成一种中西合璧式的园林式校园，是近代中国规模最大、质量最高、环境最优美的校园之一。

20世纪30年代的燕京大学校园（甘博摄影）

1912年，天主教徒英敛之夫妇在香山静宜园创办一所女校，名为"静宜女学"，学员大多来自附近京师外八旗营的满族女子。1913年，英敛之又在静宜园创办了"辅仁社"，次年，又将见心斋、梯云山馆、韵琴斋三处陆续修葺，以供办学之用。这是一座小型学校，首届招收23名学生，全部由各地天主教会选送。"辅仁"一词出自《论语·颜渊》中曾子所言："君子以文会友，以友辅仁"。1925年由美国本笃会定名"北京公教大学"，1927年定名"私立北京辅仁大学"，1929年呈请国民政府教育部正式立案，改名"私立北平辅仁大学"。辅仁大学以精英人才为培养目标，强调"动国际而垂久远"，虽仅存在27年，但在史学、国文、物理、化学、心理、教育、生物等学科荟萃了一批学有专长的中外学术名家，在中国现代高等教育史上写下了浓墨重彩的一笔。1949年新中国成立后收归公有，为"国立辅仁大学"，1952年并入北京师范大学。

自民国初年到20世纪30年代，在西山地区逐渐形成了一个由大批法国精英和曾赴法留学的民国文化名人组成的"朋友圈"。这个精英团体包括铎尔孟、圣-琼·佩斯（Saint-John Perse，1887—1975年）等法国人，也有蔡元培、李石曾、吴稚晖、张静江、熊希龄等中国人。中法大学是中法文化交流史上一个重大成果，其经费主要来源于法国退还中国的庚子赔款。它是1920年由香山碧云寺的法文预备学校扩充而成，即由原有的法文预备学校扩充为文、理两科，改称中法大学西山学院，它是蔡元培、李石曾、吴稚晖等人发起组织的留法俭学会与法文预备学校和孔德学校的基础上组建的。到1925年该校就已经成为规模宏大的综合性大学。1925年将文科移至东黄城根北街，改称中法大学服尔德学院，理科改称居礼学院，生物研究所改称陆莫克学院。在1920年创办至1950年停办的30年里，北京中法大学共有569名学生毕业，其中理学院225人，文学院281人，医学院11人，为我国培养了一批自然科学、医学、社会科学和文史等方面的人才。

2013年开始，北京正式启动修复中法文化交流史迹群，挖掘和保护更多带有情感价值的建筑遗产,包括修复西山地区的22处,如北京47中的部分院落、贝家花园、圣-琼·佩斯创作地和著诗处、中法大学建筑遗存、理想社会实验区等等。

现在香山公园松林餐厅一带,有一片灰砖砌就的建筑群,这片建筑群坐西朝东,背依香山香炉峰,前临平原,被翁郁的林木所荫蔽,经过这里的人,如果不是驻足阅读建筑群门口的介绍牌,就不会知道这里就是著名的香山慈幼院的旧址。慈幼院前身是1917年9月设立的北京慈幼局。1917年,顺直地区发生大水灾,熊希龄奉命督办水灾善后事宜,见到各地方的灾民,因为乏食,有的甚至将儿女遗弃或标卖,所以在北京设立了两所慈幼局,一所专收男孩,一所专收女孩,前后收养近千人。水灾平息以后,这些儿童先后被他们的父母领回,可是到了后来还有200多名儿童没有人认领。1918年9月,熊希龄上呈大总统徐世昌,请其出面与清皇室内务府交涉,内务府准予借用。1919年2月,香山慈幼院建院工程正式开始,至年底男女两校舍竣工。1920年10月,香山慈幼院正式开院。初建时的香山慈幼院分为男女两校,男校在静宜园的东北部,即今香山公园管理处和香山别墅所在地,女校位于静宜园的东南部,即香山饭店的位置。香山慈幼院总部镇芳楼尚存完好,在今香山公园管理处院内。香山慈幼院推行集学校、家庭、社会三位一体的"三合一"的教育体制,开创了中国近代慈善教育的新体制。

西山以优美的山水景观与丰厚的文化景观成为文人墨客理想的隐居地,他们在游览之时,登临高处,遍览胜境,吟诗赋词,泼墨行文,留下了许多传世佳作。伟大的文学作品《红楼梦》就诞生于此。20世纪30年代,徐志摩曾经感叹:"北京的灵性,全在西山那一抹晚霞。"法国文学家圣-琼·佩斯在西山管家岭村西桃峪观于1920年创作完成了长诗《阿纳巴斯》(又译《远征》)。该诗以含蓄的形式,叙述了一次深入亚洲沙漠的戎马倥偬般的神秘远征。圣-琼·佩斯1916年作为外交官来华工作,先后担任法驻上海领馆领事和驻北京大使馆秘书,正是这首诗使其获得1960年诺贝尔文学奖。

五、西山的红色基因

西山地区带有鲜明的红色基因,中国共产党的重要创建者李大钊先生就长眠在西山脚下的万安公墓。20世纪20年代在西山地区兴起的留法勤工俭学运动培养了周恩来、蔡和森等一批中国共产党早期的骨干党员。

1937年全民族抗战爆发之后,中国共产党领导的冀热察挺进军在萧克等将军的带领下,于1938年3月创建了以现门头沟区斋堂镇马栏村为中心的平西抗日根据地。由于位于日伪统治华北的核心地带,平西抗日根据地具有独特的战略地位,它是晋察冀边区的东北屏障和前哨站,是坚持冀东、开辟平北两块根据地的坚实后方,对边区的巩固和壮大起过重要的掩护和拱卫作用。作为八路军向冀东、热河、察哈尔等地挺进的前沿阵地,平西抗日根据地也是北平、天津中共地下党组织与陕甘宁边区联系的"红色走廊",很多爱国青年学生、共产党干部、国际友人通过这条通道奔赴延安。抗战胜利后,平西抗日根据地又成为人民解放战争的前哨站,从这里挺进东北,为解放东北打下坚实的基础。

法国医师贝熙业自1912年来到中国,曾担任法国驻中国大使馆医官。1937年卢沟桥事变爆发后,贝熙业代表外国驻京医官致函中国红十字会,愿意为红十字会服务,支援中国人民的抗日战争。贝熙业为村民开设的免费诊所,也曾是中国共产党京西地下情报联络站的一个重要中转站。年近七旬的贝熙业以此为掩护,源源不断地将药材、器械从敌占区送往晋察冀边区,两台大功率的发报设备也是通过这条特殊的路线运往延安。此外,还有现在位于海淀区管家岭、车耳营、凤凰岭至门头沟一线的"林迈可小道",通过这条线路可以前往晋察冀革命根据地。

西山也是中共中央与毛泽东在1949年进驻北平时最初的居住和办公地,是中国共产党指挥人民解放军向全国实现大进军的指挥部,新中国在这里奠基。

1949年3月23日,毛泽东、朱德、刘少奇、周恩来、任弼时等率领中共中央机关及人民解放军总部人员，由河北省平山县西柏坡村出发，驶往刚刚解放的北平。25日清晨6点，中共中央领导人的专列抵达北平清华园车站。当日下午3时，毛泽东等人一同来到西苑机场，会见了北平市各界代表以及民主人士共1000多人，并检阅了人民解放军部队。傍晚时分，毛泽东等前往香山静宜园，住进双清别墅。当天，新华社向全国播报了"党中央毛主席胜利抵达北平"的消息。

中共中央在西山停留了半年多的时间，在此期间，中国人民解放战争从基本胜利走向全国胜利，中国革命实现了历史性的伟大转折。军事上，发起了史无前例的大进军，解放了中国大陆的绝大部分地区；政治上，同各民主党派一道，围绕如何筹建新中国、成立中央人民政府，共商大计；经济上，探索了新民主主义国家的经济构成和经济政策。毛泽东在西山完成的《论人民民主专政》一文成为建立新中国的重要理论基石。西山既是中国革命取得伟大胜利的落脚点，也是建设新中国的起跑线，中共中央在西山时期的伟大实践，具有深远的历史意义与价值。

相对于长城、大运河而言，西山自远古绵延至今，覆盖的历史时期更长，文化类型更加多样，文化特征也更加鲜明。尤其是进入20世纪之后，西山区域虽不再具有昔日之盛，但残留的人文遗迹与山水景观仍具有震人心魄的力量。同时，依托特殊的地理环境，西山的文化功能不断拓展、丰富，并伴随北京城的历史命运一路浮沉。

第五章

文脉视野中的水系与园林

水与城的关系是古代都城建设中最重要的关系之一，世界上伟大的古代文明都无一例外地滋生于大河巨川。尼罗河流域诞生了古埃及文明，恒河流域诞生了古印度文明，幼发拉底河及底格里斯河流域有古巴比伦文明，黄河、长江流域诞生了中华文明。北京城的起源与其区域内的水系环境密不可分，水脉即文脉与城脉。

水脉与文脉紧密结合的一个典型是北京的皇家园林。北宋文学家李格非在其所著的《洛阳名园记》中曾提道，"天下之治乱，候于洛阳之盛衰而知；洛阳之盛衰，候于园圃之废兴而得"。园林的废兴被提至都城盛衰进而昭示国家治乱的高度。一个城市的园林，是荟萃一个时代建筑特色、审美观念，甚至政治秩序、经济发展、文化繁荣的综合体现。北京历史上出现过众多优美俊秀的公私园林，但北京园林文化中最具特色，并进而成为古都文脉组成部分的，当数规格最高、传承一千多年而持续形成的皇家园林，而这些皇家园林的水源大都引自西山泉水。

第一节　水脉即文脉

　　严重缺水的现状引发了人们对古代北京丰水景象的集体回忆，众多的历史资料被打捞出来，表明北京曾经是一个水资源极为丰富的地区：它三面环山一面向海，盈盈一湾间，永定河与潮白河等河流出山后形成了水源丰沛的冲积扇平原。远古时期，北京就是水网纵横、湖泊密布的沼泽、草甸。蓟城兴起之后直至明清相当长的历史时期内，这里优良的水源和水利条件仍是吸引诸多王朝在此先后封侯建都的因素之一。如今分布在北京境内的河流主要分属大清河、永定河、温榆河、潮白河和蓟运河这五个水系，大大小小有100余条。而在6世纪前，仅北魏郦道元《水经注》上记载的河流，就有200多条。这些河流，包括永定河（古称灅水）在内，皆清波荡漾，有鱼米之利。清末，朱一新撰《京师坊巷志稿》，记录了北京内外城共有水井1265眼。

　　曹魏嘉平二年（250年），征北将军刘靖镇守蓟城时，曾率上千军士在灅上建造戾陵堰，开凿车箱渠，引河水东流，历石景山、八宝山北，接今紫竹院、高梁河水后又东流至积水潭，然后分为南北两支：一支继续东行，过今和平里接坝河东南流直至通县入潮白河；另一支沿古高梁河主河道东南流，经什刹海、北海、中海向南流至今石碑胡同、高碑胡同，再过正阳门、鲜鱼口、芦草园、红桥，经龙潭湖流出城外。这一水利工程使北京地区的水稻种植发展起来。此后，在车箱渠的基础上，历代都有引永定河或古高梁河水灌溉之事。

　　水量大自然有航运之利。1971年，在内蒙古和林格尔县发现的一座东汉墓中有这样一幅壁画：墓主人率众多车骑浩浩荡荡行进在桥上，桥题"居庸关"三个字，而桥下流水汤汤，碧波翻涌，有轻舟相随。居庸关桥下即是关沟，关沟的水量东汉时可以通船，今人恐怕难以想象。但当时北京的河流可通漕运则是不争的事实。

　　金中都是在蓟城基础上规划建成的，其所依靠的水系仍然是莲花池。莲花池主要通过下游的洗马沟河为中都城提供水源，当时的洗马沟河水穿城而过，今天仍可看到金中都南城墙的水关遗址。随着金中都城的发展，原来的莲花池已经不能满足当时的需要，为此，金朝开凿了高梁西河，将高梁河水引入中都城的护城河，并打通海淀台地，引玉泉山一带的流水进入高梁河，加大了高梁河的水量。金朝向高梁河的水源拓展，为后来元大都向高梁河的转移埋下伏笔。

伴随丰富的河水的，是平地流泉、湖泊星罗的景象。明清时，北京地区仍然有很多湖泊湿地，大型的如今海淀区的海淀，今南苑地区的"下马飞放泊"，今朝阳区东北部的金盏儿淀、北部的凉淀（今黄港、北甸一带）、南部的郊亭淀，顺义区东北部的母猪泊，昌平区西部的一亩泉、玉斗潭，延庆县南的养鹅池，通州南部的延芳淀等。成群的泉眼也随处可见，除了金代时就已声名显赫的玉泉山诸泉，还有如《大明一统志》记载的"百泉溪"："百泉溪在（顺天）府西南一十里丽泽关，平地有泉十余穴，汇而成溪，东南流入柳村河。"其所在地方又名"水头庄"，距此不远往东，曾是金中都的西城墙最南边的一个城门丽泽门，再往南一点还有万泉寺。"水头""丽泽""万泉"，这些名称都反映了这里泉多成河的地理特点。这里地势低洼，泉流众多，附近的道路常常泥泞不堪，很难行走。

《日下旧闻考》记载，海淀巴沟一带的万泉庄，清朝时共有28处泉眼，所有泉眼皆由皇上御书泉名，立碑以志，足见其珍贵而重要。万泉庄泉水北流为万泉河，成为明代贵族营造清华园和勺园等私家园林以及后来清代营建畅春园、圆明园的主要水源。据历史记载，安定门外、德胜门外、广渠门外、昌平沙河镇北，都曾有很出名的"满井"。所谓满井，即水漫井口、自溢自流的井，它是当时北京地区地下水资源极为丰富的有力证明。

三千年前，北京的前身、燕国的都城——蓟，依托着莲花湖水系自然地发育起来，一直到金朝在此建立都城之前，都没有过大规模开拓城市水源的工程。三国时期兴修的戾陵堰和车箱渠，以及魏晋时期续修的沟通永定河、高梁河、潮白河水系的有关水利工程，也仅是因蓟城周边农业灌溉的需求而出现的。这在一定程度上反映了当时北京地区人口规模的扩大和对水源利用需求的增加，但当时周边水系所提供的水量还是绰绰有余的。这些工程重在不同河流间的连接沟通和季节性的合理调配，增加的是河网密度和流程，从而提高水源的利用率，与后来的单纯为增加城市水源总量的拓水工程有着规模和本质上的不同。隋唐时期，蓟城在我国北方的军事地位更加突出，城市的交通枢纽及物流集散功能大大增加。隋炀帝大业四年（608年），在黄河以北开凿了永济渠，将南北大运河从江南直通到蓟城城下，目的就是通过航运将大量的物资和军队调集到这里。

永济渠由霸州信安镇以北直抵涿郡的那一段，就是利用流经蓟城南郊的桑干河河道接通的。这段运河的航运作用一直持续到北宋，是当时通往北方的主要运输渠道。可见当时蓟城周边水系流量是相当丰富的。而且，一直到金朝建立并在此建都，整个城市的主体水源也没有离开过最初的莲花湖水系。也就是说，莲花湖水系的水源一直满足了北京城两千多年的发展需求。

水的景观之美和文化意义早就被人们关注，沿着水脉建立和拓展政治中心几乎是历朝历代城市布局的核心。古代帝王都向往长生不老，追求传说中的仙境生活，有着一方神水——太液池和蓬莱、方丈、瀛洲三座仙山的城池是他们最理想的居住地。汉武帝在长安建章宫的北面挖了一个大池，叫太液池，池中堆出三个岛，称蓬莱、方丈、瀛洲，即所谓"一池三山"。唐代在大明宫后挖太液池，池中有蓬莱山。宋徽宗在汴梁修筑艮岳，把园中的土山也以"三山"命名。金元明清北京成为都城之后，临水筑城、引水入宫、挖池堆山、依山傍水修建皇家园林等也可谓一脉相承，直至登峰造极。蒙古民族有逐水而居的传统，而且忽必烈就驻扎在太液池中琼华岛的广寒殿，所以他在规划元大都时，就选取了金中都城东北水面广阔的白莲潭南部区域作为皇家宫苑的太液池，这就是现在的北海和中海。明清以后，"一池"水面有增缩，"三山"的具体指代也有变化，但是"一池三山"的核心格局并没有改变，也因此给今天的北京城中心留下了一个宏伟严整、金碧辉煌之紫禁城与波光柳影、碧水蓝天之"三海"交相辉映的人间美景。

除城市核心区域的功能和布局围绕水系展开，历代政治中心的拓展和延伸也是沿着水系而走。金代开始分别在中都东北郊外的白莲潭（今什刹海附近）、西北郊外的玉泉山一带建立行宫别墅，元代则在纳什刹海入皇城、引玉泉水入大内之外，又在南海子、延芳淀等水域设立皇家园囿和离宫，明清以后海淀"三山五园"的开发乃至承德避暑山庄的建立，都是王朝政治中心及其功能随河湖水系远程布局而又交相呼应的结果，是水脉与文脉之间相辅相成关系的具体体现。

另外，北京城内的水系格局又不断地围绕皇城宫殿的布局进行着整理和改造。元代，郭守敬远引昌平白浮泉水向西，并一路收集西山各路泉脉挽而向南向东，汇至积水潭形成运河码头，再沿通惠河一路往通州接上了大运河。这条水系从西北至东南斜穿整个大都城。通过它，元大都不仅在皇城宫苑的布局上充分展现了街道、建筑的方正严谨与河流的弯转灵动之间的平衡、协调，还完美地实现了前朝后市、漕粮入城的宏伟设想。而积水潭的南半部，被圈入皇城作为太液池造就了皇家园囿，并为其专门开辟御用水源——金水河，从玉泉山下汲取堪称"天下第一泉"的优质泉水，沿专用水渠通到今火器营之南，然后沿车道沟通至西直门南侧水关入城，再经今赵登禹路、前泥洼胡同至今甘石桥分为两支，分别流入皇城，作为太液池的水源以及宫廷用水。为了保证水流的洁净，金水河所经运石大河及高梁河、西河均有跨河跳槽，不与他水相混；且明令金水河"灌手有禁"，"敢有浴者，浣衣者，弃土石瓦砾其中、驱马牛往饮者，皆执而笞之"，以确保其皇家御用的地位。

至明代情况发生改变，一是将大都北城墙向南缩进五里，从今天的北土城路一线南移到今德胜门至安定门一线。这里位于古高梁河外积水潭与坝河的南岸，明朝就以原有的河湖作为天然屏障，构筑了西北部有斜角的新城墙与北护城河。二是永乐十七年（1419年）将元大都时代的南城墙前移二里，到达前门、宣武门、崇文门一线，并开挖了南城壕亦即前三门护城河。东、西护城河仍按大都旧制，仅将它们向南延伸与前三门护城河相通，然后经东便门入通惠河。三是将皇城北墙与东墙向外扩，使得元代可以经过皇城东北与正东到达积水潭的运河被圈入城中，漕粮由此失去了直接入城的条件。东直门、朝阳门一带由此出现裕丰仓、储运仓、太平仓、禄米仓、万安仓等。

此外，元朝时从玉泉山独自流入太液池的金水河，到明代逐渐废弃。元代丽正门左侧向东南流的那一段通惠河，也由于明代城墙南移后被包入城中而逐渐湮废。玉泉山水在汇聚到西湖（元代的瓮山泊）之后，过德胜门水关流进什刹海，然后分为两支：一支沿什刹海南岸开挖的新渠，经西不压桥流注太液池（北海、中海以及明代开挖的南海），然后分为内、外金水河，分别穿行宫城内外，最后又在太庙东南汇合，向东流入御河，这是专门供应宫廷及其园囿用水。另一支仍自什刹海东岸海子桥（后门桥）出，继续利用元代通惠河河道，向东流入运河，用于补给漕运用水。宫苑用水与运河用水既同出玉泉山水一源，又殊途同归于通惠河，可见明朝在解决城市水源问题上未能延续元代曾经的辉煌，而是基本处于被动守成的状态。

清朝治理河湖水系最大的成就在于乾隆时对西山水脉的全面改造。其对西山水源的收集整理为"三山五园"文化的兴盛奠定了水利基础，造就了京城的政治副中心。西山地区植被丰富，水源丰沛，山水风光俱佳，自古以来就是园林、别墅、寺庙、行宫之胜地。汇聚了西山地区山泉、湖沼以及丰富降水的京西水源，更是北京城市水系的源头和主脉。它以玉泉山水为主体，汇聚了香山诸泉、碧云寺卓锡泉、樱桃沟水、万安山诸泉等山间泉流以及永定河古清河河道中的万泉庄等浅层溢出泉水，金、元以后又上承一亩泉、白浮泉等京西北水源，下引长河、高梁河、昆玉河，构成了自元明清以来北京城市水系的上源，被称为"帝都之龙脉"、北京城的"文化之源"。京西水系的来源及变迁，与"三山五园"的形成、发展及其深厚文化底蕴的积淀密切相关，并且它也是北京城市发展史的一个重要内容，深刻影响着北京城市空间的布局及其发展。

玉泉山系西山东麓支脉，这里正是永定河冲洪积扇的山前溢出带，地下水间断露出，泉流密布，比较著名的有玉泉、迸珠泉、裂帛泉、试墨泉、涌玉泉、宝珠泉、镜影涵虚泉等十几处。无名小泉，则遍布山麓，难以计数。玉泉山水有两大特点，一是水量大，二是水质优。元朝人赵著说："燕城西北三十里有玉泉，泉自上而出，鸣若杂珮，色如素练。"清朝乾隆则称"朕历品名泉，实为天下第一"，还撰写了《御制玉泉山天下第一泉记》，刻于石上，立在泉旁，并亲自题写"天下第一泉"碑。

由于西山一带山明水秀，距城又不远，很早就被王朝统治者所看重。我们所见到的历史文献中除了描绘西山一带水景优美外，还都提到了历代在此构建别墅行宫的事。辽代在玉泉山建起了北京西北郊最早的皇家园林——玉泉行宫。金代又建芙蓉殿，金章宗完颜璟先后多次行乐于玉泉山泉水院，其华美绮丽直到明清时仍为人所津津乐道。所谓"玉泉垂虹"被纳入"燕京八景"之一，也正是自金章宗始。清朝乾隆皇帝则将其改名为"玉泉趵突"。

元、明时期也都将玉泉山作为皇帝游幸之所。元世祖忽必烈在此建有照化寺。明英宗朱祁镇又建上、下华严寺。清康熙十九年（1680年）将原有行宫、寺庙翻修一新，总名"澄心园"，后改称"静明园"。乾隆时也曾"几余临憩，略加修葺"，规模壮丽的玉泉山静明园

圆明园废墟

圆明园废墟

因此而名扬四方。又如在香山，金世宗时就修建了香山行宫，金章宗曾频繁游幸玉泉山、香山。金朝皇帝钟情于这里的重要原因也在于其丰富的水源和优美的山水环境。据称，由金章宗时流传下来的京西名胜"八大水院"——清水院、香水院、金水院、泉水院、圣水院、灵水院、潭水院、双水院都在西山山麓，且都以水为主题。

明朝以后，玉泉山至海淀一带皇家与贵族私人的园林持续兴盛，西山周围和海淀、万泉等处湿地的水脉被纷纷引入各座宅园，渐渐改变和影响着这一带的水系格局。到明末，白浮泉水断流，西湖只能依赖玉泉诸水的灌注。加之明清之交时局动荡，西湖失于疏浚，渐有泥沙淤塞和山水泛滥之象。随着清朝政权的稳固和社会经济的复苏，从康熙年间开始，新一轮的皇家园林修建热潮兴起。在明代李伟的清华园故地，康熙帝修建了畅春园，到晚年在畅春园以北创修圆明园。此后，又有相互毗连的长春园、绮春园（后改万春园）等皇家园林，以及赐予朝廷勋臣的规模较小的若干园林。

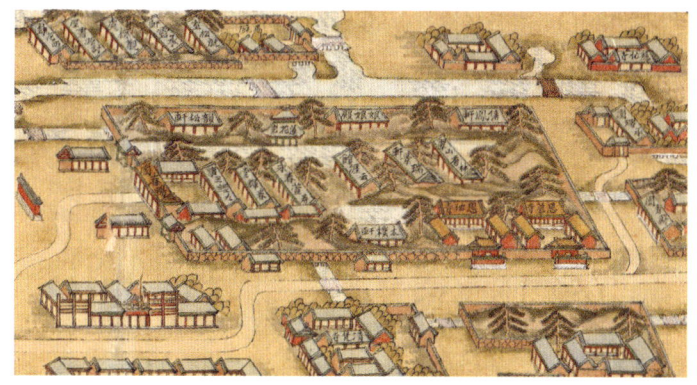

畅春园

作为清代在北京西郊建成的最后一座皇家园林，清漪园可以说是北京西郊"三山五园"这部园林交响乐的高潮。它将人文建筑与自然山水完美结合，使平地山水园（畅春园、圆明园）与山地山水园（静明园、静宜园）和谐地连接在一起，构成了世界上规模最大的皇家园林区。此番整理和改造，还造就了"玉泉山水乃帝都龙脉"之说。清朝以玉泉山水为源头，以明代九桥九闸之内城护城河系统和新增外城城壕体系为基础的城市水系格局至此完成并流布至今，它与"凸"字形的城市空间格局动静呼应、相得益彰，给方正、严谨、沉稳的北京城带来了俊秀、灵动、飘逸的气质，给大气、厚重的北京文化带来了自然、清新的生机与活力。

乾隆时期清漪园万寿山全图

第二节　西苑三海

西苑三海指北海、中海、南海（后两者又合称"中南海"），其中以琼华岛为中心的北海历史最为悠久，也是北京城市发展过程中具有地理坐标意义的文化名园。北海始建皇家园林，相传自辽南京时期即已初步发轫。辽会同元年（938年），契丹升幽州为陪都（时称"南京"），开始于城内建置行宫殿宇，相关皇家园林的营建亦随之展开。《辽史·地理志》记载，辽南京"中有瑶屿"，后人又称为"瑶岛"，认为其地即位于今北海。不过由于时世变迁，相关史料已湮灭于历史的尘烟之中，后人仅留下口耳相传的民间传说，称"其颠古殿，相传本（辽代）萧太后梳妆台"云云。

北海皇家园林的历史，确凿可据者可以上溯到金中都时期。金贞元元年（1153年）海陵王迁都燕京，改名"中都"，北京历史由此迈入一国之都的新时代，皇家园林建设亦随之翻开了新的一页。虽然在金末蒙古铁蹄的践踏下，金中都城内绝大多数精美的皇家园林随之化为历史灰烬，但由于偶然的历史机缘，作为城北离宫的金代琼华岛，得以在后来的元、明、清数世持续相承，从而演化成为北京古都文脉的重要组成部分。

金代琼华岛的营建，始于有"小尧舜"之称的世宗皇帝（1161—1189年在位）。大定六年（1166年），世宗命少府监张仅言等在中都东北低洼地带"开挑海子，栽植花木，营构宫殿，以为游幸之所"，至大定十九年（1179年）竣工。《金史·地理志》称："京城北离宫有太宁宫，大定十九年建，后更为寿宁，又更为寿安，明昌二年更为万宁宫。"建成之后的太宁宫周边景色壮丽，时人又称"北宫"，或称"北苑"。其基本格局与主体建筑，包括久负盛名的太液池、琼华岛、广寒殿等，已初具规模。时人赵摅《早赴北宫》诗写道："苍龙双阙郁层云，湖水鳞鳞柳色新。绝似江行看清晓，不知身是趁朝人。"赵秉文《北苑寓直》诗称："柳外宫墙粉一围，飞尘障面卷斜晖。潇潇几点莲塘雨,曾上诗人下直衣。"

金代琼华岛所采用的"一池三山"园林模式,源于中国古代关于东海中有"蓬莱、瀛洲、方丈"三仙山的神话传说。自秦代"始皇都长安,引渭水为池,筑为蓬、瀛"营造人间仙境开始,到汉代上林苑,"其北治大池……名曰太液池,中有蓬莱、方丈、瀛洲"。此后历代相沿,这种模式也就成为中国皇家园林营建中最具文脉意义的历史传统。

金代琼华岛奇石相传多来自宋都汴梁(今开封)艮岳,其布局亦多受中原皇家园林文化的影响。琼华岛建成以后,金世宗、章宗曾多次临幸,该地因而成为金代中后期重要的皇家园林。金世宗长期住在太宁宫避暑或处理国政,使这里成为中都之外的另一个政治中心,就像清代圆明园与北京城的关系一样。金世宗临终前竟不顾礼制要求,留下了停灵于寿安宫的遗诏。是故金亡之后,遗民登临故都,多有怀咏琼华岛之作。曹之谦《北宫》诗称"光泰门边避暑宫,翠华南去几年中"。王恽所作《游琼华岛》组诗,亦谓"蓬莱云气海中央,熏彻琼华露影香""五云仙岛戴灵鳌,老尽琼华到野蒿""光泰门东日月躔,五云仙仗记当年"云云。尤其是元好问,在《出都二首》中渲染"历历兴亡败局棋,登临疑梦复疑非。断霞落日天无尽,老树遗台秋更悲。沧海忽惊龙穴露,广寒犹想凤笙归。从教尽铲琼华了,留在西山尽泪垂",以败棋、疑梦、断霞、落日、老树、遗台等深秋日暮之景,衬托龙穴、广寒、凤笙、琼华、西山等故国胜迹之思,情景交融,被后人誉为"追昔抚今,最为沉痛"之作。郝经也在《琼华岛赋》序文中,说到他元初由万宁故宫登琼华岛时,即"徜徉延伫,临风肆瞩,想见大定之治,与有金百年之盛,慨然有怀",感叹"华阳九州岛之尘,辽海百年之蕴。烽涌烟填,庆云佳气,郁郁芊芊,时属清平,天下晏然"。琼华岛皇家园林不仅成为金代故都胜迹的代表,而且成为金源文化的象征。

《长春真人西游记》记载,元太祖二十年(1225年),丘处机登临琼华岛,"虽多坏宫阙,尚有好园林。绿树攒攒密,清风阵阵深"。①《南村辍耕录》记载:"万寿山在大内西北太液池之阳,金人名琼花岛。中统三年修缮之。至元八年赐今名。其山皆叠玲珑石为之,峰峦隐映,松桧隆郁,秀若天成。……山之东有石桥,长七十六尺,阔四十一尺半,为石渠以载金水,而流于山后以汲于山顶也。又东为灵囿,奇兽珍禽在焉。广寒殿在山顶。"②

同样,在《马可·波罗行纪》中亦载:皇城之内"有一极美草原,中植种种美丽果树。不少兽类,若鹿、獐、山羊、松鼠,繁殖其中。带麝之兽为数不少,其形甚美而种类甚多,所以除往来行人所经之道外,别无余地。……北方距皇宫一箭之地,有一山丘,人力所筑,高百步,周围约一英里。山顶平,满植树木,树叶不落,四季常青。汗闻某地有美树,则遣人取之,连根带土拔起,植此山中,不论树之大小。树大则命象负而来,由是世界最美之树皆聚于此。君主并命人琉璃矿石满盖此山,其色甚碧,由是不特树绿,其山亦绿,竟成一色。故人称此山曰绿山,此名诚不虚也。"③

元初忽必烈主持汉地军政事务期间,曾以琼华岛为"山南避暑宫",又于至元四年(1267年)开始在金中都的东北营建新的大都城,琼华岛由此成为皇城的中心区域。忽必烈命人在山顶复建广寒殿等殿宇,并赐名万寿山(又称万岁山)。此后又续有添建,见于史籍如金露亭、方壶亭、瀛洲亭、玉虹亭、仁智殿、延和殿、介福殿等,同时以珍禽瑞兽、奇花异草遍布其中。元代宫廷以皇帝所居"大内",与太后和太子分别居住的隆福宫、兴圣宫"鼎足而三"。这三座最重要的元廷宫殿,分置于太液池的东西两侧。以琼华岛、太液池为中心的皇家园林,于是成为整个元代皇城的核心区域。这是北海地理位置发生根本转变的关键,即由金代的离宫,转而成为元代皇宫的核心,一举奠定了元、明、清三代最重要皇家园林的基础。

① 李志常:《长春真人西游记》卷下,丛书集成初编本。
② 陶宗仪:《南村辍耕录》卷二一,中华书局,1959年,第255—256页。
③ [意]马可·波罗:《马可·波罗行纪》,上海书店出版社,2001年,第121页。

明朝建立后，北海一度降格为燕王花园。但不久明成祖朱棣即将都城从南京迁至北京，北海亦再次恢复为皇家园林，并不断得到修缮与扩建。因北海位于紫禁城的西侧，又称"西苑"。明初西苑大体上保持了元代太液池的规模和格局，天顺（1457—1464年）以后又进行了较大规模的扩建，主要包括三部分：一是填平圆坻与东岸之间的水面，圆坻因此而由水中岛屿一变而成突出于东岸的半岛，原来的土筑高台改为砖砌的"团城"，团城与西岸间的木吊桥改为石拱"玉河桥"。玉河桥西有牌坊名"金鳌"，东有牌坊称"玉蝀"，因此也称"金鳌玉蝀桥"。二是往南开凿南海，进一步扩大了太液池的水面，占到园林总面积的二分之一以上，从而扩大了园林的空间感，奠定了北、中、南的三海总体布局。三是在琼华岛和北岸，增建若干建筑物，对这一带的景观有较大改变。到嘉靖（1522—1566年）、万历（1573—1620年）两朝，又陆续在中海、南海一带增建开辟新的景点。尤其是嘉靖帝，在西苑南部大兴土木，前后三十余年。嘉靖十年（1531年）立帝社、帝稷两坛，亦为史册所未有。中后期又建大高玄殿及其他斋宫，拟为正朝的奉天殿、文华殿，西苑由此大成规模。

明代西苑总体上建筑疏朗、树木荫蔽，既有仙山琼阁的境界，又富水乡田园之野趣，犹如在厚重砖墙的层层包裹中，辟出一大片轻灵鲜活的自然环境。尤其南海一带，为明帝"阅稼"之所，具有浓郁的田园野趣。天顺三年（1459年），李贤撰《赐游西苑记》对西苑景色有非常详细的描写："初入苑，即临太液池。蒲苇盈水际，如剑戟丛立。芰荷翠洁，清目可爱。循池东岸北行，榆柳杏桃，草色铺岸如茵，花香袭人。行百步许，至椒园，松桧苍翠，果树纷罗。中有圆殿，金碧掩映，四面豁敞，曰崇智。南有小池，金鱼作阵，游戏其中。"以上应为南海区域。再由此向北，到达瀛洲，"前有花树数品，香气极清。中有圆殿，巍然高耸，曰承光。北望山峰，嶙峋崒崒。俯瞰池波，荡漾澄澈。而山川之间千姿万态，莫不呈奇献秀于几窗之前。"再向北过石桥登上琼华岛万岁山，在怪石参差、佳木异草的映衬下，"山畔并列三殿，中曰仁智，左曰介福，右曰延和。至其顶，有殿当中，楼宇宏伟，檐楹翚飞，高插于层霄之上。殿内清虚，寒气逼人，虽盛夏亭午，暑气不到，殊觉旷荡潇爽，与人境隔异，曰广寒。左右四亭，在各峰之顶，曰方壶、瀛洲、玉虹、金露。"

清代定都北京后，仍以西苑为皇家御园，其名称一律依旧，但已有了西苑三海的说法。清代对北海的宫苑建设主要有两大活动：佛寺建筑的建立，以白塔的修建为代表；江南式建筑群的建造，即以漪澜堂为中心的六十四间房屋建筑。经乾隆时期对北海所进行的大规模改建，最终奠定了此后北海地区的规模及格局。

清代出于政治掌控的需要崇信喇嘛教（藏传佛教），对喇嘛教推崇有加。顺治八年（1651年），顺治皇帝应喇嘛恼木汗之请，在明代广寒殿的遗址上修建藏式喇嘛佛塔，佛塔因其外色俗称白塔。其后因地震而遭毁坏，清廷屡次进行修葺。乾隆六年（1741年），"白塔寺更名为永宁寺，其匾额以满、汉、蒙三种文字书写"，并大造佛像，使之成为皇家举行佛事活动的重要场所。白塔寺前后三进院落，依次是法轮殿、正觉殿、普安殿。据建塔石碑记载，当时"有西域喇嘛者，欲以佛教阴赞皇猷，请立塔寺，寿国佑民"，因得以建。塔高35.9米，上圆下方，为须弥山座式结构。塔顶设有宝盖、宝顶，并装饰有日、月及火焰花纹。

此外，在北海北岸主要的景观有静心斋、九龙壁、五龙亭、极乐世界等。在东岸修建了濠濮间、画舫斋等多处建筑。在中海东部突出的半岛上，明代建有崇智殿，清代又增建了千圣殿等佛殿建筑。在这个半岛上有乾隆皇帝亲笔题写的"太液秋风"石碣，燕京八景之一"太液秋风"原景便在此处。乾隆三年（1738年），修"瀛台三海龙舟五只"，其所需木料为"径一尺五寸，长六丈五尺至七丈杉木一百六十八根；径一尺六寸，长一丈四尺至三丈二尺柏木九十二根"。①

江南式建筑群的建立是在乾隆三十六年（1771年）皇帝南巡江南

---

① 中国第一历史档案馆藏朱批奏折：乾隆三年九月十九日，"奏为遵旨采买估修瀛台三海龙舟所需大木请准动用淮关本年首二两季盈余银两事"。

之后而建。乾隆皇帝命令仿照镇江金山寺"江天一览"在琼华岛后山建造了以漪澜堂为中心的庞大建筑群,将江南景胜搬到了北海。除以上两项工程以外,清政府还对"三海"进行了总体规划,借用杭州西湖风景区景点之间相互对景、借景、配景的衬托手法,并借鉴江南园林群落之间错落搭配、起转承接的特点,创造出北海皇家园林的独特风范。

  康、乾时期是营建西苑三海的一个重要时期。丰泽园即于此时期建成。丰泽园建筑的外观较为独特,为青砖灰瓦,卷棚无脊,在布局上,开辟十多亩稻田,园后种植桑树,构建小屋数间,作为养蚕所。乾隆帝多次来园,感触颇深,亲作《御制丰泽园记》对丰泽园的历史沿革、位置、规制及功能等进行详细介绍。乾隆帝文中提到的亲耕礼一直延续至清末。园内主体建筑为惇叙殿。惇叙殿原名崇雅殿,因乾隆皇帝在此宴请王公宗室联句赋诗而得名。殿内有乾隆帝御书"彝训念贻谋,本支百世;仙源长笃庆,华萼一堂"。惇叙殿东为菊香书屋,殿后为澄怀堂。澄怀堂额为康熙皇帝御书。

  乾隆时期对西苑三海进行了大规模营建,宝月楼一带为这一时期所增。宝月楼处于瀛台之南,建于乾隆二十三年(1758年)春季,同年秋季落成。因乾隆"每临台南望,嫌其直长,鲜屏蔽,则命奉宸既景既相,约之椓之",故建此城楼。其规制为二层明楼,面阔七间,重檐琉璃瓦卷的棚歇山顶,楼上前檐悬有乾隆帝御书"仰视俯察"四字,共计用银达六万六千多两。[①]宝月楼位置适中,高度相宜,为三海整体建筑的点睛之笔。它的修建使得中南海池不觉其窄,岸不觉其长,拾级而上,云阁琼台,诡峰古槐,峭茜巉岩,耸翠流丹,仿若仙境。

  此外,乾隆时期对苑囿中已有景致用心经营。紫光阁是清代皇城一处重要景致,在明代始建时期仅仅是一个四方平台,后来废掉平台,改建紫光阁,清代因之。康熙帝常于仲秋来此校射,阅试武进士。乾

---

① 刘桂林主编,中国第一历史档案馆编:《清代中南海档案》第27册,西苑出版社,2004年,第15—19页。

隆时期平定伊犁之后，为大学士忠勇公傅恒等功臣画像，以示褒奖，平定金川后，也照例为功臣画像存阁。为此，乾隆帝决定对紫光阁进行重新修葺。工程自乾隆二十五年（1760年）开工，第二年正月落成。修缮后的紫光阁体量宏伟高大，阁面阔七间，前抱厦面阔五间，是两层重檐楼阁。阁前有宽敞的平台400多平方米，白石栏杆，雕龙望柱，更衬托着楼阁的雄伟。阁的后面建有武成殿，并以抄手廊与紫光阁相联结，形成了一个典雅、肃穆的封闭院落。此后，清廷还于紫光阁宴请朝鲜、琉球等外国使臣及蒙古等少数民族首领。此外，皇帝还经常召集大学士及内廷翰林等茶宴，冬季与大臣们观赏冰嬉等。

自乾隆朝经过大规模扩建兴建北海后，嘉庆、道光、咸丰、同治各朝均没有较大的修建工程。在清代，修葺一新的北海成为帝王赐饮宴游之所。康熙二十年（1681年）七月，因平定三藩之乱，康熙帝于瀛台设宴庆功。乾隆九年（1744年）正月，于西苑瀛台赐宴准噶尔特使。乾隆四十一年（1776年）四月，于瀛台亲审大小金川战俘，并于紫光阁设宴欢迎凯旋将士。清末戊戌变法失败后，光绪皇帝就是被慈禧太后囚禁在瀛台的涵元殿内。庚子年间，英法军队进驻北海，总司令瓦德西就居住在中南海仪鸾殿，苑内建筑与陈设分别遭到联军的破坏和掠夺。

光绪十一年（1885年）至十四年（1888年），慈禧太后重修"三海"建筑，在西岸和北岸沿湖铺设了中国第一条铁路，在静心斋前修建小火车站，供慈禧乘小火车来园游宴。据档案史料记载，光绪二十一年（1895年）慈禧太后与光绪皇帝"驻跸西苑"，"所有是日进内奏事、当差执事之王公、文武大小官员均穿补褂"。[①]清光绪二十六年（1900年），八国联军侵入北京，北海损毁严重。联军在北岸的澄观堂设立了联军司令部，并将万佛楼的10000多个金佛及园内其他宝物洗劫一空。

---

① 中国第一历史档案馆藏录副奏折：光绪二十一年"呈本月初八日皇太后皇上驻跸西苑所有是日进内奏事者均穿补褂礼仪单"。

民国成立后，清帝退位。根据协议，1913年1月29日，清皇室将三海房舍移交北洋政府。3月，袁世凯将总统府由铁狮子胡同陆军部大楼（今北京东城区张自忠路3号院）迁入中南海，把中南海改为新华宫，海晏堂改成了居仁堂，宝月楼改成了新华门。自此，它相继成为黎元洪、曹锟的总统府和张作霖的大元帅府。以金鳌玉𬬮桥为界，西苑三海被分为北海和中南海两个部分。因为袁世凯嫌北海地段偏远，派总统府护卫部队进驻。自此，北海房舍由军队所有。1913年12月，袁世凯将"政治会议"设于团城，嗣后，团城长期被财政整理委员会、古物保管委员会、中国地理学会等单位占用。此后几年，北海曾临时开放过几次，但主要用于举办游园会、游艺会、水灾赈济会等活动。

1916年6月27日，国务院召开会议，讨论内务部总长许世英提出的"开放北海为国有公园"案，获顺利通过，由内务部通知京都市政公所，划拨经费两万元，并派司长祝书元任董事，与北海驻军交涉接收事宜，但时局动荡，这一计划并未付诸实行。1917年，京都市政公所督办张志潭、蒲殿俊又先后奔走于内务部，督促开放北海公园，但仍未成功。1919年春，北海北岸阐福寺内佛殿被驻军烧毁，古迹的命运再次引发关注。市政公所吴承湜处长请示督办钱能训，提出开放北海为公园，以此保护北海。钱能训委派吴承湜等人与总统府庶务司协商，但开园一事仍无结果。1922年6月，大总统黎元洪重来京师，内务总长张国淦呈请总统下令开放北海。黎元洪批准其请，命内务部成员二十多人组成开放三海委员会，拟开放北海。但后因曹锟逼宫，黎元洪离京，北海再次进驻军队，开放之事未能实施。

1925年5月，内务总长龚心湛仿中央公园先例，制定《北海公园开放章程》，批准后，交京都市政公所办理。市政督办朱深主持成立"北海公园筹办处"，制定《招商营业章程》，"招商贩认租领地。凡文品商摊、照相馆、大茶楼、球房、饭店，均在招募之列"。[①]6月13

---

① 《北海公园筹备之情形》，《益世报》，1925年7月21日。

日,"北海公园筹备处"接收北海,经过一个多月的筹备,8月1日,北海公园正式开放,据报章记载:"是日虽然微雨,而各界游人,尚称踊跃。"①

民国初年的北海公园

在北海开放为公园的过程中,对园内许多基础设施进行了改造,使之适应要求,如对静心斋整修一新,成为"北海之冠";将承光左门至五孔桥之土路改修为石路,由五孔桥以北往东直达蚕桑门之大桥,改成马路;将白塔南面永安寺内佛像移出,对殿房重新修整后改为西餐饭店;将水面四周的小马路加宽,供汽车、马车通行;对白塔后的远帆阁戏楼重新装修,聘请梨园界男女名角演唱戏剧;在白塔前之漪澜堂内设祥记饭店,设置多个茶楼、茶座,既可饮茶,又可观景。此外,添设电影场、照相馆、球房,购买新式望远镜数架,置于静心斋及小白塔前之铜亭,供游人远眺,设置游船备人乘坐等。同时,北海公园通过实行一些管理制度,对游人的行为进行规范,如禁止游人捶拓琼岛春阴状元府的名人墨迹、在水面四周装设木栏禁止垂

---

① 《北海开幕后之第一日》,《益世报》,1925年8月3日。

钓等,这实际上也是对现代文明方式的一种普及。

1928年北伐军进入北京之后,北洋政府使命正式终结,作为总统府所在地的中南海一度闲置。1928年8月6日,北平市政府工务局长华南圭就中南海的保护和管辖事宜曾给市长致函。国民政府回函应由北平市政府管理,但如何开放保管,由公用局、工务局、公安局三局会同办理。1928年12月,中南海董事会向北平市工务局呈递了关于召开成立大会的函件,建议将中南海归于市民直接管理,筹备真正代表民意、直接管理中南海的董事会,"以绝罪恶之根株,以供游人之玩赏"。在清点物品并进行修缮的基础上,1929年4月,中南海公园董事会成立,熊希龄被推举为主席委员,不久,北平市政府也成立了"中南海公园临时委员会",负责管理中南海。至此,中南海正式向全体公民开放。

中南海总面积约为1500亩,其中水面面积约为700亩,远远超过了北海。作为当时北京内城最大的一片水域,除了观赏皇家园林,中南海公园的特色还是水上项目,比如垂钓、游船。其游泳池的经营也颇为现代,设立了团体票,70人以上可以得到五折优惠,学生还可以享受练习月票。游泳池还特聘了游泳导师,帮助指导提高游泳技巧。中南海的市民滑冰场也名声在外,还曾举办过化装溜冰比赛运动会。开放的中南海人车混杂,不仅有脚踏车,还有人力车、汽车,不过要购买脚踏车证、人力车券和汽车券。中南海内还开设了中学。

为了增加收入,中南海公园将园内一些房屋盘活经营,除各机关借用一部分外,其余的大多租给了老百姓居住。而诸如怀仁堂等场地,时常会有公务用途,始对外零散出租,用于宴请宾客、祝寿结婚等。对于这些新的事物与仪式,当时即有人评论说:"北平的四处公园,在它们的品格上分类:先农是下流人物传舍,中山装满了中流人物,北海略近于绅士的花园,那么,南海!让我赠你以艺术之都的嘉名吧!"[①]

---

① 高长虹:《南海的艺术化》,姜德明编:《梦回北京:现代作家笔下的北京(1919—1949)》,生活·读书·新知三联书店,2009年,第90页。

北平沦陷之后，以王克敏为首，建立起华北地区伪政权"中华民国临时政府"，地点设在中南海。1941年，中南海公园登记在册的进驻机构还包括满洲帝国通商代表部、最高法院华北分院、最高法院检察署、华北救灾委员会等。当时的怀仁堂成了所谓中日亲善的表演地，中小学生日语会、中日儿童亲善会等，皆在怀仁堂举行，中南海再度成为权力中枢。

抗日战争结束后，李宗仁的"北平行辕"设在中南海。北平解放前夕，华北"剿匪"总司令傅作义将指挥部搬进了中南海，司令部设在居仁堂。1949年1月解放军接管北平后，立即对中南海进行紧急疏浚。中华人民共和国成立后，中南海成为中共中央和国务院的办公所在地。

在谈到西苑三海的时候，有必要谈一下什刹海。什刹海由彼此脉络相连的前海、后海和西海组成，总面积146公顷（约3450亩），是北京城内除了西苑三海之外重要的一片水面。《日下旧闻考》里称赞什刹海为"都中第一绝处"。盛夏时节景色最为优美，蒲荷掩映，凫鸟纷飞，屏山叠翠，晓青暮紫，极富诗情画意。河堤上、柳荫下纷纷摆开酒肆、茶社、杂食摊和曲艺棚子，吸引着各方人士来这里把酒临风、品尝美味，为美景佳艺而沉醉。山形水影与王府园林、禅寺宫观交相辉映，自然风光与人文景观有机结合，再加上繁华的商业气息，明清之际的什刹海，成了都市人的田园梦、文化人的浪漫诗。

金代以前，什刹海地区是古高梁河道上的一片带状相连的天然湖泊，水面广阔，景色宜人。金朝沿其东南岸修建了规模宏丽的皇家行宫——太宁宫（又称寿宁宫、寿安宫、万宁宫），周围广布稻田菜地，颇有江南水乡之韵。金世宗、章宗都非常喜欢来此居住，赵秉文把这里比作唐代长安附近的名胜"曲江"之地。

在元代，什刹海水域被一分为二，南部水域（今北海、中海）被圈入皇城内，称为太液池，成为皇家御苑的一部分，禁止百姓进入；隔在皇城外的白莲潭北部区域被单独区隔开来，称为"海子"，逐渐成为漕运码头和集市所在。明清时期统称"什刹海"，又统称"后三海"。其中西海临近德胜门水关,又名积水潭或净业湖。数百年来,这里分布着古庙、王府、桥梁、名人故居等,由于曾经寺观林立,素有"九庵一庙"之说,故得"什刹海"之名,是北京寺观园林的典范。明代沈德符《万历野获编》称"惟城西净业寺侧有前后两湖,最宜于开径"。[①]因此这里常被视为内城修筑园林的首选佳地,元、明、清三代以来湖畔府宅园林和寺庙园林均曾盛极一时,同时又是一处重要的公共园林区。

元朝时,由于漕运的繁盛,海子北半部的沿岸已成商业中心。《析津志》记载,齐政楼(鼓楼)左右排列着米市、面市、柴炭市、铁器市、绸缎市、皮帽市、珠宝市、鹅鸭市、果子市等各种店铺,饭铺、茶馆、理发店、洗澡堂等在周围街巷胡同里随处可见。这里四时游人不绝,异域乡音相闻,南来北往客商云集,是大都城最大的商业中心。对这里的繁华景象,意大利商人马可·波罗在他的游记中予以高度赞叹。

元灭金后,忽必烈命刘秉忠修建元大都。刘秉忠决定在中都城的北边另建一座新城。他依据什刹海这一片积水的宽度和位置,确定了新建都城的中心和半径,修建了元大都城。为解决南粮北运的问题,在郭守敬的指导下,又修建了通惠河,引西山白浮泉等泉水汇集什刹海,使什刹海的水面大大扩大,成为大运河北端终点站。由南方北上的漕船,沿大运河北上到通州后,顺着通惠河可直驶到积水潭。什刹海由此成为元大都的交通枢纽,而积水潭面积要比今日什刹海大。

明洪武元年(1368年),明将徐达、华云龙领兵攻陷元大都,元朝灭亡。就在明军占领大都城后不久,朱元璋命令华云龙将大都城改为北平府。为了缩小北平府的规模,华云龙采取了将北城墙南移的措施,于是就把原属积水潭的一大片水面一分为二,隔在城外的水面后来称为太平湖,留在城内的水面仍然称其为积水潭。后来,由于北京一度失去国都的地位,南方的漕船不用北上,什刹海失去了漕运码头

---

① 沈德符:《万历野获编》,中华书局,1959年,第609页。

的功能，加之上游引水渠道的失修和北京城的改建，水面大大减少。

朱棣称帝后，把国都由南京又迁到北京，并对皇城进行扩建。皇城的北墙向外扩展，将积水潭南部的一部分水面圈入皇城。皇城的东墙也向外移，将原来的一段通惠河圈入皇城。德胜门城门建成后，修了一条南北向的大街，从积水潭中间拦腰穿过，将一片水面分成两大部分。德胜桥西部的水面仍叫积水潭；德胜桥东部的水面叫什刹海。后来，什刹海又分为两部分，中间由银锭桥隔开，桥东南叫前海，桥西部叫后海。积水潭、后海、前海有水道相连。元时积水潭与北海（当时称太液池）之水互不相通，明时废除了原来位于积水潭和元皇城之间的金水河，将前海和北海之水沟通，西山的泉水进入北护城河后，先注入积水潭，再由积水潭流入后海、前海，由前海南部流入北海。

由于明代的什刹海不再进行漕运，加之风景十分幽美，许多勋臣贵族开始竞相在湖边修建寺庙府邸、亭园别墅，如明朝大将徐达的后人所修建的别墅太师圃，还有刘百川别墅、刘茂才花园、米万钟的漫园、苗君颖的湜园等等。另外德胜门北湖旁还有方阁老园等。这些达官显贵的别墅花园围绕着宽阔的水面，水面上可以见到各种飞禽野鸟，往来飞翔。每当夏暑傍晚，人们坐在湖边乘凉，迎着徐徐吹来的清风，可以听见寺庙里传出的钟磬之声和庭院、别墅中席间的管弦笙歌。因此，这里被士绅文人视为风景绝佳的宅园之地。

明代什刹海地区还是皇帝洗御马的地方。每到洗马时，积水潭畔高搭彩棚，御马身上披着鲜艳彩色的彩缎，在仪仗队的引导下来到岸边。一时间，水中人呼马嘶，岸边人群熙攘，热闹非凡，成为夏季京城一景。此时的什刹海因清雅、秀美的景色受到众多文人雅士的赞美，刘侗、于奕正所著的《帝京景物略》收集了不少咏什刹海的诗，可证其"西湖春，秦淮夏，洞庭秋"之美。

明崇祯十七年（1644年），清军攻进北京城，明朝灭亡。为了加强对皇家苑园的管理，清廷设立了奉宸苑。康熙年间，把什刹海提高到和西苑、畅春园、圆明园一样的御苑地位，在积水潭设立苑副、委署苑副,正式归属奉宸苑管理,并在积水潭内安放了专门供御用的牛舌头采莲船。从此,积水潭便成了没有宫墙的禁苑。奉宸苑还颁发条令,明确规定,非皇帝亲赐,任何人不准引用什刹海水。禁令一下,湖四周的园亭、寺庙、府邸纷纷填平池沼,堵塞进水沟。由于无水,临水的园亭、寺庙逐渐荒废,只剩下一片野水,只有什刹海北岸的醇亲王府、德内蒋养房土默特贝子府有皇帝御赐的引什刹海水的活水溪池。

此时,什刹海一带水域名称出现一些变化,曾有过风潭、鸡头池、莲花泡子等名称。《日下旧闻考》云:"元时以积水潭为西海子,明季相沿亦名海子,亦名积水潭,亦名净业湖……其近十刹海者即称十刹海,近净业寺者即称净业湖,以西与李广桥诸处相近者则称积水潭。"①《天咫偶闻》云:"东南为十刹海,又西为后海,过德胜门而西为积水潭,实一水也。"②《大清一统志》云:"故今指德胜桥者为积水潭,稍东南者为什刹海,以东南者为莲花泡子。"这种地名记载不统一的情况,其实反映了当时社会变化发展的速度是比较快的。

同治十三年(1874年),穆宗病死,奉宸苑以"国殇"为由禁止人们在什刹海沿岸搭棚售茶,荷花市场也被取缔,什刹海开始呈现衰败景象。加之其后什刹海一带逐渐成为土匪、地痞、流氓活动的场所,曾经的文人墨客聚集之地变得乌烟瘴气。

清代以后,商业区的中心又南移至鼓楼南至地安门外大街一带,香蜡铺、瓜果摊、绸布店、古玩店、油盐米面铺、日用杂货铺以及书局、茶楼、戏园子等各种商铺鳞次栉比,成为当时京城最热闹的"西单、东单、前门、鼓楼南"四大街区之一。随着什刹海周边王府、寺庙的扎堆出现,酒楼茶社等也兴盛起来。明清至民国间这一带出现了很多著名的老字号,如柳泉居、烤肉季、庆云楼、会贤堂、庆和堂、集贤居、通河轩茶馆等。民国期间,什刹海地区形成的固定市场有

---

① 于敏中等编纂:《日下旧闻考》卷五四《城市·内城·北城》,第880页。
② 震钧:《天咫偶闻》,北京古籍出版社,1982年,第85页。

鼓楼市场、新街口市场、德胜门市场（晓市）、荷花市场、果子市场（果子市），庙会市场则有北药王庙市场和护国寺市场。这些市场不仅仅是进行商业贸易的地方，也是各种民间文化展示、传播的舞台。

银锭观山是明清"燕京小八景"之一。20世纪50年代以前由于没有现代化的高楼大厦阻挡，站在银锭桥上平目西望，是波光粼粼的湖水和黄绿相间的稻田，是亭亭玉立的荷花和风姿绰约的柳丝，开阔的水面和平整的田野，使遥远的西山历历在前。

此外，什刹海地区密布各种寺观，有人称"京师梵宇，莫什刹海若者。其供佛，不以金像广博，丹碧宇嶒嶒也；以课诵礼拜号称，以钟磬无远声，香灯无远烟光，必肃必忾"。[1]自隋朝以至清代，什刹海地区共约有寺、庙、观、宫、庵、塔、禅林、堂、祠等建筑165处，其中基本保持原建格局的有29处，部分建筑尚存的有43处，今已无存的有93处。民国以后，除了1941年建的余氏祠堂和民国初年建的李纯家祠外，什刹海地区基本没有新建寺观。[2]

在什刹海诸多寺庙中，火神庙是比较著名的一处。火神，即"火德真君"，全称"南方火德荧惑执法星君"，是道教崇奉的古老神祇。什刹海火神庙始建于唐贞观六年（632年），距今已有1300余年历史。初建时规模较小，元顺帝至正六年（1346年）重修。明万历年间扩建，并"改增碧瓦重楼"。清乾隆二十四年（1759年）再次修缮。

明朝时，历代皇帝均笃信道教，火神庙香火鼎盛。万历年间，宫廷、皇城内多处建筑连年发生火灾。为解此不祥之灾，万历帝下旨重修火神庙，新建后阁，并钦赐琉璃瓦用以压火，还在庙内前殿和阁楼分别亲题匾额"隆恩""万岁景灵阁"。明天启元年（1621年），熹宗皇帝命太常寺官于农历六月二十二日在火神庙举行祭祀火德真君诞辰的活动，以后则为常例。

清朝初期，把祭火神正式列入了国家祀典。作为群祀之礼，应遣

---

[1] 刘侗、于奕正：《帝京景物略》，北京古籍出版社，1982年，第39页。
[2] 郭倩、陈连波、李雄：《北京寺观园林之什刹海的历史变迁》，《现代园林》2008年，第6期。

太常卿往祭，但清代皇帝也常亲自到火神庙内进行祭祀。乾隆皇帝曾连续两年到火神庙亲自拈香。光绪十四年（1888年），慈禧太后也曾亲赴什刹海火神庙敬香，祈祷平安。

民国初年，火神庙日渐败落，其后几经沧桑兴废。直至2002年，为迎接北京奥运会，火神庙腾退修缮工作正式启动，并被列入"人文奥运文物保护计划"。2008年北京奥运会前，火神庙修缮工程整体竣工。作为历史上皇家唯一御用火神庙，修缮之后的庙宇建筑保留了"明骨清衣"的建筑风格，同时使和玺彩画重焕光彩，成为什刹海一处重要的道教人文景观。

什刹海一带由元至明清，人物虽变，建筑虽异，但其颇似江南的秀丽风景始终引人入胜。元人有诗吟道："燕山三月风和柔，海子酒船如画楼。"明清两代，文人游客初春时节多喜欢来什刹海一带的寺庙踏青访古，看柳青花红，张弼有诗云："花朝寻花不见花，行行直至梵王家。周遭金海波光合，远近翠楼烟景赊。"民国时期，虽然什刹海有所衰败，但其秀美景色仍不断吸引人们驻足流连。邓之诚在《骨董琐记全编》中称赞积水潭一带"湖水澄净，夏无蚊蚋，荷盖偃仰，槐柳纷披，实尘氛中一清凉胜地"[①]，不禁引人心驰神往，生出无限遐思。

---

① 邓之诚：《都中三湖》，《骨董琐记全编》，北京出版社，1996年，第79页。

第三节　三山五园

清朝定都北京之后，曾经在西郊一带进行大规模的园林建设，统称为"三山五园"。近年来，学界对于"三山五园"这个称谓或概念的界定仍是共识与争议并存。学界普遍认同"三山"代指香山、玉泉山、万寿山，而对于"五园"所指却存在相异的看法和观点。比较普遍的看法是，"五园"指畅春园、圆明园、静宜园、静明园、清漪园。对此，学者张恩荫先生则认为"三山"除了万寿山、玉泉山、香山外还应包括清漪园、静明园、静宜园，而"五园"只是涵括"圆明五园"，即圆明园、长春园、绮春园、熙春园、春熙院，后来演变为对西郊皇家园林的泛称。[①]

实际上，西郊的山并不止三座，西郊的园林也并不止五个（仅皇家园林也不止五个）。这种大规模建造园林的活动，使北京历史文化变得更加丰富多彩。一方面，它使北京地区的园林文化成为集中国园林文化之大成的典范；另一方面，又加入了若干域外园林文化的因素，堪称世界园林文化的杰出代表。"三山五园"概念内涵丰富，外延拓展，相互之间具有共通的文化属性和不可割裂性，使这个皇家园林体系更趋壮大和完整。

在中国古代，都城之所以成为全国的政治中心，是因为历代帝王皆在这里建造有宏伟的宫殿以供其生活，而皇家园林则成为宫殿的附属设施。但是，到清代建造"三山五园"之后，帝王们的大多数生活就从皇宫迁移到了园林，许多重大政治决策的筹划和议定也是在这里，而且许多重大历史事件也是在这里发生的。因此，"三山五园"也就成为与紫禁城并列的一个政治中枢，故而可以说，一部"三山五园"史，就是半部大清史。

顺治时期，顺治帝经常在紫禁城以西的西苑居住，有时也到北京

---

① 张恩荫：《三山五园史略》，同心出版社，2003年，第235页。

城南面的南苑留居。康熙在位时期，康熙帝开始把自己的落脚点向西郊迁移。在京西玉泉山，金代时在这里修建玉泉行宫，金元两代燕京八景之一的玉泉趵突就在这里。康熙十九年（1680年），在对"三藩之乱"取得决定性胜利的前夕，康熙帝便首先将被瓦剌军烧毁的前朝玉泉山故园改建成行宫，赐名"澄心园"，康熙三十一年（1692年）又改名"静明园"。乾隆朝对静明园大兴土木，筑成静明园十六景，并命名玉泉山的泉眼为"天下第一泉"。

康熙二十三年（1684年）和二十八年（1689年），康熙帝两度南巡后，在明代国戚武清侯李伟的清华园旧址上建造了畅春园，作为"避喧听政"之所，从而掀起了京西园林兴建的高潮。康熙朝很多朝政、国事，都是在这里商议处置，这里逐渐形成了北京城之外的一个新的政治统治机构中心区。由于康熙皇帝把畅春园作为其长期居住和处理国家政务的政治中枢，清朝的王公贝勒、满汉大臣也纷纷迁移，在附近置别业落脚。康熙还将畅春园周边赏赐诸皇子、王公大臣。

康熙四十八年（1709年），康熙帝将明代的一片私家故园赐给了皇四子胤禛，胤禛遂依其"林皋清淑，波淀渟泓"的自然条件，因山形水势布置成一座取法自然的园林，康熙帝亲题园额为"圆明园"。胤禛即位后，将此赐园加以扩建，扩建工程主要分为三个部分：首先，将原来圆明园的中轴线继续向南延伸，在原来苑囿南侧扩建包括大宫门、正大光明殿、勤政殿、左右朝房和军机处、六部各衙门储值房等宫廷区，使之成为清王朝统治政权中枢办公区。这部分扩建的具有紫禁城外朝宫殿职能的建筑群落，严格按照中国传统宫廷建筑要求，围绕着中轴线兴建左右对称的建筑。其次，雍正将其原有的赐园分别向东西和北面扩展，构建曲水岛渚，增设亭榭楼阁。最后，开始安排拓展福海，加大其水域面积，并在周边增修新的建筑群落。雍正不仅在其即位后不久就着手扩建圆明园，雍正三年（1725年）又诏令将圆明园升为帝王离宫。雍正年扩建圆明园以后，圆明园从以往西郊诸园林只是皇帝、王公大臣休闲娱乐场所，向北京皇城之外形成另一个政治控制中心转换，这意味着北京的城市功能结构出现了新的格局。乾隆十六年（1751年），高宗又在圆明园东增建了长春园，二十四年（1759年），在长春园内添建了俗称西洋楼的仿欧洲式样的宫廷建筑；后又在圆明园的东南建造了绮春园（同治年间改称万春园）。

乾隆年间，京西皇家园林建设达到了顶峰，"三山五园"全面完成。乾隆七年（1742年）至乾隆九年（1744年），建成了圆明园四十景，后又有廓然大公、文源书阁等多项续建；乾隆十年（1745年）至乾隆十二年（1747年），建成长春园，后又有西洋楼、狮子林等多项续建；乾隆三十四年（1769年），修建并命名绮春园（此园在嘉庆年间建成）；后又将熙春园划归圆明园，号称"圆明五园"。乾隆十年（1745年）至乾隆十一年（1746年），在香山行宫的基础上建成二十八景，赐名静宜园。乾隆十四年（1749年）冬，曾对西北郊的水系进行了一次大规模的调整治理。次年三月，将瓮山改名万寿山，金海改称昆明湖。同年，在圆静寺废址兴建大报恩延寿寺，为其母孝圣皇太后翌年六十万寿祝厘，同时，在万寿山南麓相继建造多处厅堂亭榭廊桥等。乾隆十六年（1751年）奉旨，以万寿山行宫为清漪园。乾隆十五年（1750年）至乾隆十八年（1753年），在玉泉山静明园基础上扩建成十六景，后又有妙高寺、圣缘寺、涵漪斋等续建工程。乾隆十四年（1749年）至乾隆十九年（1754年），基本建成万寿山清漪园，后又有须弥灵境、苏州街、耕织图等续建工程，到乾隆二十九年（1764年）全部建成。

清漪园由昆明湖、万寿山两部分构成。昆明湖水面面积为220公顷，占清漪园的三分之二。万寿山部分主要以佛香阁建筑群落为主体，在不足六十米高的万寿山南坡，采用因山构室的建构手法，从昆明湖畔的建筑山门、天王殿、大雄宝殿、多宝殿等依山而建，用一层一叠的挺拔建筑，从视觉上将山的高度提高，而山顶的佛香阁与山势浑然一体，既有临山而建的高耸气势，又与万寿山山体相呼应，无形中将万寿山山势也烘托起来。这种建筑设计手法，显示出清代北京皇家园林规划、设计所具有的高超的能力和水平，也体现出明代皇家园林艺术发展的巅峰状态。

除此之外，还在乾隆十六年（1751年）前重修和新建了长河沿岸的乐善园、倚虹堂行宫、紫竹院行宫以及万寿寺和五塔寺的行宫院。乾隆三十一年（1766年）至乾隆三十二年（1767年），在万泉庄建成了泉宗庙行宫。乾隆三十九年（1774年）至乾隆四十一年（1776年），在玉渊潭畔建成钓鱼台行宫，等等。完成这些规模宏大的皇家园林，需要倾全国物力，集无数精工巧匠，填湖堆山，种植奇花异木，集国内外名胜，还有难以计数的艺术珍品和图书文物。康、雍、乾三朝正值清代全盛时期，社会稳定，国力鼎盛，这是京西皇家园林得以兴建的根本基础。

关于清代西郊皇家园林形成的原因：

第一是皇帝避暑与环境的需要。正如雍正帝所言："宁神受福，少屏繁喧。"来自东北的满洲统治者入关后，对北京盛夏干燥炎热的气候很不适应。紫禁城虽金碧辉煌、宏伟壮丽，但那里的环境并不宜人，春季风沙大，夏季酷热，冬季寒冷。特别是在康熙初年，紫禁城发生火灾后，为了防火和宫内安全，加高了宫墙，砍去了高大的树木，使得宫廷居住毫无山水之乐。

第二是康乾时期的经济实力为大规模修建皇家园林奠定了基础。西郊园林大都营建于康、雍、乾时期，而这时正值盛清国力最为强盛的时期。

第三是京西有山水之胜，水源充足，林木茂盛，有连绵不断的西山秀峰，如玉泉山、万寿山等，还有万泉庄、北海淀等多种地形，植被及自然环境都颇为突出。正是因为有这样山水俱佳的优美自然环境，所以早在辽代时封建帝王就选中这里建造了玉泉山行宫。到了明代，这里的自然景色吸引了更多的游人，于是一些达官贵人就占据田园营建别墅，大片土地被一块块占去。到了明万历年间，明代国戚武清侯李伟在这里大兴土木，首先建造了规模宏伟、号称"京国第一名园"的清华园。嗣后，米万钟又在清华园东墙外导引湖水，辟治了幽雅秀丽的"勺园"，取"海淀一勺"的意思。明清易代之时，清华园和勺园逐渐废弃，但遗址尚存。于是，清在其基础上重建园林，开凿新的水道，将造园面积不断扩展，最终形成了"三山五园"的格局。

"三山五园"的建设是与清代一个著名建筑世家的心血和智慧分不开的，这个家族就是样式雷。第一代样式雷是雷发达，祖籍江西永修。雷发达曾祖在明末迁居江苏金陵，清康熙二十二年（1683年）雷发达和堂弟雷发宣应募来到北京，参加皇宫的修建工程。雷发达以其精湛卓越的技术才能，得到康熙帝的赏赐，并获得了官职。70岁退休，死后葬于江宁。奠定样式雷家族地位的是第二代雷金玉，以监生考授州同，继父在工部营造所任长班之职，投充内务府包衣旗。康熙年时逢营造畅春园，雷金玉供役圆明园楠木做样式房掌案，即皇家建筑总设计师。

样式雷为世人留下的最宝贵财产不仅有他们的建筑，还有稀世珍宝——图样。仅在国家图书馆，就珍藏着样式雷的两万多张建筑图样，这些图样对研究清朝历史、建筑文化发展脉络有巨大的作用，同时也代表了中国古代建筑设计的巨大成就。样式雷画出的图纸有各种类型，比如投影图、正立面、侧立面、旋转图等，最难得的是陵墓的宝顶，它呈不规则的空间形体，样式雷画出等高线图，这代表了当时的极高水平。在修建惠陵的过程中，因为工程反复比较多，样式雷也留下了最为详尽的图纸。工程的每一个细节、每一个木结构的尺寸，在牌楼、碑亭下面打多少桩，全记载下来。为了及时向朝廷反映工程进度，样式雷还画了"现场活计图"，即施工现场的进展图。从这批图样中，可以清楚看到陵寝从选地到基础开挖，再到基础施工，然后修地宫、修地面、安柱子直到最后做瓦的过程，体现了样式雷在建筑程序技术上的独到性。在样式雷留下的图样中，有一部分是烫样，它是用纸张、秫秸和木头加工制作成的模型图，因为最后用特制的小型烙铁将模型熨烫而成，因此被称为烫样。烫样给后人了解当时的科学技术、工艺制作和文化艺术都提供了重要帮助。

清代"三山五园"的兴建，特别是雍正、乾隆两朝圆明园的增扩建和皇家园囿中以清朝皇帝为中心的统治政权机构迁移，使清代北京城市在大格局上产生了重大的变化。从明代北京城内,皇城、紫禁城中央政权集中区域所形成的北京城市空间格局,在清代北京西郊"三山五园"皇家园林发展的过程中被完全打破。作为都城的北京,不再是明永乐年间营建时划分清晰的皇城、紫禁城为北京城政权统治区域一个政治中心的状态,而变成北京内城的紫禁城与西郊的圆明园新的政权机构"双中心"的城市政治格局。这种变化,无形中扩大了北京城市功能的外延,从城市物理空间上,形成了清代北京城市发展的新特征。

康熙二十六年(1687年)畅春园建成,开启了"三山五园"作为政务副中心的序幕。之后,雍正帝扩建圆明园,此后直到咸丰十年(1860年),圆明园是清代北京名副其实的政治副中心。具体而言,除去为前朝皇帝服丧的年头之外,雍正帝平均每年驻园二百一十天,雍正十一年(1733年),他有二百四十六天生活在圆明园里,占全年天数的百分之七十。乾隆帝年均驻园一百二十六天(紫禁城宫居时间年均一百一十天)。乾隆帝的活动范围较大,除紫禁城、避暑山庄、南巡、东巡等之外,还是园居的时间更长一些。乾隆二十一年(1756年),有闰月,全年共三百九十三天,乾隆帝去热河、曲阜等地一百二十天,其余居大内一百零五天,居圆明园一百六十八天。嘉庆帝驻园时间年平均一百六十二天(宫居时间年均一百三十五天);道光帝驻园时间年均多达二百六十天(宫居时间年均不足九十天);道光三十年(1850年),这一年有闰月,他在园居的时间高达三百五十四天。咸丰帝在咸丰十年(1860年)出逃避暑山庄前,驻园七年,年均驻园时间也达二百一十七天。①

相比之下,清代的紫禁城使用率非常低,尤其是象征皇权的三大殿——太和殿、中和殿、保和殿,虽然在建筑上极尽高贵和豪华之能事,但它的主要用途是举行大朝会,例如新皇帝登基,以及皇帝生日、元旦、冬至这三大节日。再有,就是重要的祭祀活动,如大祀圜

---

① 何瑜:《浅谈清代圆明园的政治历史地位》,《圆明园学刊》第十三辑,2012年。

丘、方泽，皇帝必先于大内斋戒两日。

为保持八旗子弟"国语骑射"的传统，清朝统治者可谓煞费苦心。康熙二十年（1681年），恢复了古代狩猎制度，在塞外设木兰围场，每逢秋天康熙帝便率领皇子皇孙、八旗子弟进行木兰秋狝。除木兰秋狝之外，为能经常阅视八旗的训练和战斗力，清朝历代皇帝又规定在南苑以及京西园庭等地进行有针对性的军事操演，比如玉泉山大阅、畅春园阅武楼、香山演武厅、西厂校射、圆明园水操、山高水长校射等，这些都是皇帝在园居理政期间，为保持八旗骑射能力和军事战斗力而进行的军事操演。

玉泉山"大阅"主要在康熙时期举行。据实录记载，康熙二十一年（1682年）八月后，康熙帝便经常前往玉泉山驻跸，但第一次玉泉山大阅是在康熙三十一年（1692年）九月。这一时期正值西北用兵之际，康熙帝连续数年在玉泉山举行大阅兵，反映了当时他对八旗战斗力的重视。除玉泉山之外，康熙时期的另一处校射场所是畅春园的西厂阅武楼。畅春园西厂的阅射，主要发生在康熙朝后期，重点是阅试武举人，一般都是连续三天。康熙四十五年（1706年）十月，康熙帝于畅春园内西厂，阅试武举骑射技勇。完毕后，康熙帝又率诸皇子及善射侍卫射。

香山演武厅的出现，与乾隆初年大小金川战争的用兵密不可分。乾隆十二年（1747年），四川大金川地区土司莎罗奔发动叛乱，当地特有的碉楼建筑使得本就地势险峻的金川地区更加易守难攻。清军屡攻不下，而且损失惨重。乾隆帝为了让军队进行有针对性的训练，就在香山地区仿建金川碉楼，组建了1000人的健锐营专门操演云梯攻碉的战术。

封建历代皇帝都尊亲法祖，标榜"朕以孝治天下"而垂范天下。奉养太后，就是这一理念的仪式化象征。就清代而言，除了紫禁城内的寿康宫等专门奉养皇太后的宫殿之外，在园囿中也专门建有供皇太后颐养闲居的居处。从康熙帝的《御制畅春园记》来看，兴建畅春园的其中一个原因就是奉养皇太后。康熙帝在畅春园奉养过太皇太后（孝庄太后，但次数寥寥）、皇太后（孝惠章皇后）。康熙二十六年（1688年），畅春园建成后，便立即奉太皇太后、皇太后临幸。康熙二十六年六月初六，康熙帝奉太皇太后、皇太后幸畅春园，一直住到七月戊寅，才奉太皇太后、皇太后自畅春园回宫。

清廷每年都有名目繁多的各种筵宴，而皇帝请客吃饭，是其通过社交活动以实现政治统治的一种常用手段。从性质上看筵宴主要分为公宴、家宴。公宴多为庆典性的，往往是君臣共进饮膳，或招待外藩首领。每遇国家大典和重要节日，都要举行大型宴会，如皇帝太后的生日举行"万寿千秋宴"、皇帝继位要举行登基"庆典宴"、外藩来朝要举行"外藩宴"、打了胜仗要举行"凯旋宴"、每当钦定书籍编纂完成要举行"修书宴"、皇帝经筵礼成后要举行"经筵宴"、临雍礼成后要在礼部举行"临雍宴"、顺天乡试后要举行"鹿鸣宴"、殿试之后要举行"恩荣宴"等等。清廷大型公宴，一般在皇帝上朝办公的三大殿等地方举办。届时，设御宴于皇帝宝座前，王公大臣、文武百官、外国使臣，都要穿朝服。宴会由皇帝亲自主持。宴席过程中，要举行诸如皇帝入座、敬酒、进馔、颁赏及群臣的转宴、谢恩等仪式。同时，还有庞大的乐队依时演奏不同的宫廷音乐。吃饭时，还有各种乐舞百戏表演。清宫筵宴中规模最大的就是千叟宴，人数最多时达上千人，场面十分壮观。但在京西御园兴建以后，以上这些筵宴有相当一部分经常在"三山五园"举行。

赐宴的举办不仅仅是为了满足有限的口腹之欲，还有着不同寻常的政治象征意义。赐宴营建了太平盛世的景象，而帝国的统一和强大是成为国际外交核心的前提和基础。对于各国的朝贡使节，清政府以丰厚的筵宴和热情招待，不仅抚慰了远使，而且宣扬了国威。

作为皇家园林中的杰出代表，清代在"三山五园"内布设了大量蕴含着浓郁宗教文化氛围的建筑与景点，其中既有佛教的寺院，也有道教的坛阁，还有大量的民俗信仰祀庙，生动反映了清代帝室独特的宗教文化交流。

清代皇家园林"三山五园"肇始于康熙年间，但主要完成于雍正、乾隆两朝，园林中的宗教建筑也深刻地打下了这两位帝王的个人烙印。据不完全统计，在"三山五园"中，宗教建筑几乎占到整个园林建筑的三分之一，其中尤以佛教建筑的数量为多。"五园"之中随处可见风格迥异的佛教建筑，点缀于红花绿叶、绿水荡漾的园林山水当中，给人以庄严肃穆的宗教文化熏陶。其渊源可追溯到追求"三教调和"的雍正，但清代在"离宫御园"中大量修建精美的佛教建筑，主要得力于以"文殊菩萨化身"自诩的乾隆。

"三山五园"中规模最大、影响最广的佛教建筑，当为乾隆时期建造的清漪园（后称颐和园）万寿山寺庙群。万寿山本燕山余脉，元时名瓮山，山前即积水助漕的瓮山泊。其地风景优美，元代湖泊西北岸已建有大承天护圣寺等佛教建筑。明弘治七年（1494年），孝宗乳母助圣夫人罗氏又在山前创建园静寺，由此进一步开启了内廷建寺祈寿的皇室文化。至清乾隆十五年（1750年），为庆祝其笃信佛教的生母钮祜禄氏六十大寿，乾隆帝特意下令在清漪园的园静寺旧址上兴建大报恩延寿寺，亦在次年特意将山名改为万寿山，以寄其祝寿祈福之意。万寿山采用中国造园艺术中常用的"挖湖堆山"技法，在东西两坡形成舒缓对称的人工天际线。而自乾隆十五年（1750年）起，更在山的南面，以大报恩延寿寺为核心，逐步建成倚山而起的庞大佛教建筑群，并呈现出浓郁的皇家宗教文化特色。建成于清代鼎盛时期的大

民国时期的颐和园十七孔桥

报恩延寿寺，大部分美轮美奂的宗教建筑在咸丰十年（1860年）被入侵的英法联军烧毁，现存建筑多是光绪年间重新建造的。但依据《日下旧闻考》等文献资料，我们仍然可以大致体味到这座皇家佛寺震撼人心的宗教文化。

万寿山北麓中轴线上以香严宗印之阁为中心的佛教建筑群，则主要是仿照西藏桑耶寺建造的。《日下旧闻考》录《清漪园册》称：清漪园万寿山之北有直房，"其南为长桥，桥南佛寺三面，立坊楔内，为须弥灵境，后为香严宗印之阁，阁东为善现寺，西为云会寺。"香严宗印之阁是按照西藏桑耶寺的乌孜大殿而建的，象征佛教的须弥山，其四周为依据古印度哲学观念而形成的四大部洲和八小部洲，阁的东南、西南、东北、西北建有代表佛经"四智"的红、白、黑、绿四座梵塔，体现出浓郁的藏传佛教文化特色。但四大部洲北侧中路金刚墙下所建的九开间须弥灵境大殿，却又是以汉式为主兼有藏式风格的寺庙建筑，成为清漪园内体量最大的建筑。清漪园万寿山佛寺这种东西对称分布、南北两麓遥相呼应、汉藏文化相互融合的整体建筑格局，既表现了乾隆帝对生母的孝敬与祝福，也充分体现出他"兴黄教，即所以安众蒙古"、维护国家统一的良苦用心。晚清清漪园被毁后，万寿山北麓只在原址改修了一层香岩宗印之阁，其他仍基本上是瓦砾遍地。直到1980年，国家拨巨资修缮四大部洲、八小部洲和四座梵塔，才大体恢复乾隆时期的藏传佛寺原貌，但须弥灵境大殿却迄未恢复。

雍正帝自号"圆明居士"，始于雍亲王花园的圆明园中就建有多处佛殿，乾隆以后又逐渐增加，除慈云普护、月地云居、舍卫城，以及法慧寺、宝相寺、延寿寺、正觉寺等佛教寺院之外，还在九州清晏、奉三无私、含经堂等起居处多设佛堂。其中慈云普护是"圆明园四十景"之一，在圆明园后湖北岸碧桐书院之西。这是一处仿佛教名胜天台山的景区，"前殿南临后湖，三楹，为欢喜佛场。其北楼宇三楹，有慈云普护额，上奉观音大士，下祀关圣帝君"。康熙后期初成时名为"涧阁"，作为亲王的胤禛常在此礼请法师讲经说法，并曾手抄佛经作为敬献父皇的寿礼。登基后，雍正帝又御书"慈云普护"、"欢喜佛场"以及龙王殿"如祈应祷"、关帝殿"昭明宇宙"诸匾额，体现了雍正帝崇信释道、"调和三教"的信仰特点。慈云普护安排有首领太监充当僧人，日常上殿念经，至晚清方与园内其他庙宇一并裁撤。其中欢喜佛场殿内供奉的是藏教密宗欢喜佛，意在祈求多子多孙。而正殿慈云普护供奉的观音菩萨，亦包含求子祈福之意。清代帝后居园时，朔望清晨常从对面的九州清晏后码头乘船，前往"慈云普护"拈香拜佛。

圆明园内规格最高、体量最大的寺庙为安佑宫，则是按照景山寿皇殿之制建造，以祭奉康熙、雍正两帝神御。畅春园中的佛教寺院，主要有恩佑寺、恩慕寺、永宁寺。恩佑寺的修建，是雍正帝为其父荐福，"建于畅春园之东垣"的供佛之所。静宜园中的佛教寺院，有香山寺、洪光寺、昭庙、上方普觉寺（卧佛寺）、碧云寺等。香山寺可上溯至李唐，金代章宗复建，始赐名"大永安寺"。元明两代重修，一度称为甘露寺，延续至清。康熙时期营建西郊皇家园林时，在附近建有香山行宫。康熙帝曾来此游玩、临幸、驻跸。乾隆初年又在原来基础上扩建，形成前街、中寺、后苑的独特寺院格局。香山寺依山而建，严整壮观，错落有致，亭台楼阁，廊桥亭榭，成为香山静宜园内的最大景点。香山寺曾列西山诸寺之冠，共计五进院落，大殿前有石坊、山门、钟鼓楼等。其寺山门内娑罗树，为香山寺著名景致，并成为古代中印文化交流的"活化石"。娑罗树是佛教徒极为崇敬的圣树，相传佛祖释迦牟尼就涅槃于娑罗树下。

昭庙全称"宗镜大昭之庙"，藏文音译"觉卧拉康"，意为"尊者（释迦牟尼）神殿"。其址原为清代皇家鹿园，乾隆四十五年（1780年）为接待西藏活佛班禅来京所建，故世人亦称"班禅行宫"。其整体建筑风格"肖卫地古式"，以藏式为主，汉式为辅。主体呈方形碉式，石基白色，墙身红色，高厚坚固。墙体设藏式梯形壁窗，上部饰以汉式遮檐。昭庙主要为仿照藏地佛寺而建，但尚另有独特处，如与西藏、承德等地藏传佛教寺庙分散的裙房不同，昭庙的裙房是围在一起的。再者，清净法智殿殿顶的镏金铜瓦为鱼鳞瓦，在阳光照耀下异常壮丽，寺内所立《御制昭庙六韵》碑，为汉、藏、满、蒙四体。其他殿顶檐兽、彩绘内容等，亦充分表现了汉藏文化的融合。

毗邻静宜园的香山东侧为上方普觉寺，即广为人知的"卧佛寺"。卧佛寺始建于唐代，原名兜率寺，后历有兴废，寺名亦易。据说旧有唐代檀木所雕卧佛，元代又在寺内铸造巨大的释迦牟尼涅槃铜像，遂得"卧佛寺"之俗称。明末清初因战乱衰退，"香灯久断"。直到雍正年间由怡亲王允祥舍资葺治，"遂为西山兰若之冠"。雍正十二年（1734年）雍正帝赐名"十方普觉寺"，并御制碑文及"花气合炉香馥郁，天光共湖影空明"之联。其后乾隆帝又御书"双林邃境""得大自在"等匾额。卧佛寺坐北朝南，分三路布局，整体仍沿袭唐代伽蓝七堂的法式，在北京寺庙中是非常少见的。《春明梦余录》载寺前娑罗树"来自西域，相传建寺时所植"。《帝京景物略》更渲染其树"大三围，皮鳞鳞，枝槎槎，瘿累累，根挓挓，花九房峨峨，叶七开蓬蓬，实三棱陀陀，叩之丁丁然。周遭殿墀，数百年不见日月，西域种也。初入中国，崟山、天台，与此而三"。

又有碧云寺，在静宜园之北。碧云寺始于元，明代太监改庵为寺。清乾隆十三年（1748年），在寺后建造金刚宝座塔，左面建行宫，右面建罗汉堂，规模大增，最终形成坐西朝东、以六进院落为主体、层层殿堂依山叠起的特殊布局。其金刚宝座塔，系乾隆年间按西僧所贡奉的图样修建。

静明园中的佛教寺院，以玉泉山为中心，有香岩寺、妙高寺、华藏寺、圣缘寺、清凉禅窟等。

相较于随处可见、规模宏丽的佛教寺庙，"三山五园"中纯粹的道观不仅数量较少，规模也远为不及。但"三山五园"所受传统道教文化的影响却并不逊色。首先，以香山、万寿山、玉泉山为中心的"三山五园"整体布局，即与中国传统造园艺术中的"三仙山"信仰不无关系。按中国远古神话传说，三仙山是远在海中的蓬莱、方丈、瀛洲三座仙山,为世间难睹真容的美好仙境。先秦时期的齐威、燕昭,以及后来的秦始皇、汉武帝,都曾专门派人前往寻访。《史记》载称:"此三神山者,其传在渤海中,去人不远;患且至,则船风引而去。盖尝有至者,诸仙人及不死之药皆在焉。其物禽兽尽白,而黄金银为宫阙。未至,望之如云;及到,三神山反居水下。临之,风辄引去,终莫能至云。"① 这些说法为两汉时期的原始道教文化所吸收,并通过道教文献的渲染与传播,在后世园林建设中产生极其深远的影响。汉武帝首先在上林苑太液池中建造蓬莱、方丈、瀛洲,开创"一池三山"的文化传统,从此模拟或象征"三仙山"的模式,也就成为皇家园囿的基本布局。这在清代"三山五园"中也有程度不等的体现。

　　静明园玉泉湖中以中央大岛"芙蓉晴照"为中心,三岛鼎立的布局即暗合"一池三山"之态。清漪园昆明湖中,南湖岛、治镜阁岛、藻鉴堂岛,亦构成"一池三山"的传统模式。而最典型的,则是圆明园福海中"蓬岛瑶台"以及"方壶胜境"两大景点的设计。蓬岛瑶台旧名蓬莱洲,乾隆初定名蓬岛瑶台。此景建于雍正三年(1725年)前后,系在福海中央挖湖叠做大小三岛,岛上再筑楼阁,并分别名之曰方丈、蓬莱、瀛洲。由于蓬岛瑶台正好位于福海正中,四岸均超过人眼可见景物的距离,因而沿岸四周都只能若隐若现地观察到水中宫殿的概貌。尤其是清晨或傍晚薄雾在福海上微微泛起之时,蓬岛瑶台更宛如神话传说中的仙境一般虚无缥缈,凭空增添了一丝神秘的感觉。其造园设计,再以水面上恬淡的楼阁景致,通过距离感来充分表达其可望而不可即的仙界意境。

　　"三山五园"中的这些宗教庙宇与民间俗神建筑,虽然始建年代早晚不同,建筑规模与装饰风格迥异,但其基本功能:一是满足御园自身的信仰需要,解决皇室内廷日常生活中可能面临的种种焦虑与关心。二是着眼于江山社稷的稳固,在顺应民情、维护民族团

---

① 司马迁:《史记》"封禅书第六"。

结、国家统一等方面，发挥了独特的积极作用。三是进一步加强了国内各地区之间、各民族之间乃至中外之间的宗教文化交流，使作为皇家园林的"三山五园"，成为各种宗教文化荟萃融合、和谐共存的精品典范，生动展现了"三山五园"在宗教文化交流上的巨大作用和深远意义。

纵观清代北京皇家园林的发展，能够明显地看到清代北京宫廷文化在北京园林艺术中帝王文化的烙印。首先，北京皇家园林的发展，无论在其规模、形制以及建造工艺上，都显示出清王朝至高无上的帝王权威气势。其次，清代北京皇家园林的艺术风格，显示了清代宫廷文化集天下之大成的文化融合性，不论是清漪园中谐趣园的江南园林风格、昆明湖迁移杭州西湖的景观，还是圆明园汇集全国各地的园林特点，都鲜明地体现出清代北京宫廷文化集天下之大成的文化集成特点。最后，以圆明园长春园西洋楼景区为代表，显示出清代北京宫廷文化与西方建筑艺术相融合的文化包容特征。而清代北京皇家园林的上述特征，从园林、建筑等形式上，将清代北京宫廷文化以物化的形式展示在人们面前，使得清代北京宫廷文化的威严性、奢华表现和中国传统文化的深邃本质，逐一地展示在世人面前，它折射出清代北京宫廷文化的两面性发展实质。

"三山五园"在数百年的风雨历程中，经历了兴起、发展、破坏及衰败的变迁，与现存的地理空间格局存在很大不同。2002年9月，《北京历史文化名城保护规划》中明确指出"西郊清代皇家园林历史文化保护区位于海淀区，包括颐和园、圆明园、香山静宜园、玉泉山静明园等，即清代的'三山五园'地区，是我国现存皇家园林的精华"。确定保护范围涉及颐和园、圆明园、静明园、静宜园、卧佛寺、碧云寺、达园、团城演武园、燕园等。在北京市海淀区关于"三山五园"的最新规划中，对其空间范围有着明确、清晰的划定：东起京密引水渠地铁13号线，南到北四环闵庄路，西北到海淀区区界和西山山脊线，景区范围约68.5平方公里，包括香山、玉泉山、万寿山、静宜园（现香山公园内）、静明园（现玉泉山内）、颐和园、圆明园、畅春园（现北京大学和海淀公园），以及熙春园、自得园、青龙桥古镇、香山健锐营、清华大学、北京大学、中央党校、国防大学等重要的历史文化资源和极具代表性的现代先进文化资源。总之，随着历史的演进及北京城市发展，"三山五园"的概念内涵及其空间范围也在发生变动。目前，这个概念已经突破了原有的代指皇家园林及文化的狭义范畴，而是被注入了崭新的时代内涵和文化因素，使其成为一个兼具历史性、文化性、现代性和科技性的广义概念以及更加广阔的文化空间。

第四节　南苑

南苑曾经是北京历史上面积广阔的一片湿地，苑里湖沼众多，星罗棋布，水草丰美，适宜动物生长，鸢飞鱼跃，鹿雉出没，是辽、金、元、明、清五朝时期的皇家猎场。此地景色虽然无法与圆明园、颐和园的精致秀丽相比，但是其幽深的野趣别有一番独特魅力。

南苑历史，可以上溯到辽代的"延芳淀"。延芳淀是位于今通州南部的一个大湖，方圆数百里，芦苇丛生，水面广阔，禽鸟众多。金代迁都燕京后，海陵王常率近侍"猎于南郊"，至金章宗又在城南兴建一座名为建春宫的行宫，以供帝王巡观渔猎。

元明时期，南苑地区开启了皇家苑囿的历史。元朝定鼎大都后，长于骑射的蒙古族依然难以忘却本民族的传统习俗，把农闲之季到郊外游猎作为一种生活方式。《元史·兵志》记载："冬春之交，天子或亲幸近郊，纵鹰隼搏击，以为游豫之度，谓之飞放。"[1]当时的南苑地区水草丰沛，荒无人烟，于是元朝在此地大规模营建苑囿，时称"下马飞放泊"，又名南海子。其内，水面广阔，水草丰美，堆筑晾鹰台，建有幄殿，为元大都城南著名的皇家苑囿。南苑于是成为蒙古统治者延续游牧民族传统习俗并兼以训练武备的重要场所。

"下马飞放泊"的发展，成为南苑土地开发的重要历史。为了保证大都周围的苑囿内有足够的飞禽走兽供皇帝射猎，元朝设置了范围广阔的禁猎区。《日下旧闻考》引《鸿雪录》："大都八百里以内，东至滦州，南至河间，西至中山，北至宣德府，捕兔有禁。以天鹅、鸶老、仙鹤、鸦鹘私卖者，即以其家妇子给捕获之人。有于禁地围猎为奴婢首出者，断奴婢为良民。收住兔鹘向就近官司送纳，喂以新羊肉，无则杀鸡喂之。自正月初一日至七月二十日禁不打捕，著之令甲。"以严刑峻法禁止八百里之内的人们捕获野兔、买卖飞禽。

---

[1]　[明]宋濂等：《元史》卷一百一，中华书局，1997年，第2599页。

《元典章》里面有很多关于捕猎的规定，比如，"正月为头，至七月二十八日，除毒禽猛兽外，但是禽兽胎孕卵之类，不得捕打，亦不下捕打猪鹿獐兔"，还有"休卖海青鹰鹘""禁捕鸳老鹅鹘""禁打捕秃鹫"等，这些都有利于保持动物的正常繁育与动物种群的相对平衡。

明代以来，南苑地区不仅是皇家狩猎休闲的重要区域，还成为人口迁移及皇家物资供应的重要区域。明代以来南苑地区土地开垦的历史，是明代社会经济发展的重要内容，是北京城市发展的重要构成。

明初成祖朱棣决定迁都北京后，即着手整理修缮京南上林苑，一方面是效仿历代王朝，将麋鹿圈养于皇家园林中，以作为无上皇权的象征，同时也有寓武备于游猎之意。明代帝王时率群臣游猎其中，尤其是面临外敌威胁之时，驾幸更为频繁。明初成祖常以北征为念，定都北京后，几乎每年都在南海子合围校猎、训练兵马。[①]

永乐十二年（1414年），成祖下令对南苑进行扩充，四周筑起土墙，开辟北大红门、南大红门、东红门、西红门等。此后经宣德、正统、天顺年间持续修缮，形成面积广阔的皇家禁苑。明代南苑建筑、花木，不及其他各苑精美，但泉沼密布，草木丰茂，自然条件优越。又置有专司园林的海户，围造二十四园，繁育獐、鹿、雉、兔等动物，同时种植菜蔬瓜果，以供内廷。《日下旧闻考》记载："南海子在京城南二十里，旧为下马飞放泊，内有按鹰台。永乐十二年增广其地，周围凡一万八千六百六十丈，中有海子三，以禁城北有海子，故别名南海子。"[②]明宣宗时期，对南海子附近又进行了修治。

正统八年（1443年），因南苑受到耕占威胁，英宗在奉天门宣谕都察院诸臣，称"南海子先朝所治，以时游观，以节劳佚。中有树艺，国用资焉，往时禁例严甚。比来守者多擅耕种其中，且私鬻所有，复纵人刍牧，尔其即榜谕之，戒以毋故常是，蹈违者重罪无赦"。令下，拆毁靠近墙垣的民居与园内的坟墓，拔掉了大量的农作物，一

---

① 刘侗、于奕正：《帝京景物略》卷三，北京古籍出版社，1982年，第134页。
② ［清］于敏中等：《日下旧闻考》卷七十五，北京古籍出版社，1985年，第1267页。

定程度上恢复了皇家苑囿的自然状态。在此前后，又陆续修理了南苑内外各处桥梁。

"土木之变"后的英宗、武宗、穆宗，也常率文武百官出猎城南。其中仅英宗"驾幸南海子"，见于《明英宗实录》记载者前后即有十余次。尤其是天顺三年（1459年），内阁学士李贤、彭时、吕原等人"扈驾校猎"，还获赐獐、鹿、雉、兔，以示激励。

"长杨"为秦汉时期的行宫代称，"本秦旧宫，至汉修饰，以备行幸。宫中有垂杨数亩，因为宫名。门口射熊馆，秦汉游猎之所"。明代诗人遂以"长杨"为典，来拟兴同为帝王游猎之所的南苑。除此之外，明廷还设有御马苑，"在京城外郑村坝等处牧养御马，大小二十所，相距各三四里，皆缭以周垣。垣中有厩，垣外地甚平旷，自春至秋，百草繁茂。群马畜牧其间，生育蕃息，国家富强，实有赖焉"。[①]但隆庆二年（1568年）春穆宗巡幸南苑时，却异常失望。史料载称："先是，左右盛称海子，大学士徐阶等奏止，不听。驾至，榛莽沮洳，宫幄不治，上悔之，遽命还跸矣。"[②]可见，此时的南苑已经开始衰败，这或也可视为明代后期武备不振的预兆。

尽管如此，南苑自然景观仍存，尤其是其今昔的对比，犹能激起后人的感慨与谈兴。其中"南苑秋风"（又称南囿秋风）为明代"燕京十景"之一。每至八月西风徐来，南苑秋水长天，万里晴云之下树碧果红，鹿走雉鸣，鸢飞鱼跃，别有一番野趣。大学士李东阳有《南苑秋风》一诗颂称："别苑临城辇路开，天风昨夜起宫槐。秋随万马嘶空至，晓送千旄拂地来。落雁远惊云外浦，飞鹰欲下水边台。宸游睿藻年年事，况有长杨侍从才。"

明代南苑地区经过扩建之后，已经具备了完整的管理体系及建制。《养吉斋丛录》中对于南苑地区营建工程记载甚详，包括官署衙门之兴建、皇家庙宇以及行宫的建设等："其实设东、西、南、北四

---

① 李贤：《明一统志》卷七。
② 刘侗、于奕正：《帝京景物略》卷三。

提督，以内珰为之，分建衙门，今称新衙门、旧衙门者是也。"为了祭祀之需，在南海子内修建了关帝庙、灵通庙、镇国观音寺等皇家庙宇。

清军入关后，尤其是在顺治朝和康熙朝前期，由于京西的"三山五园"还没有形成，所以利用明代宫苑成为清廷的主要措施，于是在明代南海子的基础上将其作为皇家御苑重新修葺，命名"南苑"。顺治帝亲政后几乎每年都前往南苑。顺治十一年（1654年）后，因紫禁城内乾清宫等主要宫殿正值重建，顺治帝曾长期居住于南苑。

康熙帝在位61年，来南苑举行围猎乐舞的活动多达132次，其中康熙四年（1665年）到六十一年（1722年）这57年间，他专程到南苑举行的围猎活动高达90次，在驾崩的前三周，他还到南苑进行了最后一次围猎。雍正帝在位13年，几乎没有外出巡幸活动，驻跸南苑也寥寥可数。只有在雍正七年（1727年）五月，雍正帝第一次驻跸南苑，并阅车骑营兵。这也是实录记载中，雍正帝唯一的一次驻跸南苑。

乾隆帝对南苑的情感最为深厚，他对此地进行了多次疏浚整修，把南苑的建设工程推向了巅峰。经过乾隆一朝的修缮与建设，南苑形成了四座行宫为主的御园格局。乾隆六十年（1795年），已届85岁高龄的乾隆帝又来南苑狩猎。嘉庆帝曾9次来南苑围猎，道光帝来此围猎有12次。再以后的咸丰、同治、光绪帝，虽大清帝国日趋衰落，国势日艰，到南苑宸游甚少，但仍有来南苑举行围猎活动的记载。光绪二十九年（1903年），光绪帝巡幸南苑，曾在新宫、旧宫、团河宫驻跸，这是清代帝王在南苑的最后一次活动。

南苑是清初园林理政的重要御园，"苑囿之设，所以循览郊原，节宣气序。仰惟开国以来，若南苑则自世祖肇加修葺，用备蒐狩，而畅春园创自圣祖，圆明园启自世宗，实为勤政敕几、劭农观稼之所。"[①]清代政治文化特色以及礼制运作的需要是促成南苑在清代成为御园理

---

① 《钦定日下旧闻考》卷七十四《国朝苑囿·南苑一》。

政场所的重要因素。其一，南苑水草丰美，能够满足清朝统治者讲武习勤、骑射围猎的政治军事需要。其二，南苑地势开阔，适于举行年节烟火观灯等活动，以联络外藩使臣及各部落王公。其三，南苑清静幽雅，适合休养避喧。顺治九年（1652年）、十三年（1656年），顺治帝都曾避痘南苑。康熙帝亦多次携孝庄太后、皇太后在南苑休养。其四，南苑的地理位置适于作为清朝皇帝巡幸出行以及拜谒东西陵的往返落脚点，尤其在乾隆年间，乾隆帝拜谒东陵之后，往往经南苑再拜谒西陵。

在康熙中期修建畅春园以前，南苑是清廷唯一能够利用的近郊御园。顺治朝在南苑发生的一件重大事件是，顺治帝接见五世达赖喇嘛。顺治初年正值清政府迁都北京不久，当时全国尚未统一，战事频仍，清军一面南下攻击南明各地政权，镇压农民起义军的抗清斗争，另一面积极扩大统一联盟，敦促藏传佛教宗教首领达赖喇嘛来京，这对安定西北、西南民族地区至关重要。

南苑会面后，五世达赖居住在清政府迎接其进京朝觐而专门修建的西黄寺。顺治十年（1653年）正月十六日，顺治帝在紫禁城太和殿宴请五世达赖。顺治十年（1653年）二月十八日，五世达赖辞行离京返回，约在当年藏历十月下旬（1653年12月），到达拉萨，完成了这次在清初历史上意义重大的朝觐之路。顺治帝在南苑接见五世达赖的意义重大，体现了清中央政府对西藏地方宗教领袖的充分尊重，促进了民族团结和国家统一。而且在五世达赖归藏途中，清廷赐予了五世达赖金册金印，正式册封其为西藏地区最高的宗教领袖，这标志着从此之后，历代达赖喇嘛的继位都需要经过中央的册封。

进入康熙朝后，康熙帝非常重视南苑的讲武习勤，曾多次强调"南苑乃人君练武之地"。因此，康熙皇帝在南苑的活动大多与行围、校阅活动有关。除了行围、校阅之外，康熙帝也间或携太皇太后、皇太后驻跸南苑。乾隆时期，虽然圆明园作为御园理政的核心更加成熟，但在南苑的政治礼制活动依旧频繁。乾隆四年（1739年）十月，乾隆帝规定自己驻跸南苑期间，各部院衙门按照圆明园之例，轮班奏事。

南苑最重要的功能，也是它区别于其他园囿的最主要特色，是其作为清代统治者讲武习勤、围猎骑射的作用，正所谓"春蒐冬狩，以时讲武，恭遇大阅，则肃陈兵旅于此"①。其中，行围是指春秋时节的围猎活动；校阅或大阅则是对八旗军队的军事演习。

在多尔衮摄政期间，摄政王多尔衮就多次前往南苑"祭纛"。康熙朝国家统一战争频繁，康熙帝也非常重视武备，因此在南苑的行围活动频繁。行围的时间一般在春秋两季，除个别年份一年一次以外，大多数是一年数次，尤其是在战事频繁之际，如平定三藩、收复台湾、亲征准噶尔，抗击沙俄侵略军前后，一年之中甚至多达五六次行围；每次行围期间驻跸南苑的时间短则五六天，长则半月余。乾隆帝在南苑的行围活动共计21次，大多是在皇太后在世的乾隆四十二年（1777年）之前。乾隆帝每次前往南苑时，基本上都奉皇太后一同前往。一般来讲，乾隆帝在南苑行围，尤其是秋季时节，往往是六七天之内连续行围，地点分别在旧衙门行宫、南红门行宫和新衙门行宫附近。

与日常通过围猎以演练骑射的"行围"不同，"大阅"是对八旗兵战斗力的全面检阅，按照礼制，每三年举行一次。无论是行围，还是八旗兵大阅，其目的首先是保持八旗"国语骑射"的传统，增强武备，提高八旗的军事战斗力。

另外，南苑行围的同时还经常校阅侍卫。因此，清代皇帝在南苑召集文武大臣围观侍卫、护军的校阅活动，既是对各等级御前侍卫骑射技能的检验，又是强化纪律，展示统治集团精诚团结、勇武精进的一种手段。但在乾隆朝以后，八旗战斗力日益下降，骑射勇敢的朴实风气严重消退。

南苑作为皇家园林的兴衰沉浮，在很大程度上就是清代国家命运的写照。晚清时期，国家遭逢"三千年未有之大变局"，政治上面临

---

① 《钦定日下旧闻考》卷七十四《国朝苑囿·南苑一》。

着如何变法图强的巨大压力,经济上存在着人口激增与民生问题的突出矛盾,军事上的内忧外患加剧了政治经济的双重紧张。风雨飘摇的国运迫使朝廷无法维护"例禁开田"的"祖宗之制",土地广阔的南苑最终从禁而不止的私垦变为官方主导的放垦,彻底改变了所在区域的自然环境与社会面貌。

第六章

北京古都文脉的非物质文化元素及其特征

悠久的历史塑造出了北京地区的品格，形成了个性鲜明的"北京元素"，组成了这座城市独一无二、卓尔不群的性格特质。漫长的城市发展历程给北京留下了宏伟壮阔的皇家建筑与园林等实物遗存，而在这座城市的居民中也留下了特有的非物质性的"京味文化"。这种文化的每一个元素都根生于北京，不断发展成熟，最终铭刻在北京这座土地上，并根植于这里的居民当中，成为他们所共同认同、不断传承下来的文化脉络。

历史文脉是一个城市形成和演进的轨迹和印痕，其所遗留的各个细节可供后人来追寻并探源。作为京味文化的重要组成部分，北京城市非物质文化内容丰富，形式多样，是北京城市文化脉络的重要一支。北京入选国家级非物质文化遗产名录的有：智化寺音乐、京西太平鼓、昆曲、京剧、天桥中幡、抖空竹、象牙雕刻、景泰蓝工艺、聚元号弓箭制作技艺、雕漆技艺、木版水印技艺、同仁堂中医药文化、厂甸庙会。这些非物质文化包含了这座城市的语言、习俗、工艺技术以及居民们所习惯的娱乐方式等方面。

第一节　京腔京韵：北京话的形成与历史传承

语言作为人们日常交流的媒介，它的形成与发展是本地区文化传承的承载，同时文化的认同与选择又作用于地区语言的变革。北京话有巨大的魅力和表现力，正如邓友梅在其《索七的后人》中所言："北京是个好地方。甭说别的，北京人说话都比别处顺耳。宁听北京人吵架，不听关外人说话。"

一、文字与声音记录下的北京话

翻阅有关北京地区的文学作品及相关记录，单凭从北京话的书写，便可大致领略到京方言的特征。金克木曾谈到《红楼梦》《儿女英雄传》，"满族统治者所推行的北京语的'官话'的文学语言已经不可动摇地要在全国胜过各种方言"。

"见安排着车儿、马儿，不由人熬熬煎煎的气。有什么心情将花儿、靥儿，打扮得娇娇滴滴的媚；准备着被儿、枕儿，只索昏昏沉沉的睡"。① 这段话选自王实甫所著的《西厢记》，大量的儿化音词迭次出现，可谓是北京话最富代表性的特征。同样，在元代的散曲作品中，大都运用通俗直白的语言写就而成。关汉卿《不伏老》中写道："我是个蒸不烂、煮不熟、捶不扁、炒不爆、响当当一粒铜豌豆。……我玩的是梁园月，饮的是东京酒；赏的是洛阳花，攀的是章台柳。我也会围棋、会蹴鞠、会打围、会插科；会歌舞、会吹弹、会咽作、会吟诗、会双陆。你便是落了我牙、歪了我嘴、瘸了我腿、折了我手，天赐与我这几般儿歹症候，尚兀自不肯休。则除是阎王亲自唤，神鬼自来勾，三魂归地府，七魄丧冥幽。天哪！那其间才不向烟花路儿上走。"② 这段话生动幽默又平白率朴。元曲以其自然、真切而

---

① 王实甫：《西厢记》第四本第三折。
② 关汉卿：《不伏老》。

又不失雅丽的一代文风，在北京话的发展史上留下了辉煌的篇章。

邓友梅在《"四海居"轶话》中写道，说着"一口嘣响溜脆的北京话"，"一口京片子甜亮脆生"。这"嘣响溜脆""甜亮脆生"较之其他，可能更可作为北京人身份标识。《四世同堂》写韵梅："小顺儿的妈的北平话，遇到理直气壮振振有词的时候，是词汇丰富，而语调轻脆，象清夜的小梆子似的。"《正红旗下》写人物福海，也不忘强调他的"说的艺术"，"至于北京话呀，他说的是那么漂亮，以至于使人认为他是这种高贵语言的创造者。即使这与历史不大相合，至少他也应该分享'京腔'创作者的一份儿荣誉"。《京华烟云》中写道："北京的男女老幼说话的腔调儿上，都显而易见的平静安闲，就足以证明此种人文与生活的舒适愉快。因为说话的腔调儿，就是全民精神上的声音。"

清代笔记《燕京杂记》记载商人叫卖言，"京师荷担卖物者，每曼声婉转动人听闻，有发语数十字而不知其卖何物者。……呼卖物者，高唱入云，旁观唤买，殊不听闻，惟以掌虚覆其耳，无不闻者"。同样，在《四世同堂》中，中秋前后北平的果贩"精心地把摊子摆好，而后用清脆的嗓音唱出有腔调的果赞：唉——一毛钱儿来耶，你就一堆我的小白梨儿，皮儿又嫩，水儿又甜，没有一个虫眼儿，我的小嫩白梨儿耶！"语调婉转悠扬，京味十足。清乾隆六十年（1795年）王廷绍辑录的《霓裳续谱》中有一首《树叶儿娇》可谓是北京地区叫卖糕点的代表作："树叶儿娇，呀呀哟！忽听门外吹喝了一声酸枣儿糕。吆喝的好不奇巧，听我从头诉说他的根苗：不是容易走这一遭。高山古洞深河沟流，老虎打盹狼睡觉，上了树儿摇两摇，摇在地下用担挑。回家转，把皮儿剥，磨成面，罗儿打了。兑了桩，做成糕。姑娘们吃了做针指，阿哥们吃了读书高；老爷吃了增福延寿，老太太吃了不毛腰，瞎子吃了睁开眼，聋子吃了听见了，哑巴吃了说话，秃子吃了长出毛。又酸又甜又去暑，赛过西洋的甜葡萄，这是健脾开胃的酸枣儿糕。"词曲生动俏皮，将走街串巷的老北京商贩形象生动地显映出来。

总之，无论是书面记录下的北京话，还是声音表现的北京历史遗存及文化，在百转千回的京味腔调中，构成了有关这座城市特有的红墙绿瓦、五方杂处的北京记忆。

二、北京话的形成过程

古代中国国土广阔，各地方言众多，初为行政及交流需要，产生了较为通行的"雅言"，也就是俗称的官方话。隋唐时期，北京地区属幽州，这里居住着相当数量的少数民族居民。公元936年，石敬瑭将燕云十六州割让给契丹，幽州地区脱离汉族并入契丹，成为重要的军事重镇。辽金元代以后，随着北京作为中国统一政权所在，北京地区通行语言产生，即所谓的"大都话"。关于大都话的特点，可从元代诸多生活在大都地区的文人所著的大量元杂剧及散曲中窥见一斑。

明代以后迁都北京，大量人口移居北京，和北京话接触最频繁的已经不再是契丹、女真、蒙古等少数民族语言，而是来自中原和长江以南的各地汉语方言。由此，大都话逐渐衰落，而北京话在与其他地区方言的交流与融合过程中逐渐有了新的变化。例如，现在北京话里经常将"n"和"l"不分，便是受"皖南话"的影响。

清代中期之前，满语作为官方通用语言，民间则由旗下话、土话及官话三者糅合而成的语言，这便是北京话的起源。清中期以后规定官方一律以北京话作为日常交流语言，满语不再是官话。雍正六年（1728年）创设"正音书馆"，在全国范围内推行北京话。雍正帝在上谕中指出："凡官员有莅民之责，其语言必使人人共晓，然后可以通达民情，熟悉地方事宜，而办理无误。是以，古者六书之制，必使谐声、会意，娴习语音，皆所以成遵道之风，著同文之治也。朕每引见大小臣工，凡陈奏履历之时，惟有福建、广东两省之人仍系乡音，不可通晓。夫伊等以现登仕籍之人，经赴部演礼之后，其敷奏时扬，尚有不可通晓之话，则赴任他省，又安能宣读训谕，审断词讼，皆历历清楚，使小民共知而共解乎了官民上下语言不通，必使吏胥从中代为传述，于是添饰假借，百弊丛生，而事理之贻误者多矣。且此两省之人，其语言既皆不可通晓，不但伊等历任他省不能深悉下民之情，即伊等身为编氓亦必不能明白官长之意。是上下之情扞格不通，其为不便实甚。但语言自幼习成，骤难改易，必徐加训导，庶几历久可通。应令福建、广东两省督抚转饬所属各府、州、县有司及教官，遍为传示，多方教导，务期语言明白，使人通晓，不得仍前习为乡音。则伊等将来引见殿陛，奏对可得详明，而出仕地方，民情亦易通达类。"① 下达之后，各地遵照执行，"雍正六年议准：伏读上谕，广东、福建人多不谙官话，著地方官训导，仰见圣天子寰虑周详，无微弗照，欲令远僻海疆，共臻一道同风之盛。查五方乡语不同，而字音则四海如一，只因用乡语读书，以致字音读惯后，虽学习官话，亦觉舌音难转。应令该督抚、学政，于凡系乡音读书之处，谕令有力之家，先于邻近延请官话读书之师，教其子弟，转相授受，以八年为限。八年之外，如生员贡监不能官话者，暂停其乡试，学比不准取送科举，举人不能官语者，暂停其会试，布政使不准起文送部；童生不能官话者，府州县不准取送学政考试，俟学习通晓官话之时，再准其应试。通行凡有乡音之省，一体遵行"。②

至乾隆年间，又议准：闽省士民不谙官音。雍正年间，于省城四门设立正音书馆，教导官音。但通省士民甚多，一馆之内仅可容十余人，正音固难遍及。况教习多年，乡音仍旧，更觉有名无实。应照乾隆二年（1737年）裁汰额外教职之例仍责成州县教职实力劝导、通晓官音，毋使扭于积习。乾隆三十九年（1774年）对福建学政汪新重振正音教育奏折的批示，其云：乾隆三十九年议复福建学政汪新条奏该省士子入学，年未三十者，责令学习官音，学政于岁科两考传齐审辨分别等第一折；查五方乡语不同，在有志向上者，学习官音无待有司之督责；若乡曲愚民，扭于所习，虽从前屡经设法，而一傅众咻，仍属有名无实。且士子岁科两试，正以等第之高下，定其学业之优

---

① 同治《广东通志》卷1。
② 嘉庆《学政全书》卷59。

劣，如文艺优长，断无音韵舛牙之理。若不论文艺，而以官音之能否分别等第，既无以示考校之公。在学臣关防扁试，乃于未考之前传集该生等，逐一审辨官音，于政体亦未允协。至该省义学、乡学，务延请官音读书之师，原有成例，不必另立科条。所奏毋庸议。

  1902年张之洞、张百熙上疏倡导全国统一语言，1909年清末资政院提出将"官话"正名为"国语"。民国年间教育界提出以北京音为国语标准音，但未获通过。新中国成立之后，在1955年正式进行全国文字改革，并最终确定了北京话作为全国通用语言的地位。

三、北京话的特征及传承

  正如北京身份标签，北京地方话的特征十分明显，如儿化音的运用，某些北京话特有的词语、北京口音等。正如学者所言，北京话是以大河北方言作为基础，吸收了多种方言的精华并加以综合完善。[①]

  第一，北京话最大的特征是结尾的儿化音处理。名著《红楼梦》中，即多有这种词句，如："方才姑妈有什么事，巴巴儿的打发香菱来？"这里的"巴巴儿"便用叠声词加重语气，又不显生硬。

  第二，北京话的轻声处理。随着北京国际都市地位的不断提升，地道的北京话也不再是北京城市日常交流语言，日渐成为北京历史文化遗存，成为所谓"老北京人"的身份标识。正如一位祖辈十一代都居住在北京的居民所言："从顺治爷那辈儿起我们就溜达到北京了，要我说啊，北京话要保留的不光是方言土语，还应该是北京味儿、京韵。"作为北京历史文化遗存的一个重要方面，对于北京话的发掘与保护，理应得到重视。目前，为抢救、保护北京的语言文化遗产，北京语言文字工作委员会启动中国语言资料有声数据库北京库建设项目。

[①] 俞敏：《北京音系的成长和它受的周围影响》，《方言》，1984年，第3期。

第二节　习俗：岁时节日饮食及活动

俗言"北京人讲究"，是说北京人习俗礼仪多。老北京习俗众多，且规制森严，这既与北京都城的政治地位有关，也与北京五方杂处、居民结构复杂有关。

一、节令活动与饮食

在传统农业社会中，居民最为重视的当数各种节日。北京的节日，饮食考究，活动丰富，这是北京城市居民重要的生活方式和趣味，是本地区饮食及休闲文化的重要体现。

春节。中国传统节日当中，数春节最为隆重和热闹。春节，俗称"过年"，旧称"正旦节"。北京春节的节日活动内容与其他地区大致一样，除夕贴春联、守岁，此后串门拜年等。不过，旧时北京春节习俗又有一些不同之处。在除夕开始见面互祝"辞旧岁"之后，为打发守岁前的这段时间，一般在全家吃完团圆饭后，齐往东岳庙烧香。此外，明代北京还有"跌千金"的风俗，即在焚香放炮之后，将家中的门闩或者木杠在院子里向上抛掷三次。接神过后，王公贵绅换上崭新的官服入宫朝贺，完毕接续拜访亲友，俗称"拜年"，互道"新禧""顺当"等语。春节的拜年礼仪较有规制。长幼见面，则小辈需向长辈三叩首，如果是汉人，还需作揖，旗人只叩首不作揖。如至亲友家中，进门之后先向佛像、祖宗影像或牌位行礼，如家中还有长辈，再向长辈行跪拜礼。初一直至初五之前，拜年活动尚只有男子参与，妇女不可出门行走。初六以后，妇人内室出门互访，新嫁女在这一天也允许返回娘家探亲。除个人互拜之外，还有同寅团拜、同年团拜和同乡团拜。同寅团拜一般都是在本衙门进行，同年、同乡团拜一般都选择在会馆举行，此外还会请梨园到场助兴，称"团拜堂会"。民国之后废除跪拜礼，实行新式团拜，此后多采用茶话会的形式。

元宵节。元宵节，又称"上元节""灯节"。北京元宵节自正月初八开始，一直延续到正月十七，其中正月十五当日称"正灯"。元宵节是继春节之后的第一个重要节日，当晚择城中热闹之处燃放烟火，市肆店铺张灯结彩，市中景象热闹非凡。元宵灯形式多样，色彩华丽，仅所用材质就有纱绢、玻璃以及明角等，同时还在灯上绘制古今故事以添趣味。市中还有花炮棚，各类烟火竞巧争奇，空中所燃烟火有如线穿牡丹、水浇莲、金盘落月等奇景，蔚为壮观。北京制灯较有名的是"米家灯"，为明代画家米万钟设计，他将米家花园景象绘于灯上，楼台歌榭、深院小径尽呈其上，精细非常。米家灯由此闻名京城。明清时期上元节陈灯之处渐成市集，明代尤以东华门以东至崇文门街西，即今天的灯市口所在地。灯市当日，贵重如金银珠玉，也有寻常百姓日常所用，都能在市中购得。为就近观灯，往往灯市期间，豪绅贵族在街市两侧租赁专座观赏彩灯。清代灯市从内城移至外城正阳门外的珠市口、琉璃厂及花儿市等地。市集热闹景象甚至超过前朝，全国各地商旅携带各省货物交易售卖，街上冠盖相属，男妇交错。值得一提的是，北京灯市除卖彩灯、烟火和元宵外，还有金鱼售卖，金鱼在玻璃制成的鱼缸中灵转游弋，趣味盎然。

上巳节。农历三月初三是我国传统的上巳节，也是祓禊的日子，也称"春浴节"。上巳是禳灾避祸、祈福求神的节日。洗浴是上巳节最重要的节日内容，人们在这一天洁面修身，清洁身心。这一天无论是皇帝妃嫔，或是民间百姓都在河边洗涤，以求吉福降临。上巳日当天，皇宫内的妃嫔会到内园的迎祥亭漾碧池修禊，完毕后则会在此设宴，称"爽心宴"。池水旁有一潭称"香泉潭"，上巳当日会将潭中香水注入漾碧池中，再放入温玉、白晶鹿、红石马等物以供妃嫔在沐浴之后戏耍，谓之"水上迎祥之乐"。民间在上巳日则以形式多样的户外活动来代替传统的洗涤为主要内容的节日习俗。三月的北京，正是春意融融、柳绿花荣的季节。北京旧俗——辽俗在上巳日这一天要射兔。兔使用木雕制作而成，人们分作两路骑马射之，最先射中的则是胜者，输者则必须下马跪敬胜者酒，胜者在马上解酒饮用。到了元朝之后，上巳节演变为"脱穷日"，在这一天人们都来到郊区水渠边游玩。此外，人们还将柳条或者秸秆做成圆圈的形状，从头上套入，再从脚下脱掉，最后将圆圈扔到水中，这便是"脱穷"了。明清之后，这些传统的节日活动逐渐消亡，上巳日则进一步演变为春游踏青的日子。传说三月初三还是王母娘娘的生日。这一天各路神仙都会赶赴瑶池为王母庆祝寿诞。北京旧俗则是在这一天逛游位于东便门附近的蟠桃宫。

清明节。清明节最初是人们为庆祝温暖明丽的春天到来而设的节日，因为从这一天开始天气逐渐转暖，天明气清，万物复苏，所以称"清明"。北京旧俗有所谓的冥节，即指清明节、阴历七月十五日的中元节以及阴历十月初一的寒衣节，总称三冥节，其中祭扫坟茔以清明节为重。传统中国崇尚敬天法祖，因而清明节也更受人们重视。明、清两代皇宫内在清明节当日也要举办祭祀活动，所有文武官员都要参加。祭祀礼制十分讲究，过程烦琐，品格很高。王府仕宦以及绅商的清明扫墓主要是携家眷前往墓地祭奠，按规矩，亡者一过百日，不许祭者在祭扫过程中哭泣。等仪式结束之后，会到专供休息的阳宅休息，吃些食物再离开。满族仕家则比较特殊，他们会在清明节在坟前供"烧燎白煮"满族酒席一桌，敬酒三巡，行三叩礼，然后焚化"佛陀"及金银箔叠成的纸钱。民间的清明节祭祀活动不及皇室严苛。一般人们在清明节前后十天前往墓地祭拜，象征性地给坟茔培土、烧化纸钱，并在坟墓顶压上一些纸钱，表示这家还有后人。祭祀结束之后，全家围坐聚餐饮酒，接下来还安排踏青、蹴鞠、插柳、放风筝等活动。北京旧俗，在清明扫墓结束后，妇女和孩童往往要折些柳枝编成圆环戴在头上。民间的说法是，清明戴柳，是要防止清明期间"野鬼并出，讨索代替"。而柳既是佛神的法物，可以驱鬼，又可度人。辛亥革命之后，清明戴柳的风俗渐消。

端午。端午又称端阳、五月节，逢每年的五月初五。北京有"善正月，恶五月"之说，因五月天气渐暖，湿气上升，百虫滋生，疠疫较易扩散，为此人们采用多种方式来规避病灾。吃端午节令食物首先要饮雄黄酒，此外还将酒涂小孩的额头和鼻耳之间，以避毒物。同时，端午节期间，市肆中专售"天师符"。道符一般用一尺大小的黄纸，上盖朱印，绘有天师钟馗画像，也有画上五毒符咒的形状。城中居民购买贴在中门之上，以避祟恶。也有将彩纸剪制成葫芦的形状，再倒贴在门栏上消泄毒气。

此外，端午当日，人们还从郊外采来菖蒲、艾叶插在门楣以禳灾避难。"帝京午节，极胜游览。或南顶城隍庙游回，或午后家宴毕，仍修射柳故事，于天坛长垣之下，骋骑走獬。更入坛内神乐所前，摸壁赌墅，陈蔬肴，酌余酒，喧呼于夕阳芳树之下，竟日忘归"。端午当日，居民多往城隍庙烧香。"都城隍庙在都城之西，明永乐中建。中为大威灵祠，后为寝祠，两庑十八司，前为阐威门，塑十三省城隍对立，望之俨然酷肖各方仪表。前为顺德门，左右钟鼓楼，再前为都城隍门。前明于朔望廿五日为市。郎曹入直之暇，下马巡行，冠履相错不禁也。初四、十四、廿四等日则于东皇城之北有集，谓之内市，不及庙中之多也。每岁正月十一日至十八日止，则在东华门外，迤逦极东，陈设十余里，谓之灯市，则视庙中又多盛，即今之灯市口矣。国朝崇隆祀典，岁之春秋，遣员致祭，祈雨占风，亦虔荐享。惟于五月朔至八日设庙，百货充集，拜香络绎。至于都门庙市，朔望则东岳庙、北药王庙，逢三则宣武门外之都土地庙，逢四则崇文门外之花市，七、八则西城之大隆善护国寺，九、十则东城之大隆福寺，俱陈设甚夥。人生日用所需，以及金珠宝石、布匹绸缎、皮张冠带、估衣骨董，精粗毕备。羁旅寄客，携阿堵入市，顷刻富有完美矣"。

对于幼童和女性来说，端午期间佩戴五彩线，手巧的则将绫罗制作成小虎、粽子、葫芦、樱桃、桑葚等形状，用彩线穿接起来，悬在钗头，或者系到小孩背上，用以辟邪。等过了五月初五午时或者次日清晨，再将这些佩饰扔到门外，取意"扔灾"。北京旧俗在端午节制作一种特殊的药，即将墨放到蛤蟆腹内，午时将它置于太阳下暴晒，这种经过特殊制作后的墨便有了治病的疗效，由此北京有"癞蛤蟆躲不过五月五"的俗谚。除了各式避难禳灾活动外，明代以来北京又将五月初五定为"女儿节"，这一日少女要佩戴灵符，配饰石榴花，出嫁女儿则可在这一日归宁。明清时期北京居民还在这一天出行游玩，天坛、金鱼池、二闸、草桥、积水潭等都是郊游首选胜地。端午节的赛龙舟活动也往往在这些地方举行，皇帝则到西苑等地与大臣宴游。

七夕。农历的七月初七称七夕，俗称乞巧节。后来在七夕当日，闺阁女子一般在这一天邀请女伴作巧节，又称"儿女节"。早在七夕前几日，人们即用一小瓦器栽种小麦，此为"牵牛星之神"，也称"五生盆"。明清时期，因皇室后宫妃嫔女婢众多，七夕活动尤为丰富。七夕节当日，宫中会立巧山，宫人都穿鹊桥补服。及至七夕晚，宫女登台，用五彩丝穿九尾针，最先完成的为巧，迟些的称输巧，要出资给最先完成的。民间的七夕活动形式多样。一般在七夕当日中午，女子要放置一碗水，等水膜生成之后，再投入小针（也有用新篁帚苗折成小段）。针浮在水膜上，水中有针影，细看针影形状，或像云雾，或如花朵，有似鸟兽状，甚至成鞋和剪刀等形，这便是"乞得巧"了。此外，家中如有女儿，在晚上祭拜银河之后，老人便给她们每人一根绣花针和一条线，以先穿好针线者便是乞得灵巧。此外，七夕当日还有接露水的习俗。这天的露水民间又称"天孙水""圣水"，把接来的露水用来洗脸或者洗手，传说可以使人眼明手巧。

中秋节。中秋既至，上自王室贵绅，下达寻常百姓，人们互赠月饼果品并举行祭月大礼。明嘉靖九年（1530年）在阜外建了月坛（亦称夕月坛），月坛由拜月坛、具服殿、神厨等建筑组成，是明清两朝历代皇帝祈祀夜明之神和天上诸星宿神煞之处。对于普通民众来说，祭月大礼多在自家院中举行。皓月当空，彩云初散时，家家户户举行祭月仪式。北京旧俗，拜月大礼只限女眷参与，所谓"男不拜月，女不祭灶"。并且拜月大礼要在桌案上供月光马，月光马用纸扎成，纸上绘制太阴星君，下描月供和捣药的玉兔，旁有立人。这种月光马大小不一，长的够七八尺，短的仅有二三尺，顶上有红绿色或黄色二旗。陈毕供物，开始焚香跪拜，礼毕后将月光马与千张、元宝等一并焚烧妥当。中秋节是一年中间的团圆节，这一日外出游子归家过节，如有出嫁女归宁，必须在当日返回夫家。北京还有一个颇具特色的习俗，即中秋期间供拜"兔儿爷"。市集中有手巧的艺人将黄土捏成蟾兔的样子出售，便是"兔儿爷"。兔儿爷形状各异，有骑虎的、打坐的，甚至有衣冠张盖的，也有武装穿甲的。市中售卖的兔儿爷大小不一，大的三尺左右，小的仅有尺余。此外，市场中还有用布扎的或纸绘的兔儿爷。家庭从市集中买了兔儿爷回家放在拜月的几案上，旁陈瓜果来祭拜。明清民国时期北京的达官贵人、文人墨客也在中秋夜前往当时风景极佳的西直门外的长河、东便门外的二闸等地，登临岸边的酒楼茶肆或者去什刹海、陶然亭、天宁寺等名胜庙宇的亭阁殿堂临窗赏月、品茗饮酒、吟诗谈词、欢叙玩乐，至夜方归。

重阳节。儒家阴阳观有六阴九阳之说，"九九"即为重阳，又取长久之意。民间习俗，重阳节当天要登高禳灾，故重阳节又称登高节。古人在重阳当日要佩茱萸，故重阳节又称"茱萸节"。此外，九月是菊花盛开的季节，重阳节又有"菊花节"之名。重阳节当日，宫中会设宴待客，称"迎霜宴"，其中必备"迎霜兔"。重阳节当天，皇帝携家眷前往万寿山、兔儿山或者旋磨山登高，吃节令的迎霜麻辣兔，饮用菊花酒。九九重阳节当天，人们载酒具茶，提着吃食来到郊外登高。登临处往南有天宁寺、陶然亭和龙爪槐等处，往北则有著名的蓟门烟树、清净化城塔，再远还有西山八刹等地。人们聚而饮酒作赋，烤肉分食，乐享秋游志趣。辽朝重阳节当日，还会举行打围射虎等活动，射虎最少者要备办"重九"宴席。在活动完毕之后择选高处设帐，饮用菊花酒，生食兔肝，用鹿舌酱佐拌。同时，在当时北京阜成门外的行宫，还有少年举办赛马活动。

寒衣节。十月初一是寒衣节，北京旧俗在十月初一这天要为亡人烧纸，俗称"送寒衣"。这一天祭祀先人的方式北京旧俗一般都以"烧包袱"代替。包袱通常为一个大纸口袋，规格大致是长一尺、宽一尺五寸左右。包袱又有素包袱和喜包袱两种。其中素包袱是全白的，中间贴一蓝签，上有手写的亡者的名姓。花包袱则是在白纸或者红纸口袋上印上水磨单线图案，上面还有佛教咒语，中间用来填写亡者的名讳。包袱内装有冥钱、冥衣，冥钱主要有烧纸、金银箔钱以及佛道两教的往生钱等，其中寒衣纸必不可少。寒衣纸则是一种彩色的五色纸，一般有粉红、豆青、深蓝、黑及白五色，纸上印有各色梅花、菊花、牡丹等花朵图案。买回纸张之后，根据被祭奠者的性别裁成衣料形状，规格在一尺左右，这便是"寒衣"，上面再标记有亡者名姓，如同寄送家书一般。一般在晚上门口焚烧寒衣，谓之"送寒衣"。不过，如果亡者尚未满三年，则不能用五色彩纸，而用印有青莲色的白纸代替。富裕的家庭往往还有去冥衣铺购得整套的皮袍、皮褂、皮裤、风帽和棉袜等高档的御寒衣物焚烧来祭奠先祖。装好后的包裹在没有焚化之前，要当作祖先牌位来祭祀，称为"供包袱"。供品一般是三碗水饺、一杯清茶。家中按照长幼次序行四叩首大礼。焚化包裹时，要送到大门外，还有送到十字路口的。北京的旧俗一般是，如果拜祭男性，则是在地上画个十字；如是女性，则要先在地上画个圆圈，然后将包袱放在十字或者圆圈的中央燃烧，相传这样就可以防止野鬼孤魂来抢夺先人的"寒衣"。如果是祭祀尚未满三年的先人，祭奠者往往要哭拜，显示对亡者的无限追思。此外，进入十月时候，天气开始转冷，因此北京例有"十月初一添设煤火，二月初一撤火"的习俗，即从十月初一这一天开始，居民开始在室内添设火炉取暖，称"升火"。

腊八节。十二月初八为腊八节，从这一天开始，人们便开始准备过年，因此民国时期北京有俗俚："老婆老婆你别馋，过了腊八儿就是年。"十二月通称腊月，初八习俗要喝粥，称"腊八粥"，又称"八宝粥"。清代宫廷中的腊八粥是在雍和宫由喇嘛熬制的，朝廷专由大臣监视制成，粥用粳米、杂果以及糖制成。因皇室人口众多，熬制的铁锅之大往往可盛数石米之多。按照规制，雍和宫内熬制好的腊八粥，第一锅要送到太庙等供奉先祖的庙宇作为供品，第二锅则呈送给皇帝和嫔妃，第三锅要赏赐给勤王和京城中的僧侣，第四锅赏给在京的文武百官和地方官员，第五锅分给雍和宫的喇嘛僧徒们，第六锅施舍给民间百姓。

关于节日饮食种类及样式，更是贴合节日气氛。

一般而言，无论是王公绅衿，还是寻常百姓，春节伙食都极为丰盛。同时，北京习俗正月初一至初五"破五"前不生火，节日所需食物一般都在节前备办妥当。在腊月二十四日祭灶之后，家家户户开始煮肉蒸面。腊月三十日，即除夕晚，家人齐聚吃"团圆饭"，三荤三素，餐中有糯米制成的年糕，取年年升高之意。初一当日，家家户户均制作白面饺子，有的富贵家庭在内填入金银小锞或者宝石，食到者可在下一年讨个好彩头。同时，为接待到家拜年的亲朋，北京旧俗以"百事大吉盒"待客。盒中为一圆槽，外周为四个扇形小槽，内盛柿饼、荔枝、龙眼、栗子、熟枣。一般的家庭还在桌上备有小盒盛装的驴肉，俗称"嚼鬼"。

元宵节，自然是要吃元宵。旧时北京从正月初六开始，城内的糕点铺就开始卖元宵了。北京的元宵都是先做馅儿，然后放到干糯米粉上摇滚，等甜腻的馅儿沾上糯米粉之后，元宵便做成了。关于元宵的叫法，在1916年还有个被迫改名的趣事：辛亥革命之后袁世凯窃取革命果实，登基复辟做皇帝。在1916年的上元节，革命党人为讨伐袁世凯，安排了很多人在京城的街头沿街叫卖元宵，民间也传言"元宵，元宵，袁氏必然取消"。袁世凯听后大怒，饬令以后元宵一律改称汤圆。洪宪衰亡之后，"元宵变汤圆"的笑柄也一代代流传下来了。

上巳节还是人日。按子甲乙丙丁戊己庚辛壬癸的天干排序和丑寅卯辰巳午未申酉戌亥的地支排序法，初七为地支巳日，所以巳日即人日。在这一天人们要吃"七宝羹"和"熏天"。"七宝羹"用七种不同的菜品做成，而"熏天"是露天做的煎饼。另外，还要用五彩丝织品剪成人形或用金箔刻成人形挂在屏风火帐子上，以求吉利。

此外，清明供食一般用柳条穿成串，留到立夏的那天用油煎炸食之，谓"不忤夏"。如果家里有事不能去郊外扫墓，就在家里用装满冥钱的"包裹"当作主位，辅以三碗水饺作为供品来祭奠。等到午后，将这个包裹在大门外焚化，称"送包裹"给先人。所谓"窝头供包裹——糊弄你们家的老祖宗"这一歇后语就来源于此。

当然，端午节要食用粽子。北京旧俗，每年端午之前，府邸朱门互赠粽子。粽子用糯米制成，外裹粽叶。粽子的馅儿式样很多，有小枣、豆沙、腊肉、火腿等。随赠的还有樱桃、桑葚、荸荠、桃、杏以及五毒饼、玫瑰饼等物。五毒饼是一种圆形的糕点，正面印有蛇、蝎子、蜘蛛、蟾蜍和蜈蚣五毒图案。王公大臣还可得到御赐的葛纱和画扇。此外，端午节人们还需祭祀先人，供品主要有粽子、樱桃和桑葚等。端午节也是商家一年中第一次"讨账"的日子。旧时的北京小店铺为招揽生意，如有熟客到店，并不立即结账，而是到年节时候一并结算。

七夕节令食品，市集上有卖巧馃的。巧馃又称"乞巧馃子"，即将白糖熬成糖浆之后，再和面粉、芝麻等搅拌，等拌匀之后再擀匀切成长方块，然后放入油中炸成金黄即可。手巧的女子还会将巧馃捏成各种与七夕传说有关的花样。此外，七夕当晚，富裕人家还要专设丰盛的晚宴，儿女相对银河祭拜。七夕时北京的很多糕点铺还捏制出织女样子的酥糖，名曰"巧酥"。同时，北京旧俗在七夕当日，还将西瓜雕刻成花朵样，称"瓜花"。七夕时节，街上还出售一种儿童玩具，称"七巧板"，就是用七块不同的木板，拼凑出各种鸟兽和人物，心灵手巧者则可以拼出各类形状。此外，传说七月初七也是魁星的生日，魁星掌管文事，所以若想要求得功名，读书人在这一天一定要对天祭拜，祈求金榜题名。

拜月大礼所需供礼主要有月饼、九节藕和莲瓣西瓜。旧俗北京首善致美斋月饼，月饼大的一尺余，正面绘有月宫蟾兔等图案。中秋当晚祭礼完毕后，有过后即食的，也有留到除夕再吃的，即所谓"团圆饼"。中秋呈供西瓜要以牙瓣状错刻，形状酷似莲花。

重阳登高，因"糕"与高谐音，所以重阳节的节令食品便是各类花糕，取"步步高升""寿高九九"等意。北京所食花糕主要有两种：一种是用糖面做成，中间夹有细果，有两层和三层不等；另一种是用蒸饼所制，上面有红枣和栗子点缀其中，不及第一种味美。重阳节当日，父母一般都要迎来出嫁的女儿归家，所以重阳节又称女儿节。北京旧俗，重阳节当天，市中的乞丐在这一天向染坊索讹，称"闹染坊"。而皮货行则在这一天预测今年皮货销行,行内有"九月九晴一冬凌,九月九阴一冬温"之说,也就是:如果重阳节当天晴天,那么今年冬天寒冷,皮货畅销;如果当天是阴天,则今冬必然温暖,皮货销行自然不会太好。此外,富贵之家一般都要陈设菊花于院中,有钱人家一般用数百盆菊花搭架以置,使其远远望去犹如一座菊花山。因菊花又称九花,如搭积的菊花四面堆砌,则称九花塔。

寻常百姓家当日所食腊八粥食材也极为繁杂,粥用各色米、豆、菱角、芡实、枣、栗、莲子等物一并煮熟,然后再加上红色的桃仁、杏仁、花生、瓜子、葡萄干、青红丝、黑白糖等点缀。值得一提的是,北京旧俗中在馈赠腊八粥的时候,必定佐以腌制的大白菜,而大白菜味道的好坏则昭示着自家下一年运势的好坏。此外,灵巧的主妇还将红枣、桃仁制作成狮子以及小孩的样子;闺阁女子还将枣泥堆成寿星八仙作为互赠礼品。旧时北京有钱的人家在腊八这一日竟显豪奢,熬粥所用的坚果和糖均十分精美,即使是盛粥所用的碗碟,也必用哥窑或汝窑瓷碟,赠送亲友的其他糕点则多达百样。等到腊八那天,五更时分开始煮粥,天明必须熬熟,而且不能熬糊,否则家中必会"大凶"。此外,凡是家中有丧亲未满三年守制的,一律不准熬制腊八粥。粥熟先祭祀祖先,后即馈赠亲友,且须在正午之前送出。送粥时一般随带各种蒸食及小菜。此外,在这一天,即使是家养的猫犬鸡雏都以粥为饲料,墙及树木也抹上腊八粥。同时,在这一天将蒜浸醋密封至除夕方食用,经过这十几日的浸泡,蒜青翠晶莹,食醋味美浓郁,称"腊八蒜",也称"腊八醋"。

二、形式多样的庙会活动

关于明代北京庙会的兴起,民国年间的《北平庙会调查报告》记载:"明代建都北平以后,新建庙宇更多,以都市商业发达及庙会自春场香火向前发展之结果,而庙市因之兴起。"①城中所建庙宇中,"如土地庙、白云观、护国寺、东岳庙等,明代均有庙会"。②其中尤以城西的城隍庙庙会规模最大,《燕都游览志》记载:"庙市者,以市于城西之都城隍庙而名也。西至庙,东至刑部街止,亘之里许。其市肆大略与灯市同,每月以初一、十五、二十五日开市,较为灯市一日耳。"③史载,城隍庙市,"月朔望、廿五日,东弼教坊,西逮庙墀庑,列肆三里"。城隍庙市物品丰富,交易繁荣,"图籍之曰古今,彝鼎之曰商周,匜镜之曰秦汉,书画之曰唐宋,珠宝象玉、珍错绫锦之曰滇、粤、闽、楚、吴、越者集"。④可见,庙市商品除日用品之外,还有诸多珍奇商品。在此经营的商人甚至还有远涉重洋的外国商人,据《谈经》载,"碧眼胡商,漂洋番客,腰缠百万,列肆高谈"。城隍庙的市场交易非常规整,"大者车载,小者担负,又其小者挟持而往,海内外所产之物咸聚焉。至则画地为界限,张肆以售"。对于购买者而言,"持金帛相贸易者,纵横旁午于其中,至不能行,相排挤而入,非但摩肩接踵而已"。⑤

庙市的贸易商品种类繁多,且多有贵重之物,所谓"庙市乃为天下人备器用御繁华而设也"。明代北京城内的城隍庙市与灯市是当时最为重要的古董贸易场所,正如时人所述,"天下马头,物所出所聚处。苏杭之币,淮阴之粮,维扬之盐,临清、济宁之货,徐州之车骡,京师城隍、灯市之骨董"。此外,如明代笔记《谈经》所述:"珊瑚树、走盘珠、祖母绿、猫儿眼,盈架悬陈,盈箱叠贮,紫金脂玉、商彝周鼎、晋书唐画,宋元以下物不足贵。又外国奇珍,内府秘藏,扇墨笺香,幢盆钊剑,柴汝官哥,洋缎蜀锦,宫妆禁绣,世不

---

① 《北平庙会调查报告》,北平民国学院,1936年。
② 《北平庙会调查报告》,北平民国学院,1936年。
③ 于敏中等编纂:《日下旧闻考》《燕都游览志》,北京古籍出版社,1983年,第796页。
④ 《帝京景物略》卷4城隍庙。
⑤ 《明文海》卷288《送司训徐君序》。

常有，目不易见诸物件，应接不暇，唯碧眼胡商，飘洋香客，腰缠百万，列肆商谈。"及至庙市开市当日，"日至期，官为给假，使为留车，行行观看，列列指陈，后必随立以抉手，抬之以箱匣，率之以纪纲戚友，新到之物必买，适用之物必买，奇异之物必买，布帛之物必买，可以奉上之物必买，可贻后人为镇必买，妾腾燕婉之好必买，仙佛供奉之物必买，儿女婚嫁之备必买，公姑寿诞之需必买，冬夏著身之要必买，南北异宜之具必买，职官之所宜有必买，衙门之所宜备必买"。① 凡此种种，可见庙市商货十分齐全。

除城隍庙会外，东岳庙会规模亦十分可观，《宛署杂记》载，"是日行者塞路，呼佛声振地"，② 其规模之大由此可见。东岳庙坐落于朝阳门外神路街北口，因明代建城后漕船及商船无法直接抵达积水潭，只能改由陆路经由朝阳门进城，由此东岳庙渐趋兴盛起来。明代东岳庙会除每年三月二十八日为东岳大帝诞辰之日外，每月的初一和十五日均有庙会，其中尤以三月二十八日东岳大帝诞辰日最为热闹，是日"道途买卖，诸般花果、饼食、酒饭、香纸填塞道路，一盛会也"。在这一日，京城百姓扶老携幼，"倾城齐驱齐化门，鼓乐旗幢为祝，观者夹路"，庙会呈现了"帝之游所经，妇女满楼，士商满坊肆，行者满路"的热闹景象。

明清易代，庙市为内城重要的交易方式。东、西四牌楼因分别有东、西庙而成为内城最为繁华的市集所在，东为隆福寺，西为护国寺。明末清初，这两处庙会市场即已十分兴盛，"古寺松根百货居，珍奇满目价全虚"。东城隆福寺庙会为每月初九及初十两日，"百货骈阗，为诸市之冠"。寺集当天，"一城商侩货物所凑集"，集市"广庭可方百步，周设帘幕，百（日）用百物无不具，爛然如彩云朝霞。民物丛聚，摩夏不可行"。西城护国寺庙会则逢每月初七、初八两日，正所谓"西城市罢向东城，庙会何年刻日成"。庙市当日一般在天亮

---

① 沈德符：《万历野获编》卷24《庙市日期》，中华书局，1997年，第612—613页。
② 沈榜：《宛署杂记》，北京古籍出版社，1980年，第191页。

之前开始设摊,"万货云屯价不赀,进城刚趁亮钟时。西边护国东隆福,又是逢三庙市期"。嘉庆年间得硕亭在《草珠一串》中称,"东西两庙货真全,一日能消百万钱"。东西庙市所售货物种类繁多,上自贵族所好,下至黎民百姓日常所用,无所不备:"东西两庙最繁华,不数琳琅翡翠家。惟爱人工卖春色,生香不断四时花。"此外,隆福寺庙会还出售各色虫鸟,"市陈隆福鸟堪娱,奇异难将名字呼"。

三、节日活动的传承与老字号复兴

(一)新春庙会的兴起

随着当今民俗节日的兴起,庙会是当今城市居民体验地区民俗活动、感受文化传承的重要方式。如春节期间,北京城内重要的庙会活动主要有:北京国际雕塑公园庙会——内容以继续打造民族传统文化品牌为主,在以往庙会的精彩内容的基础上,深入挖掘优秀民族文化元素,为京城百姓呈献一届内容精彩、形式多样,具有浓厚地域风情的新春文化庙会。京味儿庙会有花会、舞狮、舞龙、专场文艺演出、京城经典小吃、传统年货、天桥绝技绝活、传统大马戏、百姓舞台等传统内容。大观园"红楼庙会"——每年农历正月初一至初六举办,内容包括文艺演出、民间花会、风味小吃、民俗活动等。其中,"元妃省亲"古装巡游是大观园文化庙会的传统项目和独有的特色。每年中秋节期间还举办"北京大观园'中秋之夜'"。活动以文艺演出、赏月团聚、观赏夜景为内容,每届举办3~4天,是京城中秋活动的传统品牌项目。此外,还有龙潭公园庙会、地坛春节文化庙会,比较有特色的还有圆明园皇家庙会,内容包括"放生"活动、"庆丰图"、灯戏、火戏表演、举办宫市、演唱大戏及各种表演等。圆明园皇家庙会将通过圆明园的历史文化与清代皇家年节文化的全面展示,让游客体验"皇家"过年习俗,成为北京独具一格的"皇家"风格庙会。历史悠久的陶然亭庙会,其前身为厂甸庙会,兴于康熙年间,在四百多年的历史变迁中,成为中国"四大庙会"之首,也是北京历史上八大庙会中规模最大、影响范围最广、最负盛名的庙会。2010年厂甸庙会"移师"陶然亭公园。其源发地东、西琉璃厂作为"文市区"组织了老字号名店技艺展示等。这些形式多样、内容丰富的庙会活动，成为我们追忆本地历史和文化传承的重要方式。

（二）传统老字号的复兴

老字号是在本地历史发展过程中不断筛选并得以保存的物质遗存，其经营方式和历史演变也是城市文脉传承的重要内容。

北京老字号是数百年北京城市商业和手工业发展的历史遗存，更是商业经营的成功范例。北京老字号不仅是一种商贸景观，更重要的是一种历史传统文化现象。关于老字号的特征，北京地区流传了很多相关的歇后语，如东来顺的涮羊肉——真叫嫩、六必居的抹布——酸甜苦辣都尝过、同仁堂的药——货真价实、砂锅居的买卖——过午不候等，生动地表述了这些老字号的品牌特色。此外，关于老北京地区的服饰，则有"头顶马聚源，脚踩内联升，身穿八大祥，腰缠四大恒"。

现今北京比较重要的老店中，有始于清康熙年间提供中医秘方秘药的同仁堂，有创建于清咸丰三年（1853年）为皇亲国戚、朝廷文武百官制作朝靴的"中国布鞋第一家"内联升，有1870年应京城达官贵人穿戴讲究的需要而发展起来的瑞蚨祥绸布店，有明朝中期开业以制作美味酱菜而闻名的六必居。内联升创始人为赵廷。内联升千层底布鞋，鞋底用白布裱成袼褙，多层叠起纳制而成，取其形象得名。内联升的千层底布鞋制作工艺一直沿用传统手工制作方法，精选纯棉、纯麻、纯毛礼服呢等天然材料，工艺严格，技术独特，做工精细。制作一双千层底布鞋需经过90余道工序，使用近40种专用工具，其技艺特点可归纳为工艺要求高、制作工序多、纳底花样多、绱鞋方法多、布鞋品种多等。盛锡福于1911年由刘锡三在天津创立，20世纪30年代到北京开展经营。盛锡福皮帽制作工艺流程复杂，加工制作一顶皮帽通常要经过几十道工序，要求精细异常。配货时需原料精良，毛的倒向、长短、粗细、颜色、软硬均要一致；裁制皮毛时，可用顶刀、斜刀、月牙刀、鱼鳞刀等多种刀法；缝制时，需顶子圆、吃头均、缝头匀；蒙面皮要缝对缝、十字平……这些复杂严格的制作工序使得盛锡福皮帽外形端雅大方，做工考究精细，戴着轻软舒适。同仁堂为清康熙八年（1669年）创办，自1723年开始贡奉御药，历经八代皇帝，长达188年。"炮制虽繁必不敢省人工，品味虽贵必不敢减物力"是同仁堂创始人立下的制药堂训，也是同仁堂核心技艺的真实写照。吴裕泰始建于1877年，创始人为吴秀茹。吴裕泰茉莉花茶制作技艺一贯秉承自采、自熏、自拼的制茶精髓，制茶工序包括茶坯制作、花源选择、鲜花养护、玉兰打底、熏制拼和、通花散热、起花、烘焙、匀堆装箱等。吴裕泰茉莉花茶熏制只采用春茶茶坯，坚持茉莉花"三不采原则"，在拼配中适当增加徽茶茶坯占比，并且运用"低温慢烘"等独门技艺，最终形成了吴裕泰茉莉花茶"香气鲜灵持久，滋味醇厚回甘，汤色清澈明亮"的特色。

2005年国务院批复的《北京城市总体规划（2004年—2020年）》要求："发掘、整理、恢复和保护丰富的各类非物质文化遗产，如……老字号等，继承和发展传统文化精髓，焕发古都活力。"目前全国范围内老字号共计200多家，其中有百年以上历史的超过百家。国家商务部2006年12月公布的首批重新认定的430家中华老字号，北京占了67家，居全国之首。北京地区的老字号既是北京重要的商业经营经验，又是地区经济发展的重要历史遗存，保存并发扬北京老字号文化，对于建设人文北京具有重要意义。

第三节　工艺："燕京八绝"的特色与传承

　　北京地区作为辽金时期北半部中国的都城，继而又在元明清时期成为统一政权的都城，一直处于全国的政治、经济和文化中心地位，由此促进了城市的发展。庞大的城市消费促使本地区成为全国领先的工艺集中地，并逐渐形成了享誉中外的"燕京八绝"工艺，包括景泰蓝制作工艺、北京玉雕、象牙雕刻、雕漆技艺、金漆镶嵌装饰技艺、花丝镶嵌制作技艺、北京宫毯织造技艺、京绣等八大工艺门类。它们充分汲取了各地民间工艺的精华，在清代均开创了中华传统工艺新的高峰，并逐渐形成了"京做"特色的宫廷艺术。

　　北京地区杰出的工艺首屈一指的当数景泰蓝的制作。景泰蓝又称"掐丝珐琅"，所谓珐琅，可参考"珐琅器"的相关描述："珐琅器是以矿物质的硅、铅丹、硼砂、长石、石英等原料按照适当的比例混合，分别加入各种呈色的金属氧化物，经焙烧磨碎制成粉末状的彩料后，再依照珐琅工艺的不同制法，填嵌或绘制于以金属或瓷做胎的器物上，经烘烧而制成。珐琅器按胎骨材质可分为金属胎珐琅器和瓷胎画珐琅。"[①]景泰蓝则是利用细铜丝掐成图案，焊制在铜胎上，再嵌以各色珐琅釉料，经烧制、磨光、镀金而成。景泰蓝技术始于明代，流传于宫廷。有史料记载："大食窑器皿，以铜作身，用药烧成五色花者，与佛郎嵌相似。尝见香炉、花瓶、盒儿、盏子之类，但可妇人闺阁之中用，非士大夫文房清玩也。又谓之鬼国窑，今云南人在京，多作酒盏，俗呼曰鬼国嵌。内府作者，细润可爱。"景泰蓝以莹石蓝般的蓝釉为最出色，而这种釉色烧造技术成熟于明景泰年间，故称"景泰蓝"。

　　不过景泰蓝的盛行应该始于清代，而"景泰蓝"这个称谓最早见于清宫造办处档案。雍正年间《造办处各作成做活计清档》记载：

---

① 李彤彤：《乾隆朝宫廷景泰蓝初步研究》，硕士论文，复旦大学，2010年。

"五月初五日,据圆明园来帖内称,本月初四日,怡亲王郎中海望呈进活计内……珐琅葫芦式马褂瓶花纹群仙祝寿、花篮春盛亦俗气。今年珐琅海棠式盆再小,孔雀翎不好,另做。其仿景泰蓝珐琅瓶花不好。"

北京玉雕技术,又称"北京玉器",是流传于北京的一种玉石雕刻技艺。宋应星所著的《天工开物》记载:"中国贩玉者东入中华,卸萃燕京,玉工辨璞高下定价,而后琢之。"这些文字记载了当时帝都玉器业盛况的一个侧面。北京地区是皇家及皇亲贵戚集中地,好玉的雅风使得这里成为玉器生产与销售的集中地。

北京地区的玉器加工工艺应始于元代,相传道教丘处机曾亲自传授玉器工艺。在《白云观玉器业公会善缘碑》中记载,丘处机"遇异人,多得受禳星祈雨、点石成玉诸玄术","慨念幽州地瘠民困,乃以点石成玉之法,教市人习治玉之术。由是燕石变为瑾瑜,粗涩发为光润,雕琢既有良法,攻采不患无材,而深山大泽,环宝纷呈。燕市之中,玉业乃首屈一指。食其道者,奚止万家"。至明代,在宫廷御用监下设玉作司,会集全国治玉良师,由此,北京地区的玉雕业逐渐兴盛。在工艺上,北京玉雕素有"工精料实"的美誉,用料讲究,制作精美,造型雄浑厚重、端庄典雅,装饰精巧细腻、明丽质朴,体现出高超的工技水平。

象牙雕刻,是指以象牙为材料的雕刻工艺及其成品。有史料记载,"北京象牙雕刻可靠的历史至少可追溯到两千多年前,其工艺复杂,包括取胎、雕刻、包镶、镶嵌、编制、平刻、彩绘、熏旧等。象牙雕刻制品表现题材广泛,类型多样,主要分为实用品、装饰品和陈设品三类"。北京地区的象牙雕刻技艺主要用于宫廷造作。

雕漆技艺,是将天然漆料在胎上涂抹到一定的厚度,用刀在平面漆胎上雕刻各式线条花纹形状的技法。《髹饰录》载:"剔红即雕漆也。髹层之厚薄,朱色之明暗,雕镂之精粗,亦甚有巧拙。唐制多印板刻平锦朱色,雕法古拙可赏,复有陷地黄锦者。宋元之制,藏锋清楚,隐起圆滑,纤细精微。"同时,《燕闲清赏》载:"宋人雕红漆器,如宫中用盒,多以金银为胎,以朱漆厚堆至数十层,始刻人物、楼台、花草等像。刀法之工,镂雄之巧,俨如图画。有锡胎,有腊地者,如红花绿叶、黄心黑石之类,夺目可观,传世甚少。又以朱为地刻锦,以黑为面刻花,锦地压花,红黑可爱。然多盒制,而盘匣次之。盒有蒸饼式、河西式、蔗段式、三撞式、两撞式、梅花式、鹅子式,大则盈尺,小则寸许,两面具花。盘有圆者、方者、腰样者,有四方八角者,有绦环者,有四角牡丹瓣者。匣有长方、四方、二撞、三撞四式。"中国雕漆技艺始创于唐朝,明初落户北京,经明、清两朝后,北京雕漆逐渐成为一种具有浓郁地方特色的宫廷艺术品。雕漆工艺过程十分复杂,要经过设计、制胎、涂漆、描样、雕刻、磨光等十几道工序。根据所用漆色,雕漆分为剔红、剔黄、剔绿、剔彩、剔犀等工艺品类;根据用途,雕漆品种包括瓶、罐、盒、盘、挂屏、围屏、墙壁画等。雕漆作品造型古朴庄重,纹饰精美考究,色泽光润,形制典雅,具有防潮、抗热、耐酸碱、不变质等特点。

金漆镶嵌装饰技艺。金漆镶嵌是中国传统漆器的重要门类,已有7000年历史。北京是我国历史上主要的漆器产区,现在北京金漆镶嵌髹饰技艺从工艺到艺术风格等许多方面都直接继承和发展了明清宫廷的漆器制造工艺。金漆镶嵌产品的制作一般分为四大步骤:设计—制作木胎—髹饰漆胎—装饰。金漆镶嵌工艺门类繁多,艺术表现手法丰富多彩,其中包括镶嵌、彩绘、雕填、刻灰、断纹、虎皮漆等工艺技法。作品有器皿、家具、屏风、牌匾壁饰等类型。

花丝镶嵌制作技艺。花丝镶嵌,又叫细金工艺,是"花丝"和"镶嵌"两种制作技艺相结合而形成的一种特殊技艺。"花丝",是把金、银抽成细丝,用掐、填、攒、焊、编织、堆垒等技法制成的工艺品;"镶嵌"则是把金、银薄片锤打成器皿,然后錾出图案、镶以宝石的工艺。北京的花丝镶嵌雍容华贵、典雅大方,其做工精细,多饰以吉祥纹样等传统图案,具有明显的宫廷风格,凝聚着民族的聪明智慧和艺术创造力。

北京宫毯,又名宫坊毯,因旧时专为宫廷所用而得名。北京宫毯织造技艺需要使用专用设备——机梁,以及专用的工具和量具。其技艺可分为抽绞地毯织造和拉绞地毯织造两种类型,其工艺流程包括剪毛、纺纱、染纱、绘制、上经、拴绞、打底、结扣、过纬、片毯、洗毯、剪活等环节。北京宫毯织造精良、图案精美、雍容华贵,是富有北京地域特色和宫廷特色的手工艺美术制品,为北京市和国家级非物质文化遗产名录项目。

京绣。京绣主要形成于明清时期,多以贡奉皇家服装和配饰为主,以缝工精良、绣工精巧著称。

此外,北京地区流传至今的重要工艺还有王麻子剪刀、吹糖人、聚元号弓箭等。"王麻子"自清代以来一直是北京刀剪行业的龙头。早在清乾隆二十三年(1758年)出版的《帝京岁时记胜》中就对其有所记载。王麻子剪刀锻制技艺从开刃到盘活,有十三道工序,锻制的剪刀乌黑发亮,刀片有槽口,有扭曲度,剪口平直,轴粗,轴垫圈拱,剪体横实,头长口顺,刃薄锋利,剪尖灵活,把宽受用,厚重大气、质朴自然,富于北方文化特色。其代表作为人称"黑老虎"的民用剪刀。

聚元号弓箭铺始创于清初,是清朝皇家御用兵工厂。聚元号弓箭制作技艺承袭了中国双曲反弯复合弓的优良传统,弓的主体内胎为竹,外贴牛角,内贴牛筋,两端安装木制弓鞘,制作一把弓需要上百件专用工具对二十多种天然材料进行纯手工加工,历经二百多道工序,历时三四个月。制箭步骤主要包括调杆、打皮、刮杆、安装箭头和箭尾。聚元号生产的弓箭制作精良、画工优美。

花炮制作在清代北京已经相当发达。有史料记载,花炮"统之曰烟火。勋戚富有之家,于元夕集百巧为一架,次第传热,通宵为乐。烟火花炮之制,京师极尽工巧。有锦盒一具内装成数出故事者,人物像生,翎毛花草,曲尽妆颜之妙。其爆竹有双响震天雷、升高三级浪等名色。其不响不起盘旋地上者曰地老鼠,水中者曰水老鼠。又有霸王鞭、竹节花、泥筒花、金盆捞月、叠落金钱,种类纷繁,难以悉举。至于小儿顽戏者,曰小黄烟。其街头车推担负者,当面放、大梨花、千丈菊"。花炮形式多样，"滴滴金，梨花香，买到家中哄姑娘"。至光绪年间达到鼎盛，《燕京岁时记》载："每至灯节，内廷筵宴，放烟火，市肆张灯……花炮棚子制造各色烟火，竞巧争奇，有盒子花盆、烟火杆子、线穿牡丹、水浇莲、金盘落月、葡萄架、旂火、二踢脚、飞天十响、五鬼闹判儿、八角子、炮打襄阳城、匣炮、天地灯等名目。富室豪门，争相购买，银花火树，光彩照人。"《北平岁时志》中亦有详细记载："烟火之盛，莫如京城，而最盛莫如慈禧太后垂帘时代……今造办处花炮局，向江西招工来京督造，自此遂有南式花盒。又在交民巷德商祁罗福订购外洋花炮，每年灯节，在中海水上燃放。"

北京地区的草桥地区素有花乡美誉，同样本地的人造花技术亦十分精湛。《日下旧闻考》记载："以猪鬃尖分披，片纸贴之，或五或七，下缚一处，以针作柄，妇女戴之。""儿女多剪采为花，或草虫之类插首。""每日清晨，千百成群，集中在花市，将所造之品陈列于市，以待各花庄居民选购。"北京造花业集中地区是崇文门外花市。《燕京岁时记》载："在崇文门外以东，自正月起，凡初四、十四、二十四日有市。""花有通草、绫绢、绰头、摔头之类，颇能混真。"清人郝懿行《晒书堂文集》亦有描述："闻长老言，京师通草花甲天下，花市之花又甲京师。"

总之，特色手工艺是地域文化的产物，有着明显的地域特点。随着人们对文化的认识逐渐加深，人们对特色手工艺的重视力度也在不断加大，今天对"非物质文化遗产"的保护与研究，其中的很大一部分遗产就是特色手工艺。北京地域文化源远流长、丰富多彩，这里的特色手工艺发展也就成为其中一个重要的组成部分。

第四节　游艺：居民的娱乐与休闲文化

节日活动伴随着的是各种文体活动的开展，进而使文体活动成为城市休闲生活的重要方式。北京地区居民来源甚广，因而本地的休闲活动种类繁多，在历史演进过程中形成了本地特有的节日休闲活动。

一、文艺北京：京剧、相声等艺术形式的形成

京剧是北京戏曲艺术中最具代表性的种类，史上亦称皮黄、二黄、黄腔、京调、京戏、平剧等，民国时期又被称为"国剧"。

明代北京地区流行的戏剧曲种主要由南方传入，包括弋阳腔、海盐腔等，不久昆曲进入北京，并很快居首。万历年间，随着弋阳腔在北京的流行，并不断吸收北京地方方言，形成了另一种唱腔——京腔。明清易代之后，清初一度禁养优伶，雍正二年（1724年）十二月二十八日上谕："家有优伶，即非好官，着督抚不时访查，至督抚提镇若家有优伶，指明密折奏闻。"乾隆三十四年（1769年）严禁官员蓄养歌童："朕恭阅皇考谕旨，有饬禁外官蓄养优伶之事，圣谕周详。……何以近日尚有挨义托黄肇隆代买歌童之事。……著通谕直省督抚藩臬等，各宜正己率属，于曾奉禁之事，实力遵行，毋稍懈忽。若再不知警悟，甘蹈罪愆，非特国法难宽，亦天鉴所不容矣"。因而清中叶以后，职业戏班开始盛行。"自隋时以龟兹乐入于燕曲，致使古音湮失，而番乐横行，故琵琶乐器为今乐之祖，盖其四弦能统摄二十八调也。今昆腔北曲，即其遗音。南曲虽未知其始，盖即小词之滥觞，是以昆曲虽繁音促节居多，然其音调犹余古之遗意。惟弋腔不知起于何时，其饶拔喧闻，唱口嚣杂，实难供雅人之耳目。近日有秦腔、宜黄腔，乱弹诸曲名，其词淫裹限鄙，皆街谈巷议之语，易入市人之耳。又其音靡靡可听，有时可以节忧，故趋附日众。虽屡经明旨

禁之，而其调终不能止，亦一时习尚然也"。①

乾隆二十二年（1757年）乾隆帝下扬州，扬州维扬广德太平班曾为他演出。至乾隆五十五年（1790年），为庆贺乾隆帝八十寿辰，高朗亭的三庆班来京贺寿，"以安庆花部，合京、秦二腔，名其班曰三庆"②。道光年间，"京师梨园四大名班，曰四喜、三庆、春台、和春"，京城一时遍地均为徽剧，"戏庄演剧必徽班，戏园之大者如广德楼、广和楼、三庆园、庆乐园，亦必以徽班为主。下此，则徽班、小班、西班相杂适均矣"。徽班主要集中在前门外大栅栏地区，其中三庆班在韩家潭，四喜班在陕西巷，春台班在百顺胡同，和春班在李铁拐斜街，所谓"人不离路，虎不离山，唱戏的不离韩家潭"。清末涌现了诸多著名的京剧表演人才，如谭鑫培，"皮黄须生例分三门，曰安工、靠把、衰派。安工以唱为主，举目简单见意而已，如《天水关》《二进宫》等戏是也。靠把则披甲执戈，气象威犯，非有武功莫办，如《战太平》《定军山》等戏是也。衰派多凄惨之剧，专重做功，如《桑园寄子》《天雷报》等戏是也。大抵安工失之拘谨，靠把则病在粗毫，而工衰派者，嗓音多瘏，往往有神无韵，容形过分，反令人生厌。唯鑫培能兼三者之长，而无以上诸弊，且融会贯通，不拘一格，可谓剧中圣手，伶界奇才。"谭鑫培的表演虽然部分学自程长庚，但其最主要的剧目，均私淑京剧三鼎甲中在唱念和舞台身段方面成就突出的余三胜，"由余派而变通之，融会之，苦心孤诣，加之以揣摩，数年之间，声誉鹊起。其唱以神韵胜，本能昆曲，故读字无讹；又为鄂人，故汉调为近。标新创异，巍然大家。人人袭其一二余音，即以善歌自命。其实谭神化于此，唱无定法，每唱初不着力，至盘节处慢转轻扬，或陡用尖腔，或偶一洪放，清醇流利，余音真可绕梁。出腔虽巧而不滑，声虽曼而不拖。时而老横，时而流走。如《空城计》一折，《捉放》一折，《洪羊洞》一折，《卖马》一折，极刚健

---

① 《啸亭杂录》卷八。
② 李斗：《扬州画舫录》卷5《新城北录下》，中华书局，2007年，第47页。

婀娜之能。备纯正中和之气,字字从人肺腑中流出,而人顾莫知其所以然。论其做功,全妙在有儒者气象。虽急言遽色,而气自舒和。虽保抱携持,而体自安泰。喜无过喜,若书味盎然于中。忧不过忧,若礼法强绳于外。各种意态,难以笔墨形容。盖其平居养尊处优,日与士大夫相交接,宜其吐属容止,备廊庙山林两气,而行乎自然也"。

随着清代中后期京剧的流行,昆曲则日渐衰落,"道光之际,洪扬事起,苏昆沦陷,苏人至京者无多。京师最重苏班,一时技师名伶以南人占大多数。自南北隔绝,旧者老死,后至无人,北人度曲,究难合拍,昆曲于是乎衰微矣"。

京韵大鼓最初是由河北沧州、河间一带流行的木板大鼓发展而来,后在京津两地流传开来。之后,刘宝全改以北京的语音声调来吐字发音,吸收石韵书、马头调和京剧的一些唱法,创制新腔,专唱短篇曲目,称京韵大鼓,属于鼓词类曲艺音乐。清代在北京广为流传的京韵大鼓《剑阁闻铃》,唱词优美,韵律动听:"似这般不作美的铃声不作美的雨,怎当我割不断的相思割不断的情。洒窗棂点点敲人心欲碎,摇落幕声声使我梦难成。当啷啷惊魂响自檐前起,冰凉凉彻骨寒从背底生。孤灯儿照我人单影,雨夜同谁话五更?从古来巫山曾入襄王梦,我何以欲梦卿时梦不成?莫不是弓鞋懒踏三更月,莫不是衫袖难禁午夜风,莫不是旅馆萧条卿嫌闷,莫不是兵马奔驰心怕惊。既不然神女因何不离洛浦,空叫我流干了眼泪望断了魂灵。""窗儿外铃声儿断续那雨声更紧,房儿内残灯儿半灭御榻如冰,柔肠儿九转百结百结欲断,泪珠儿千行万点万点通红。这君王一夜无眠悲哀到晓,猛听得内唤启奏请驾登程。"

天桥地区位于北京城中轴线的南段,是北京地区自古而今的曲艺中心。《京师坊巷志》记载,"永定门大街,北接正阳门大街,有桥曰天桥。在南侧天坛在焉,西侧先农坛在焉。桥北东西两旁,商贾林立,自明代已有之"。特别是明代这里成为城市居民外出游玩之处,随之大量的茶肆、饭馆以及众多的杂耍艺人在此聚集。康熙年间,将灯市由内城迁至前门地区,天桥西北的灵佑宫成为灯市的一部分。清

天桥

末又将厂甸庙会暂时移到天桥,再次带动了天桥的繁荣。民国年间,由著名的京剧演员余振霆出资搭建"振华大戏棚",成为天桥地区第一处京剧固定演出场所。此后,随着"新世界游艺场""城南游艺园"等娱乐场所的兴建,天桥逐渐成为曲艺杂耍集中区。直至今日,这里仍然是北京地区最为集中的曲艺中心所在地。

二、户外休闲活动:扎风筝、抖空竹

一般而言,古代居民的户外活动都与岁时节日相关联。有史料记载:"元宵杂戏,剪彩为灯。悬挂则走马盘香,莲花荷叶,龙凤鳌鱼,花篮盆景;手举则伞扇幡幢,关刀月斧,像生人物,击鼓摇铃。迎风而转者,太极镜光,飞轮八卦;系拽而行者,狮象羚羊,骡车轿辇。前推旋斡为橄榄,就地滚荡为绣球。博戏则骑竹马,扑蝴蝶,跳白索，藏蒙儿，舞龙灯，打花棍，翻筋斗，竖蜻蜓；闲常之戏则脱泥钱，踢石球，鞭陀罗，放空钟，弹拐子，滚核桃，打尜尜，踢毽子。京师小儿语：'杨柳青，放空钟。杨柳活，抽陀罗。杨柳发，打尜尜。杨柳死，踢毽子。'都门有专艺踢毽子者，手舞足蹈，不少停息，若首若面，若背若胸，团转相击，随其高下，动合机宜，不致坠落，亦博戏中之绝技矣。"流传至今，仍有很多为今人所好。诸如"扎燕风筝"最初起源于民间，在长期的传承发展中形成了较为固定的形式和内容，至清朝中期《南鹞北鸢考工志》一书出现，使其制作技艺得到了较为完整的梳理和规范。北京扎燕风筝制作包括"扎、糊、绘、放"四道工艺，每一道工序都可分解为多道小工序。整个流程一共有二十几道工序，讲究"三停谋正和十法"。其作品色彩鲜明，线条醒目，既好起又好飞。北京扎燕风筝的代表作品是燕子系列，包括肥燕、瘦燕、半瘦燕、小燕、雏燕等。北京扎燕风筝的"扎燕"，用北京话应称为"沙燕"。

  空竹，以竹木为原材料制成，因中空而得名，俗称"响葫芦"，江南一带称其为"扯铃"，是一种用线绳抖动使其高速旋转而发出响声的竹木玩具。北京抖空竹的历史悠久，民众参与度较高，技术技巧成熟完备，是抖空竹活动发展、传承最具代表性的地区之一。空竹的操作技巧有扔高、呲竿、换手、一线二、一线三等多种形式，有正、反花样等一百多种玩法。

参考书目

一、史料

《京都市政汇览》,1914年6月至1918年12月。

吴瀛:《故宫博物院前后五年经过记》,北平故宫博物院1932年版。

马芷庠编,张恨水审订:《北平旅行指南》,经济新闻社1935年版。

张江裁:《北平天桥志》,国立北平研究院1936年印行。

《北平庙会调查报告》,北平民国学院1937年印行。

中央公园委员会编:《中央公园廿五周年纪念刊》,中央公园事务所1939年印行。

陶宗仪:《南村辍耕录》,中华书局1959年版。

沈德符:《万历野获编》,中华书局1959年版。

舒新城编:《中国近代教育史资料》,人民教育出版社1962年版。

孙殿起辑,雷梦水编:《北京风俗杂咏续篇》,北京古籍出版社1982年版。

沈榜:《宛署杂记》,北京古籍出版社1980年版。

吴长元:《宸垣识略》,北京古籍出版社1981年版。

潘荣陛、富察敦崇:《帝京岁时纪胜·燕京岁时记》,北京古籍出版社1981年版。

震钧:《天咫偶闻》,北京古籍出版社1982年版。

刘侗、于奕正：《帝京景物略》，北京古籍出版社1982年版。

朱一新：《京师坊巷志稿》，北京古籍出版社1982年版。

路工编选：《清代北京竹枝词》，北京古籍出版社1982年版。

熊梦祥著，北京图书馆善本组辑：《析津志辑佚》，北京古籍出版社1983年版。

崇彝：《道咸以来朝野杂记》，北京古籍出版社1983年版。

于敏中等编纂：《日下旧闻考》，北京古籍出版社1983年版。

朱有瓛主编：《中国近代学制史料》第一辑下册，华东师范大学出版社1986年版。

周家楣等：《光绪顺天府志》，北京古籍出版社1987年版。

陈宗蕃：《燕都丛考》，北京古籍出版社1991年版。

北京市政府文史资料研究委员会、中共河北省秦皇岛市委统战部编：《蠖公纪事——朱启钤先生生平纪实》，中国文史出版社1991年版。

中国第二历史档案馆编：《中华民国史档案资料汇编（第三辑）文化》，江苏古籍出版社1991年版。

鄂尔泰、张廷玉等：《国朝宫史》，北京古籍出版社1994年版。

邓之诚：《骨董琐记全编》，北京出版社1996年版。

汤用彬等编著：《旧都文物略》，北京古籍出版社2000年版。

马可·波罗著：《马可·波罗行纪》，上海书店出版社2001年版。

吴振棫：《养吉斋丛录》，中华书局2005年版。

《北京先农坛史料选编》，学苑出版社2007年版。

姜德明编：《梦回北京：现代作家笔下的北京（1919—1949）》，生活·读书·新知三联书店2009年版。

二、研究著作

奥斯伍尔德·喜仁龙：《北京的城墙和城门》，北京燕山出版社1985年版。

刘易斯·芒福德：《城市发展史》，倪文彦、宋峻岭译，中国建筑工业出版社1989年版。

史明正：《走向近代化的北京城——城市建设与社会变革》，北京大学出版社1995年版。

凯文·林奇：《城市意象》，华夏出版社2001年版。

张松：《历史城市保护学导论——文化遗产和历史环境保护的一种整体性方法》，上海科学技术出版社2001年版。

张复合：《北京近代建筑史》，清华大学出版社2004年版。

单霁翔：《城市化发展与文化遗产保护》，天津大学出版社2006年版。

北京市规划委员会编：《北京朝阜大街城市设计——探索旧城历史街区的保护与复兴》，机械工业出版社2006年版。

王炜、闫虹编著：《老北京公园开放记》，学苑出版社2008年版。

吴南：《北京传统工艺产业人力资源发展研究》，中国艺术研究院2010年博士学位论文。

张鸿雁：《城市文化资本论》，东南大学出版社2010年版。

林志宏：《世界文化遗产与城市》，同济大学出版社2012年版。

戴逸主编：《中国地域文化通览·北京卷》，中华书局2013年版。

王岗主编：《北京历史文化资源调研报告》，中国经济出版社2013年版。

王强主编：《北京市历史文化资源若干典型案例研究》，经济科学出版社2013年版。

孙俊桥：《城市建筑艺术的新文脉主义走向》，重庆大学出版社2013年版。

刘仲华主编：《朝阜历史文化带研究》，知识产权出版社2013年版。

程尔奇主编：《北京皇城的历史演变及其保护利用研究》，知识产权出版社2013年版。

黄滢、马勇主编：《中国最美的老街：历史文化街区的规划、设计与经营》，华中科技大学出版社2014年版。

李建平：《北京城市历史文脉研究》，经济科学出版社2017年版。

李建平：《北京文脉》，北京出版社2018年版。

三、论文

郑连章：《万岁山的设置与紫禁城位置考》，《故宫博物院院刊》1990年第3期。

刘承华：《园林城市的文脉营构》，《中国园林》1999年第5期。

高毅存：《文脉主义与朝阜文化街——关于古都风貌保护与城市发展的探讨》，《北京规划建设》1999年第6期。

郑向敏：《论文物保护与文脉的传承与中断》，《旅游学刊》2004年第5期。

阮仪三、顾晓伟：《对于我国历史街区保护实践模式的剖析》，《同济大学学报（社会科学版）》第15卷第5期，2004年10月。

郑艳：《"三山五园"称谓辨析》，《北京档案》2005年第1期。

张凤琦：《城市化与城市文脉的延续》，《重庆师范大学学报》2005年第3期。

苗阳：《我国传统城市文脉构成要素的价值评判及传承方法框架的建立》，《城市规划学刊》2005年第4期。

郑阳：《城市历史景观文脉的延续》，《文艺研究》2006年第10期。

单霁翔：《城市文化与传统文化、地域文化和文化多样性》，《南方文物》2007年第2期。

李钢：《对城市文脉挖掘与整合的研究》，《四川建筑》第27卷3期，2007年6月。

杨磊、邱建：《建筑空间的文化更新与城市文脉的有机传承》，《城市建筑》2007年第8期。

吴云鹏：《论城市文脉的传承》，《现代城市研究》2007年第9期。

郭倩、陈连波、李雄：《北京寺观园林之什刹海的历史变迁》，《现代园林》2008年第6期。

舒乙：《北京最美的街——景山前街及其延伸线》，《北京观察》2009年第1期。

刘剑、胡立辉、李树华：《北京西郊清代皇家园林历史文化保护区保护和控制范围界定探析》，《中国园林》2009年第9期。

刘潞：《〈祭先农坛图〉与雍正帝的统治》，《清史研究》2010年第3期。

于苏建、袁书琪：《城市文脉基本问题的系统思考》，《吉林师范大学学报（自然科学版）》2010年第4期。

张钧凡、赵琪：《挖掘城市历史、传承城市文脉——浅析北京历史地名保护的几种途径》，《北京规划建设》2010年第4期。

谌丽、张文忠：《历史街区地方文化的变迁与重塑——以北京什刹海为例》，《地理科学进展》2010年第6期。

周尚意、吴莉萍、苑伟超：《景观表征权力与地方文化演替的关系——以北京前门大栅栏商业区景观改造为例》，《人文地理》2010年第5期。

张松、赵明：《历史保护过程中的"绅士化"现象及其对策探讨》，《中国名城》2010年第9期。

李钢：《城市文脉构成要素的分析研究》，《辽东学院学报（自然科学版）》第17卷第4期，2010年12月。

潘怿晗：《皇家园林文化空间与文化遗产保护——以北京市海淀区为例》，中央民族大学民族学博士论文，2010年。

刘伯英、李匡：《北京工业建筑遗产现状与特点研究》，《北京规划建设》2011年第1期。

刘剑、胡立辉、李树华：《北京"三山五园"地区景观历史性变迁分析》，《中国园林》2011年第2期。

彭历：《北京城市遗址公园研究》，中国林业大学城市规划与设计专业博士论文，2011年。

阙维民、邓婷婷：《城市遗产保护视野中的北京大栅栏街区》，《国际城市规划》2012年第1期。

杨新成：《大高玄殿建筑群变迁考略》，《故宫博物院院刊》2012年第2期。

孙卫、赵晓辉、张瑾等：《首都功能核心区历史文化大街景观提升改造的探索和实践——以前三门大街为例》,《北京规划建设》2012年第5期。

徐丰:《北京前门大栅栏的城市化演进研究》,《城市建筑》2012年第10期。

王丹丹:《北京公共园林的发展与演变历程研究》,中国林业大学城市规划与设计专业博士论文,2012年。

张艳、柴彦威:《北京现代工业遗产的保护与文化内涵挖掘——基于城市单位大院的思考》,《城市发展研究》2013年2期。

郑永华:《论通州运河文化的开发与利用》,《中国名城》2013年第9期。

王升远:《"文明"的耻部——侵华时期日本文化人的北京天桥体验》,《外国文学评论》2014年第2期。

吴文涛:《昆明湖水系变迁及其对北京城市发展的意义》,《北京社会科学》2014年第4期。

高福美:《辽金时期北京文化发展脉络及特点》,《北京史学论丛2014》,北京燕山出版社2014年版。

赵鹏军、马博闻:《基于场地感受的历史街区更新文脉影响研究——以北京前门大栅栏地区为例》,《城市发展研究》2015年3期。

靳宝:《辽南京与金中都的中原文化情结》,《北京史学论丛2015》,群言出版社2016年版。

贾长宝:《民国前期北京皇城城墙拆毁研究(1915—1930)》,《近代史研究》,2016年第1期。

傅华:《北京文脉的内涵及其传承》,《前线》2016年第8期。

周尚意:《记忆空间表达及其传承研究——以北京西四北头条至八条历史文化保护区为例》,《现代城市研究》2016年第8期。

吴文涛:《永定河——从水脉到文脉》,《前线》2017年第6期。

孙冬虎:《绵延千年:长城文化符号的营造与积淀》,《北京日报》2017年10月9日。

后 记

何谓"文脉"?何谓"北京文脉"?这不是能够容易达成共识的问题,但却是可以不断讨论的问题。概而言之,本书将文脉理解为蕴藏在城市漫长历史演进过程中的文化精神。我们主要选取了那些最能代表北京城市气质的建筑、园林、街巷、水系以及京腔京韵、习俗、工艺等非物质文化元素,努力在此基础之上对北京文脉进行阐释。至于是否实现了这一目的,读者自有评判。希望能够以此为契机,引发更多对此问题有兴趣的人进行更加深入的思考。

这是一部在北京市社会科学院历史所同仁学术成果基础之上完成的集体著作。王岗关于元大都的研究、孙冬虎关于长城以及运河的研究、吴文涛关于金中都以及北京水系的研究、郑永华关于明代北京的研究、靳宝关于蓟城和幽州以及古都中轴线的研究、高福美关于北京非物质文化的研究为本书提供了重要的参考,这在很大程度上决定了本书的基本面貌。在北京市东城区朝阳门街道工作的李哲先生撰写了第三章的第二节与第三节,全书最后由王建伟统稿。

本书编写组